FRANCOPHONIES
D'AMÉRIQUE

FRANCOPHONIES
D'AMÉRIQUE

1994   Numéro 4

Les Presses de l'Université d'Ottawa

FRANCOPHONIES
D'AMÉRIQUE
1994   Numéro 4

Directeur :
JULES TESSIER
Université d'Ottawa

Secrétaire de rédaction :
JEAN-MARC BARRETTE

Conseil d'administration :
GEORGES BÉLANGER
Université Laurentienne, Sudbury

PAUL DUBÉ
Université de l'Alberta, Edmonton

JAMES DE FINNEY
Université de Moncton

YOLANDE GRISÉ
Université d'Ottawa

PIERRE-YVES MOCQUAIS
Université de Regina

Préposée aux publications :
LORRAINE ALBERT

Comité de lecture :
GEORGES BÉLANGER
Université Laurentienne, Sudbury

ARMAND CHARTIER
Université du Rhode Island, Kingston

PAUL DUBÉ
Université de l'Alberta, Edmonton

JAMES DE FINNEY
Université de Moncton

PIERRE PAUL KARCH
Université York, Toronto

PIERRE-YVES MOCQUAIS
Université de Regina

Cette revue est publiée grâce à la contribution financière
des université suivantes :

L'UNIVERSITÉ D'OTTAWA,
L'UNIVERSITÉ LAURENTIENNE DE SUDBURY,
L'UNIVERSITÉ DE MONCTON,
L'UNIVERSITÉ DE L'ALBERTA – LA FACULTÉ SAINT-JEAN
L'UNIVERSITÉ DE REGINA

Ce numéro a bénéficié d'une subvention provenant du Secrétariat des affaires
intergouvernementales canadiennes (SAIC), du gouvernement du Québec, du
Programme de perfectionnement linguistique du Patrimoine canadien et du
Comité de la recherche et des publications de la Faculté des arts de l'Université d'Ottawa.

Pour tout renseignement concernant l'abonnement,
veuillez consulter la page 213 en fin d'ouvrage.

TABLE DES MATIÈRES

L'OUEST CANADIEN

LES ÉTATS-UNIS

GÉNÉRAL

CHRONIQUE DES CENTRES DE RECHERCHE

PUBLICATIONS RÉCENTES ET THÈSES SOUTENUES

FRANCOPHONIES
D'AMÉRIQUE

LE FRANÇAIS, LANGUE MATERNELLE, EN MILIEU MINORITAIRE
(suite et fin),
DE QUELQUES AUTEURS, LES CENTRES DE RECHERCHE

Ce quatrième numéro de *Francophonies d'Amérique* constitue un prolongement du numéro trois paru l'an dernier, lequel portait sur le français, langue maternelle, en milieu minoritaire.

Les articles à contenu plus strictement linguistique sont orientés en fonction des champs d'expertise de chacun : Alain Thomas traite de la « prononciation du français dans le Moyen-Nord ontarien » ; Louise Péronnet évalue le « changement linguistique en Acadie » axé sur le lexique ; Louise Larivière s'intéresse aux « problèmes de traduction en milieu minoritaire » en utilisant le cas du Manitoba ; Richard Guidry et Amanda Lafleur nous donnent un « aperçu général » du français louisianais.

Quatre articles abordent, dans une perspective sociolinguistique, des problématiques diverses liées au monde de l'enseignement à tous les niveaux et un cinquième fait le point sur la situation des francophones au Canada. Normand Frenette et Saeed Quazi analysent la progression ascendante de la « francophonie ontarienne » au niveau supérieur, alors que Diane Gérin-Lajoie suggère des pistes de recherche pour améliorer la performance du « personnel enseignant en milieu minoritaire » au palier préuniversitaire ; Laurent Lavoie et Robert Rioux évoquent les stratégies utilisées pour donner au français le statut qui lui revient, le premier en résumant la « chronique d'une reconquête » quant aux droits des Acadiens de la Nouvelle-Écosse dans le domaine scolaire, le second, en reconstituant les « éphémérides d'une renaissance » dont le point de départ est une recherche linguistique qui a débouché sur l'enseignement de la culture franco-américaine à l'université. En conclusion, Gaétan Gervais, un observateur privilégié des communautés francophones du pays, présente un panorama du Canada français contemporain comparé à « un phare allumé sur mille citadelles ».

Finalement, ce « bloc » linguistique est complété par trois études littéraires et un portrait d'auteur, le tout réparti sur trois régions de la francophonie nord-américaine : l'Acadie, l'Ouest et la Louisiane. Anne Brown analyse *Zélika à Cochon Vert* de Laurier Melanson sous l'angle du carnavalesque en Acadie; Pierre-Yves Mocquais exploite le riche filon de l'Ouest canadien vu par des auteurs français, tel Maurice Genevoix; Marie-Linda Lord fait une analyse topique du récit autobiographique de Gabrielle Roy, *La Détresse et l'Enchantement*; Érik Charpentier a rencontré un auteur louisianais qui signe ses textes de pseudonymes divers, mais dont le vrai nom est David Marcantel, un avocat qui nous entretient de ses activités d'écrivain, de la résurgence de la littérature cadienne pendant les années 70, avec des textes inédits en complément.

Comme dans les numéros antérieurs, on trouvera de nombreux comptes rendus d'ouvrages presque systématiquement recensés à l'extérieur de leur lieu de publication, ainsi que la liste si utile des thèses soutenues et des publications en français parues au cours de l'année et émanant des différentes régions ou portant sur les isolats de langue française en Amérique du Nord.

On notera cependant un changement important par rapport aux numéros précédents : la création d'une nouvelle section intitulée «Chronique des centres de recherche», laquelle apparaîtra dorénavant dans chaque numéro. Les centres qui y participent ont un point en commun, celui de promouvoir les études en français ou sur la vie française à l'extérieur du Québec. On y accomplit un travail exceptionnel souvent méconnu en dehors de sa région, et cette chronique, de type informatif, a pour objet de nous renseigner sur ce qui s'y passe, quitte, éventuellement, à harmoniser certaines activités et à y puiser des idées, des suggestions de projets. Chaque fois, on y trouvera les mêmes rubriques, à savoir les coordonnées du centre, la composition du conseil d'administration, les activités accomplies au cours de l'année, les publications parrainées par le centre et les projets en cours.

* * *

Nous sommes heureux d'annoncer à nos lecteurs et lectrices l'intégration de la revue *Cultures du Canada français* (une publication du Centre de recherche en civilisation canadienne-française de l'Université d'Ottawa) à *Francophonies d'Amérique*, une opération visant à rationaliser nos ressources humaines et financières, afin de consolider nos assises et de produire un périodique d'une qualité supérieure. La nouvelle «Chronique des centres de recherche» résulte, justement, de cette fusion. Nous sommes confiants que les habitués de l'ancienne revue adopteront la nôtre sans se sentir dépaysés et nous leur souhaitons une cordiale bienvenue.

Par ailleurs, le prochain numéro de *Francophonies d'Amérique*, comme tous les numéros impairs, sera thématique et portera sur «la tradition orale en Amérique française». Nous pouvons déjà escompter une livraison d'une qualité exceptionnelle, puisque Jean-Pierre Pichette (de l'Université

Laurentienne), dont la réputation est solidement établie dans le domaine, a accepté de coordonner ledit numéro. De son côté, Joseph Melançon, titulaire de la Chaire pour le développement de la recherche sur la culture d'expression française en Amérique du Nord (CEFAN, Université Laval), nous a assurés d'un appui substantiel en nous offrant de prendre à sa charge un séminaire d'orientation destiné à assurer l'unité de l'ensemble afin d'aboutir à des études comparatives valables. Nous remercions ces deux collègues pour leur apport à la revue. Les numéros sept et neuf, dont les thèmes restent à déterminer, seront coordonnés, respectivement, à partir de l'Ouest canadien et de l'Acadie.

En consultant la liste des universités membres qui assurent le financement de la revue, on notera que l'Université de Lethbridge, représentée par Raymond Huel, a été remplacée par l'Université de Regina, représentée par Pierre-Yves Mocquais. James de Finney a pris la succession de Ronald Labelle à titre de délégué de l'Université de Moncton. Yolande Grisé fait maintenant partie du conseil d'administration, lequel est en voie d'être restructuré. À tous ces collègues dévoués, nous exprimons notre reconnaissance pour les services rendus ou pour avoir accepté de se joindre à notre équipe afin d'assurer la qualité et la continuité de notre revue.

Jules Tessier, directeur
Francophonies d'Amérique

LA PRONONCIATION DU FRANÇAIS
DANS LE MOYEN-NORD ONTARIEN

Alain Thomas
Université de Guelph

Bien que les premières observations sur le français parlé en Ontario remontent au début du siècle, ce n'est que récemment — depuis une vingtaine d'années environ — que ce sujet fait l'objet d'études linguistiques spécialisées. Les recherches émanent surtout de Toronto et d'Ottawa, mais les communautés étudiées sont réparties dans l'ensemble de la province, et les travaux sont suffisamment avancés pour que l'on puisse déjà dégager certaines tendances générales. Dans le présent article, nous rappellerons d'abord ces grandes tendances, pour nous concentrer ensuite sur les études traitant du Moyen-Nord ontarien, et finalement nous livrerons le résultat de nos propres recherches qui portent spécifiquement sur la prononciation du français dans la région de Sudbury.

Le parler franco-ontarien

Grâce essentiellement au CREFO (Centre de recherches en éducation franco-ontarienne de l'IEPO / OISE, Toronto) et au Laboratoire de phonétique expérimentale de l'Université de Toronto, nous savons que le français d'ici évolue différemment de son « parent » québécois et qu'il obéit en général aux principes suivants :

1. Il existe une corrélation assez étroite entre le maintien du français et le degré de concentration de la communauté envisagée d'une part, et la dominance linguistique des individus qui la composent d'autre part. Les chances de maintien du français et le niveau de compétence linguistique augmentent en fonction des occasions d'emploi de cette langue, que ce soit au niveau individuel (famille, amis, médias, travail) ou au niveau collectif (importance de la présence francophone dans la population et dans les institutions). Les différences observées entre francophones peuvent être énormes, surtout si on compare les sujets à dominance anglaise vivant en contexte nettement minoritaire (ceux

qui vivent plutôt en anglais qu'en français dans une communauté comme Welland, par exemple) à ceux plus fortunés qui préservent la dominance française dans un milieu nettement majoritaire (Hearst, Hawkesbury).

2. À ces différences de compétence linguistique correspond une grande variété dans les formes linguistiques observées. En l'absence d'un organisme centralisateur qui réglemente l'usage de la langue, les parlers d'ici évoluent librement selon les contraintes du milieu environnant. On trouve à la fois des archaïsmes de plus en plus rares au Québec (« les ceusses qui », [r] apical), qui se trouvent mieux préservés en Ontario à cause de l'isolement relatif des communautés francophones, et les formes modernes du français standard, fréquentes surtout chez les sujets à dominance anglaise, dont le français est d'origine presque exclusivement scolaire.

3. Même si certaines formes non standard s'expliquent aisément par des arguments intra-systémiques (voir Mougeon[1] à ce sujet), l'anglais a une influence certaine sur le parler franco-ontarien, surtout chez les jeunes. Le lexique est plus affecté que la morphologie et la phonétique et, bien que l'emprunt lexical reste statistiquement faible (de 2 à 4 %, selon les études) et essentiellement limité à certains mots fréquents et à des domaines spécifiques (technologie, loisirs, en particulier), la langue anglaise constitue néanmoins une puissante toile de fond qui contribue à affaiblir les gallicismes et à renforcer les structures où les deux langues sont parallèles. On trouvera ainsi une forte tendance à utiliser la structure « à la maison de X » de préférence à l'idiomatique « chez X » parmi les francophones les moins exposés au français. L'influence de l'anglais peut aller jusqu'à limiter chez certains sujets l'acquisition du français au stade d'une interlangue qui s'arrête à l'âge pré-scolaire dans d'autres milieux francophones plus favorisés.

Le Moyen-Nord : aspect phonétique

La région de Sudbury / North Bay est amplement représentée dans le corpus franco-ontarien du CREFO et a suscité un grand nombre d'analyses linguistiques, sommairement évoquées ci-dessus. Dans la mesure où ce sont les critères de concentration francophone et de dominance linguistique personnelle — et non l'appartenance géographique — qui déterminent l'essentiel du parler d'une personne, on ne sera pas surpris de constater que cette région ne se distingue pas globalement des autres régions de la province où les francophones constituent une forte minorité de la population (15 % à 50 %). Il y a tout de même plusieurs recherches qui se sont limitées aux locuteurs du Moyen-Nord et qui méritent d'être mentionnées ici.

D'abord, M. Holder[2] constate, à partir de trois sujets seulement, que la cadence de la phrase est légèrement contaminée par les intonations anglaises, mais que pour l'aspect phonématique, il n'y a aucun trait de prononciation qui n'ait déjà été observé en Acadie ou au Québec. C'est la combinaison de ces traits qui est différente et qui peut varier d'un individu à l'autre.

M. Laurier[3] arrive à des conclusions semblables à l'issue de l'analyse du parler d'une famille sudburoise « modèle ». Tandis que l'anglicisation est de plus en plus évidente dans le lexique et la syntaxe chez les jeunes, cela n'est pas le cas pour la prononciation, qui semble plutôt s'aligner sur celle du Québec. Contrairement à Holder, cependant, Laurier ne relève aucune trace d'accent acadien à Sudbury.

Étudiant l'effacement de /l/ dans les articles définis et les pronoms clitiques à partir de l'enregistrement de 36 adolescents de North Bay, J. Tennant[4] constate que cette variable est socialement stratifiée. L'effacement varie en fonction de la catégorie grammaticale considérée et il est plus fréquent dans les classes défavorisées et chez les sujets à dominance linguistique française. Par contre, il ne semble pas y avoir de différence de comportement dans ce domaine entre les deux sexes.

Étude sociophonétique du parler des jeunes Sudburois

Dans une étude de plus grande envergure, A. Thomas[5] examine la prononciation de 60 élèves de la région sudburoise (Sudbury, Azilda, Chelmsford) à partir de conversations spontanées et d'une épreuve de lecture destinée à déterminer jusqu'à quel point les sujets se surveillent en style formel. Sept variables sont ainsi analysées dans une perspective labovienne, tant dans leur contexte phonétique que dans leurs rapports avec les caractéristiques sociales des élèves. Voici l'essentiel des résultats obtenus.

VARIATION PHONÉTIQUE

L'analyse du /r/ montre que la variante apicale [r] est en perte de vitesse à Sudbury, comme ailleurs au Canada. Elle ne représente plus qu'une faible majorité des réalisations, après avoir été quasi universelle dans la région, et celles-ci se trouvent plutôt en position explosive (forte), comme dans les mots « travail » ou « régler ». La variante dorsale [R] du français québécois ou européen s'impose presque partout ailleurs, avec l'exception de quelques [ɹ] anglais en position finale. On ne saurait donc parler d'anglicisation ici, mais plutôt de standardisation d'une variante régionale qui semble avoir deux causes principales : l'« usure » normale d'un phonème prononcé avec le minimum d'énergie articulatoire et l'arrivée sur la scène sudburoise de nombreux locuteurs québécois favorisant le [R].

De même, l'assibilation du /t/ et /d/ devant une voyelle antérieure fermée se maintient mieux avec un /t/ ou en position accentuée qu'avec un /d/, ou en position inaccentuée. Il existe donc une corrélation entre la préservation de l'assibilation et la force articulatoire des consonnes considérées, [tˢ] et [dᶻ] représentant les variantes fortes et [t] et [d] les variantes faibles. La norme officielle vient ainsi renforcer l'évolution naturelle vers les variantes standard (ici non assibilées), comme elle le fait pour le [R].

La réalisation du /r/ post-consonantique final de mot — par exemple «quatre» — présente, au contraire, un cas intéressant où la norme officielle (préservation) s'oppose à la tendance naturelle du français à la suppression. Le résultat est la chute quasi systématique de cette consonne, surtout si elle est suivie d'un élément consonantique («quat' fois»). L'affaiblissement du [r] en [R] en position faible, noté ci-dessus, se prolonge donc dans la suppression complète du phonème en position post-consonantique finale, qui est la plus faible de toutes. Autrement dit, le [r] apical tend à se postério-riser, puis à disparaître, d'autant plus facilement qu'il se trouve en position implosive et que l'influence des facteurs internes et externes de l'évolution se fait sentir dans la même direction.

Parmi les variables vocaliques du français canadien, le relâchement des voyelles hautes en syllabe accentuée fermée est certainement la plus répandue (par exemple «vite, flûte, route» prononcés [vIt, flYt, rUt]). D'après les résultats, le phénomène serait beaucoup moins marqué dans la région sudburoise qu'au Québec, et l'extrême variété des réalisations rele-vées (même dans le parler d'un seul individu) semble suggérer que nous sommes en présence d'un changement en cours qui pourrait aboutir à la disparition totale du phénomène.

L'analyse de /ɑ/ en syllabe ouverte accentuée mène à des conclusions similaires. Les formes mi-fermées [ɔ] ou fermées [o] sont beaucoup moins fréquentes ici que dans des corpus antérieurs constitués au Québec ou à Sudbury même (Holder[2]) à partir de locuteurs adultes. La diversité des réalisations, même dans le parler d'un seul sujet, porte à croire que nous assistons à un changement progressif en faveur de la norme officielle [a].

Également typique de la prononciation canadienne-française, l'antériori-sation de la nasale /ɑ̃/ est prépondérante dans le corpus considéré, surtout quand elle se trouve en syllabe ouverte accentuée, par exemple dans «temps» final, prononcé [tɑ̃] en français standard, mais d'habitude [tã] ou [tɛ̃] à Sudbury. Ici le Moyen-Nord ne semble pas se distinguer du Québec.

C'est aussi le cas pour le /wa/ accentué qui retient le plus souvent ses réalisations fermées d'autrefois («moi» prononcé [mwe] ou [mwɛ]; «trois» prononcé [trwɔ] ou [trwo]). Mais les résultats obtenus par les sujets les plus jeunes et les moins en contact avec le français permettent de supposer qu'un mouvement vers la standardisation s'amorce là encore.

Dans tous les phénomènes étudiés, on note l'importance du contexte phonétique dans lequel se trouve la variable. Comme on pouvait s'y attendre, la position forte (syllabe accentuée ou consonne explosive) est la plus favorable au maintien des formes non standard, alors que la position faible (syllabe atone ou consonne implosive) favorise la pénétration des formes standardisées dans le système. La position forte subit également cette pénétration, mais dans tous les cas les mouvements observés sont moins rapides et moins étendus qu'en position faible.

VARIATION STYLISTIQUE

On sait que, placés dans une situation formelle — un texte à lire, par exemple —, les locuteurs ont tendance à corriger les aspects de leur prononciation qu'ils jugent trop familiers ou socialement inacceptables. L'épreuve de lecture est très révélatrice à ce sujet : alors que les jeunes Sudburois ont un comportement quasiment identique en parole spontanée pour la nasale /ɑ̃/, l'assibilation et le /r/, variables qui échappent apparemment à leur conscience linguistique, ils «corrigent» le relâchement des voyelles hautes et surtout la fermeture de /ɑ/ et de /wa/, qui est attestée deux fois moins souvent en lecture qu'en parole spontanée. Il est clair qu'ils cherchent ainsi, inconsciemment peut-être, à éviter les variantes stigmatisées par la communauté.

VARIATION SOCIOPHONÉTIQUE

La variation linguistique reliée à des caractéristiques sociales n'atteint pas l'ampleur des écarts phonétiques ou stylistiques mentionnés ci-dessus, mais elle est suffisamment sensible pour mériter une analyse approfondie.

La division du corpus en fonction du sexe des sujets montre que les filles vont plus loin dans le sens de la standardisation que leurs camarades masculins pour les variables à forte variation stylistique. L'hypercorrection féminine des formes non standard en lecture confirme donc pour Sudbury la sensibilité générale des femmes aux formes de prestige, souvent notée par les sociolinguistes.

On arrive à des conclusions semblables quand on analyse l'effet du lieu de résidence (urbain/rural, c'est-à-dire ici Sudbury et le comté de Rayside-Balfour). Dans tous les cas où les écarts sont significatifs (/ɑ/, /wa/ et /ɑ̃/), c'est la variante vernaculaire qui est privilégiée par Rayside, alors qu'à Sudbury, on se rapproche beaucoup plus des formes standardisées. Ces résultats sont conformes au principe général selon lequel l'urbanisation contribue puissamment à la standardisation des parlers régionaux. On remarque également que, pour ces trois variables vocaliques uniquement, les sujets ruraux corrigent leur prononciation en lecture plus que leurs camarades urbains. Cela confirme qu'ils sont conscients, non seulement de la stigmatisation affectant leur parler, mais encore des points du système pour lesquels elle est la plus forte. Ils démontrent ainsi qu'ils savent où ils se situent par rapport à la norme linguistique de la communauté dans laquelle ils évoluent.

L'étude du rapport entre phonétique et classe sociale révèle que la classe ouvrière fait un plus grand usage des formes stigmatisées en parole spontanée, mais qu'elle se corrige plus énergiquement que les classes bourgeoises en parole surveillée, du moins pour les variables susceptibles de grande variation stylistique, comme c'était déjà le cas pour le sexe et le lieu de résidence. Ce qui est particulièrement intéressant ici, c'est la participation de la classe ouvrière au processus d'hypercorrection ordinairement caractéristique de la petite bourgeoisie. Cette anomalie vient vraisemblablement du fait que la communauté francophone de Sudbury — minoritaire et sans pouvoir réel — se réduit en fait à deux grandes classes sociales où la deuxième (le prolétariat) est assez proche de la première pour espérer un jour la rattraper.

Les différences d'âge étant minimes dans la population scolaire considérée, on ne sera pas surpris de constater qu'elles sont reflétées par des différences également minimes dans la prononciation des sujets. Notons cependant un plus haut degré de standardisation des variantes vocaliques stigmatisées chez les sujets les plus jeunes de la ville de Sudbury, surtout s'ils sont de dominance linguistique anglaise. Puisque cette catégorie est appelée à grandir en importance à cause des processus d'urbanisation et d'assimilation linguistique, on peut prévoir la disparition de ces variantes dans un avenir relativement proche.

Dans l'ensemble, ce qui ressort le mieux de l'étude sociophonétique est l'hypercorrection de certaines variables en parole surveillée, qui s'applique essentiellement aux groupes occupant en principe la *deuxième* place dans la hiérarchie sociale : les filles, les ruraux, les ouvriers et les sujets à dominance anglaise. Il est clair, par conséquent, que la majorité des Franco-Sudburois sont conscients de leur position sociale et qu'ils cherchent à compenser sur le plan linguistique leur « infériorité » perçue ou réelle, comme l'a souvent fait observer en d'autres lieux la sociolinguistique labovienne. D'autre part, les sujets qui s'écartent le plus de la prononciation moyenne sont généralement ceux qui se corrigent le plus en lecture. Les locuteurs seraient donc conscients non seulement des aspects de leur prononciation qui les marquent socialement, mais encore du *degré* de déviation de leur parler par rapport à la norme linguistique de la communauté. Un degré élevé de conscience linguistique, commun dans les sociétés unilingues étudiées jusqu'ici, est donc également possible en milieu minoritaire bilingue. Il est renforcé dans le cas de Sudbury par l'énorme importance qui a toujours été accordée au « bon parler » chez les Canadiens français.

Conclusion

Les recherches que nous avons menées permettent de conclure que le français du Moyen-Nord est un parler instable en voie de transformation. Aux variations morpho-syntaxiques et lexicales observées par le CREFO s'ajoutent, dans le domaine phonétique, des variations contextuelles, stylistiques et sociophonétiques qui permettent de documenter un certain fléchissement de l'accent régional. Cette instabilité est inquiétante dans le contexte anglo-dominant qui caractérise la région, mais elle ne semble pas se traduire par un passage aux prononciations anglaises, qui n'apparaissent que rarement dans le parler local. Notre expérience confirme ainsi celle de Laurier : il n'y a pas de danger immédiat d'anglicisation de la prononciation du français à Sudbury. Ce qui est menacé, c'est le vernaculaire, puisque, d'après nos observations, il se dirige sensiblement vers la norme du français standard, comme c'est d'ailleurs le cas au Québec. Par ailleurs, le mouvement de standardisation ne semble s'exercer librement qu'en l'absence d'une tendance inverse à l'économie : c'est donc la causalité interne qui dirige surtout l'évolution phonétique, conjointement ou en opposition avec l'influence externe de la norme du français standard. Cela rejoint les observations du CREFO en morpho-syntaxe selon lesquelles les formes utilisées par les élèves les plus jeunes sont plus régulières que celles de leurs aînés. Autrement dit, c'est la « loi du moindre effort » qui expliquerait le mieux l'évolution du français sudburois, les sujets les plus jeunes utilisant de préférence les formes régulières et économiques du point de vue de l'articulation.

NOTES

1. Raymond Mougeon, « La question de l'interférence de l'anglais à la lumière de la sociolinguistique », communication présentée au colloque *Langue, espace et société : les variétés de français en Amérique du Nord*, Québec, Université Laval, mai 1991 (à paraître).

2. Maurice Holder, « Le parler populaire franco-canadien. La prononciation de quelques Canadiens français de la région de Sudbury — North Bay », dans *Phonetica*, 26, 1972, p. 33-49.

3. Michel Laurier, « La langue orale véhiculée par trois générations d'une famille habitant la région de Sudbury », *Revue de l'Université Laurentienne*, 16 (1), 1983, p. 13-24.

4. Jeff Tennant, « Observations sur la chute du "l" dans le français de North Bay (Ontario) », *Actes du XIIe Congrès international des sciences phonétiques*, 1991, vol. 2, p. 186-189.

5. Alain Thomas, *La Variation phonétique : cas du franco-ontarien*, Ottawa, Didier, 1986.

LA FRANCOPHONIE ONTARIENNE ET L'ACCÈS À L'ENSEIGNEMENT SUPÉRIEUR

Normand Frenette et Saeed Quazi
Institut d'études pédagogiques de l'Ontario (Toronto)

Pendant longtemps l'enseignement supérieur est demeuré pour les francophones de l'Ontario une préoccupation de moins grande importance politique que celle d'obtenir un système d'éducation secondaire et d'asseoir les bases de l'enseignement élémentaire. La lutte pour la légalisation de l'enseignement en langue minoritaire ainsi que pour l'établissement des écoles secondaires de langue française subventionnées par l'État devait occuper les esprits bien avant[1] la promulgation du notoire Règlement XVII en 1912, et continuer bien au-delà après les mesures annoncées par le gouvernement de l'Ontario en 1967 et mises en vigueur à partir de 1969.

Cette poussée pour acquérir, puis parfaire un système d'éducation à l'élémentaire et au secondaire a laissé dans l'ombre la question de l'accès à l'enseignement supérieur, bien que des interventions récentes permettent de croire que l'enseignement supérieur entre de plus en plus dans les préoccupations des porte-parole franco-ontariens. Depuis quelques années, en effet, la question de l'accès à l'enseignement supérieur est à l'ordre du jour des revendications franco-ontariennes[2]. À l'époque des dossiers choc de la Fédération des francophones hors Québec (FFHQ)[3] et de l'Association canadienne-française de l'Ontario (ACFO), le faible taux de participation des Franco-Ontariens pouvait être attribué au retard créé par l'absence des services éducatifs aux paliers élémentaire et secondaire. Mais près de deux décennies après la création des écoles secondaires de langue française, la parution de la recherche *Éducation et besoins des Franco-Ontariens*[4] a sonné l'alarme au sujet du piètre rendement du système, du moins en ce qui concerne le faible taux de transition chez les francophones entre le secondaire et l'enseignement supérieur.

Cette dernière étude avait utilisé des données relatives à l'inscription des francophones en 1981, date du recensement canadien, ce qui avait permis le calcul du taux de participation pour cette année du recensement. On avait déterminé à cette époque que le taux de participation à l'enseignement supérieur se situait, à peu de choses près, à la moitié de celui des non-francophones de la province. De plus, le taux de transition de la 12e à la 13e année, année de passage entre le secondaire et le postsecondaire, s'est avéré nettement inférieur à celui des élèves inscrits dans les écoles de langue anglaise.

Cet article rend compte en partie seulement d'une recherche menée par les auteurs pour le ministère des Collèges et Universités de l'Ontario[5], recherche qui avait pour but de mettre à jour les données de la première étude mentionnée, mais pour la période de 1979-1989. Par le fait même, on disposait donc de données s'étalant sur une période de plus d'une décennie, ce qui permettait, en outre, de noter certains effets dus aux changements récents dans le système d'éducation ontarien.

Le taux de fréquentation des francophones au secondaire

Lorsque les écoles secondaires de langue française ont ouvert leurs portes à compter de 1969, certaines étant simplement des écoles «privées» transformées en écoles publiques, d'autres ayant été créées de toutes pièces à la suite de la nouvelle législation, les inscriptions dans ces écoles françaises ont aussitôt commencé à grimper. Alors que les écoles secondaires de langue anglaise avaient érigé une barrière quasi impénétrable aux études supérieures pendant les années soixante et la période antérieure, les nouvelles écoles secondaires de langue française ont fourni un accueil autrement intéressant pour les élèves francophones. En peu de temps, de fait en 1973, le taux de persévérance des élèves inscrits en 12e année, calculé par rapport aux inscriptions initiales en 9e année, a atteint un niveau égal à celui des élèves des écoles de langue anglaise : 62 %, chez les francophones et 61 %, chez les non-francophones. Le taux de persévérance chez les deux groupes linguistiques a continué à augmenter, si bien qu'en 1989 il demeurait, dans les écoles françaises de la province, 100 élèves inscrits en 12e année à partir d'inscriptions initiales de 100 élèves quatre ans auparavant, et dans les écoles de langue anglaise, 95 élèves[6].

Mais le profil était tout autre en 13e année, l'année de transition entre le secondaire et le postsecondaire[7]. Alors que le taux de persévérance des francophones a atteint un niveau de 29 % en 1973 pour le groupe ayant débuté en 1968 (par rapport à 36 % dans les écoles de langue anglaise), ce premier contingent fraîchement issu des écoles privées a représenté le plus haut niveau des inscriptions en 13e année pour une période postérieure de 13 ans.

De fait, la *proportion* de ceux qui arrivaient en 13e année n'a cessé de décroître au cours de la décennie, période marquée par les discours prônant la plus grande accessibilité aux études postsecondaires, et par la publication de *Living and Learning*, considéré à l'époque comme la grande charte de l'ouverture du système secondaire en Ontario[8]. Ce phénomène a été escamoté par une tendance plus marquée à la *généralisation* de l'éducation, qui s'est concrétisée par une augmentation du nombre d'élèves ayant accédé à cette année de transition. Il n'en demeure pas moins que, pendant toute la décennie 1970 et jusqu'en 1983, la proportion des élèves accédant à la 13e année a été inférieure à celle du contingent de 1968, époque où les recommandations du rapport Hall-Denis n'avaient pas encore été mises en vigueur. C'est précisément au moment où celles-ci sont entrées en vigueur que le taux de transition entre la 12ᵉ année et la 13ᵉ année a commencé à baisser, phénomène qui est attribuable sans doute à un changement de contexte social et économique plutôt qu'à un prétendu assouplissement du système d'éducation.

Examinons donc le contexte pour un phénomène semblable, mais qui est beaucoup plus marqué chez les francophones. Après le tout premier contingent de francophones accédant à la 13ᵉ année après la création des écoles secondaires de langue française, les inscriptions à cette année de transition ont pour ainsi dire atteint un plafond. Lorsque les inscriptions ont recommencé à bouger à partir de 1983, le taux d'inscription des francophones en 13ᵉ année a suivi la courbe générale du système, tout en maintenant un écart qui variait entre 9 et 14 points. En 1989, époque où le taux de persévérance des non-francophones a atteint 50 % du contingent initial, l'écart de 13 points se traduisait donc en écart de 26 % entre francophones et non-francophones. Par conséquent, on peut affirmer que la transition entre la 12ᵉ année et la 13ᵉ année représente un premier moment de déséquilibre entre francophones et non-francophones dans l'accès aux études postsecondaires. Le tableau 1 rend compte de cette évolution.

Le deuxième moment de déséquilibre survient avec la transition du secondaire au postsecondaire. En effet, les francophones arrivant en 13ᵉ année sont de moins en moins portés à faire une demande d'admission à l'université. Alors que 75,6 % des non-francophones en 13ᵉ année ont fait une demande d'admission en 1989, à peine 56,1 % des francophones en ont fait autant. De ceux qui font une demande d'admission, une plus grande proportion de francophones est acceptée à l'université (73,0 % en 1989 contre 66,3 % des non-francophones), mais cette réussite est hypothéquée par la plus petite proportion au départ. La proportion des élèves francophones de 13ᵉ année qui se sont inscrits à l'université est passée de 39,5 % en 1985 à 42,0 % en 1989, alors que la proportion des élèves non francophones qui en ont fait autant est passée de 41,8 % en 1985 à 50,2 % en 1989. Résultat: les non-francophones ont davantage tendance à envisager la 13ᵉ année comme une année de transition entre le secondaire et le postsecondaire, alors que les francophones ont tendance à envisager la 13ᵉ année comme une année terminale du secondaire.

Il semble donc bien y avoir un deuxième moment de déséquilibre dans la transition entre la 13ᵉ année et l'université. Toute la question est évidemment de savoir pourquoi il existe deux paliers de déséquilibre. Mais avant de tirer des conclusions trop hâtives, il faut d'abord examiner le comportement des francophones arrivés au postsecondaire. Pour ce faire, nous allons examiner les inscriptions générales, tant au premier cycle universitaire qu'au collégial, car ils représentent, en Ontario, deux voies parallèles d'études postsecondaires.

Tableau 1
Progression de la population étudiante de la 9ᵉ à la 13ᵉ année

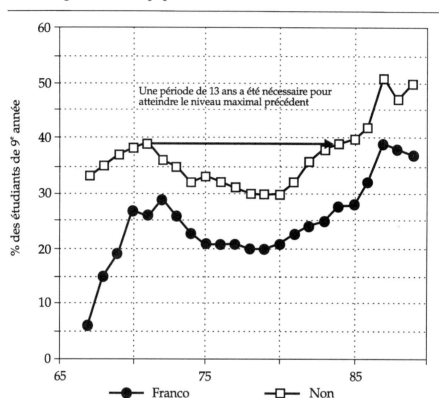

Le taux d'inscription général au postsecondaire

L'effectif des étudiants à temps plein au premier cycle universitaire n'a cessé d'augmenter de façon régulière depuis 1979. L'effectif des non-francophones est passé de 132 875 étudiants en 1979 à 179 828 en 1989, soit une augmentation de 35,1 %, alors que l'effectif des francophones est passé de 3 940 à 5 262 étudiants, soit une augmentation de 33,0 %. Lorsqu'on exprime l'effectif comme la proportion du groupe des 18-21 ans, on obtient le taux de participation. Celui-ci se situait, pour les non-francophones, à 21,80 % du groupe d'âge au début de la décennie et à 33,16 % à la fin, et pour les francophones, à 11,13 % du groupe d'âge au début de la décennie et à 18,40 % à la fin.

Bref, l'augmentation générale des francophones n'a pas été suffisante pour combler l'écart entre les deux groupes linguistiques. Par rapport à leur taux de participation, on peut affirmer que les francophones avaient, au début de la décennie, 51 % des chances de leurs compatriotes anglophones d'être inscrits à temps complet dans un programme du premier cycle universitaire. À la fin de la décennie, la situation s'était améliorée quelque peu : ils avaient 54 % des chances de leurs compatriotes.

Mais on pourrait alléguer, comme certains l'ont fait, que si les francophones ne fréquentaient pas le premier cycle universitaire, c'était parce qu'ils préféraient le collégial qui, en Ontario, constitue une autre voie à l'enseignement supérieur. Le collégial représente en principe non pas une propédeutique à l'enseignement universitaire, mais une tout autre voie, même si une petite portion des étudiants du collégial finissent par s'inscrire à l'université.

De fait, les inscriptions au collégial ont augmenté de façon régulière jusqu'en 1983 (1984 pour les non-francophones), c'est-à-dire immédiatement après la récession de 1981-1982. L'effectif des francophones est passé de 3 158 étudiants en 1979 à 4 116 en 1983, une augmentation de 30,3 %, alors que l'effectif des non-francophones est passé de 63 904 à 89 242 étudiants en 1984, soit une augmentation de 39,7 % à compter du début de la période étudiée.

Il s'est ensuivi un temps d'arrêt. L'effectif des non-francophones au collégial a diminué légèrement jusqu'en 1988, moment où il a atteint 85 858 étudiants, c'est-à-dire une baisse de 3,8 % par rapport au point culminant des effectifs en 1984, avant de commencer à remonter légèrement l'année suivante. Mais le changement chez les francophones a été autrement dramatique. À partir du point culminant en 1983, l'effectif a chuté jusqu'à 2 770 étudiants en 1987 avant de commencer à remonter l'année suivante, ce qui représentait une baisse de 32,7 % par rapport au point culminant de 1983. Les francophones n'avaient donc pas boudé l'enseignement universitaire parce qu'ils préféraient l'enseignement collégial, au contraire. Ils avaient délaissé l'enseignement collégial pendant le regain économique des années qui ont suivi la récession de 1981-1982.

Pendant ce temps, le taux de participation des non-francophones avait débuté à 10,5 % en 1979 pour augmenter régulièrement jusqu'en 1989, atteignant à ce moment-là un taux de 16,26 %. Cette augmentation régulière, malgré la baisse légère de l'effectif, représentait une population plus petite, âgée de 18-21 ans. Chez les francophones, le taux de participation avait commencé à 8,9 % pour atteindre 13,57 % en 1983, et ensuite baisser jusqu'à 11,90 % en 1987. La baisse de l'effectif francophone dépassait donc largement la baisse du groupe d'âge de 18-21 ans.

Si on voulait jauger l'écart relatif entre francophones et non-francophones de l'Ontario, il faudrait combiner les taux de participation au collégial et à l'université. Les taux de participation combinés donneraient un meilleur aperçu du statut relatif des deux groupes linguistiques. Il faut immédiatement ajouter que ces données portent sur l'effectif réel inscrit à temps plein à chaque moment d'observation. Il ne s'agit pas du taux accumulé de scolarisation d'un ensemble de la population tel que révélé par les recensements, par exemple. Le tableau 2 rend compte de l'évolution du taux d'inscription général pendant la période de 1979-1989 :

Tableau 2

Taux d'inscription général au collégial et au premier cycle universitaire comme pourcentage du groupe d'âge des 18-21 ans

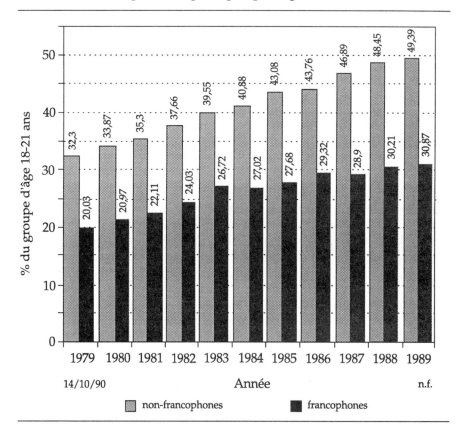

Il se trouve que l'inscription des non-francophones aux études postsecondaires représentait un tiers du groupe des 18-21 ans au début de la décennie, et la moitié du groupe à la fin. L'inscription des francophones représentait un cinquième de leur groupe de référence en 1979 et près d'un tiers en 1989, un écart de près de 40 %, et qui allait en augmentant.

Si les francophones avaient connu la même diminution que les non-francophones au collégial, l'écart aurait été réduit. En effet, si les francophones avaient connu une baisse de 3,8 % comme les non-francophones, leur taux de participation au collégial aurait atteint 15,6 % plutôt que 11,90 % à leur nadir, ce qui n'aurait pas été loin du taux de participation de 16,04 % atteint par les non-francophones.

Le taux d'inscription selon les domaines d'études et les programmes

Il ne suffit pas de constater que les francophones accusent un taux de participation plus faible que celui des non-francophones. Encore faut-il examiner leurs choix quand ils ont la possibilité de suivre des programmes postsecondaires. Pour ce faire, nous allons faire un rapide survol du taux de participation selon les domaines d'études et selon certains programmes. Par la suite, nous serons en mesure de caractériser les formes de rationalité dont fait montre le minoritaire francophone en s'inscrivant dans les programmes et les domaines d'études de l'enseignement supérieur.

Au premier cycle universitaire, on note que le profil des inscriptions est différent de celui des non-francophones pour chaque domaine d'études offert à l'université. Le tableau 3 propose les augmentations brutes selon le domaine d'études pour la décennie 1979-1989. On y remarque qu'il n'y a pas un seul domaine d'études où les francophones présentent le même profil d'augmentation ou de baisse d'inscriptions pendant la décennie, si ce n'est celui du génie et des sciences appliquées et celui des mathématiques et des sciences physiques où l'écart entre francophones et non-francophones n'est que de 10 points.

Tableau 3

Comparaison des inscriptions brutes selon les domaines d'études universitaires du 1ᵉʳ cycle

Domaine d'études	Francophones			Non-francophones		
	1979	1989	%	1979	1989	%
Arts et sciences – général	132	183	38,6	19 618	10 155	(48,2)
Arts – général	377	261	(30,7)	7 617	12 214	60,4
Sciences – général	86	63	(26,7)	3 334	4 807	44,2
Arts et sciences – Total	595	507	(14,8)	30 569	27 176	(11,1)
Éducation	434	742	71,0	8 443	11 347	34,4
Beaux-arts	147	139	(5,4)	5 991	7 674	28,1
Humanités	526	722	37,3	9 390	22 359	138,1
Sciences sociales	1 244	1 893	52,2	33 916	60 755	79,1
Agriculture et sc. biologiques	199	284	42,7	7 612	11 901	56,3
Génie et sc. appliquées	319	325	1,9	16 423	14 589	(11,2)
Sciences de la santé	217	331	52,5	10 118	10 999	8,7
Math. et sciences physiques	208	277	33,2	7 597	10 869	43,1
Tous domaines	**3 840**	**5 262**	**33,6**	**132 875**	**179 828**	**35,3**

On constate des différences notables. Alors que les non-francophones ont connu une augmentation considérable dans les humanités (138,1 %) sous l'impulsion de l'augmentation de l'effectif féminin, l'augmentation dans ce domaine chez les francophones est à peine plus sensible que l'augmentation générale (37,3 %). De même, l'augmentation de l'effectif non francophone en sciences de la santé est à peine perceptible (8,7 %) et représente un recul par rapport à l'augmentation générale, alors que l'augmentation des francophones dans ce domaine a dépassé les 50 % au cours de la décennie. L'augmentation de l'effectif francophone en éducation représente plus du double de celle des non-francophones. C'est d'ailleurs le seul domaine d'études où on remarque un phénomène semblable. L'augmentation ou la décroissance est à peu près semblable dans les seuls domaines du génie, des mathématiques et sciences physiques déjà mentionnés, et des arts et sciences/général, une catégorie qui regroupe trois autres domaines d'études dont les profils d'augmentation sont assez dissemblables. Ce sont précisément les domaines d'études où le francophone risque de ne pas pouvoir suivre son programme en français, et qui ne donnent pas accès à des emplois où l'on peut raisonnablement espérer gagner sa vie, au moins partiellement, en français. Bref, les francophones montrent un profil d'inscriptions qui leur est tout à fait particulier et qui ressemble très peu à celui des non-francophones.

De même, la distribution des hommes et des femmes est tout à fait différente selon les deux groupes linguistiques. En 1979, les femmes représentaient 53,1 % de l'effectif francophone et 44,7 % de l'effectif anglophone. En 1989, les femmes représentaient 58,4 % de l'effectif francophone et 51,5 % de l'effectif anglophone. Leur participation selon le domaine d'études est tout aussi remarquable. À l'heure actuelle en Ontario, les femmes sont plus nombreuses que les hommes dans tous les domaines d'études sauf pour le génie, les sciences/général et les mathématiques et sciences physiques. Chez les francophones, seuls les domaines du génie et des mathématiques et sciences physiques offrent une majorité d'hommes.

Partout les femmes francophones sont encore plus nombreuses que les femmes non francophones, et leurs inscriptions sont concentrées dans les disciplines que l'on pourrait qualifier de disciplines reliées à la reproduction culturelle d'une collectivité. De plus, elles ont un effet d'entraînement sur les hommes francophones qui, eux aussi, sont proportionnellement plus nombreux dans ces mêmes domaines.

En ce qui concerne le collégial, il y a quatre domaines d'études — arts appliqués, commerce, technologie et sciences de la santé. Le tableau 4 présente le nombre des inscriptions dans ces quatre domaines d'études pendant une période de 10 ans. Ces inscriptions représentent un échantillon de 81 % de l'effectif francophone en 1979 et de 88 % du total en 1989, les autres étudiants étant inscrits dans des collèges anglais.

On note immédiatement que si l'augmentation demeure relativement constante en sciences de la santé et en arts appliqués, il n'en va pas de même en commerce et en technologie. Ces deux domaines d'études ont connu une chute brusque des inscriptions après la reprise économique de 1983. La distribution des inscriptions selon le domaine d'études a évolué de manière significative depuis 1979. En 1979, les inscriptions en arts appliqués représentaient 29,1 % du total (N = 700) et en commerce, 34,8 % du total (N = 898);

les inscriptions en service social et sciences de la santé représentaient 10,6 % du total (N = 273) et les inscriptions en technologie formaient 27,5 % du total, qui se chiffrait à 2 850.

Tableau 4
Inscription des francophones selon le domaine d'études dans six collèges bilingues, 1979-1989

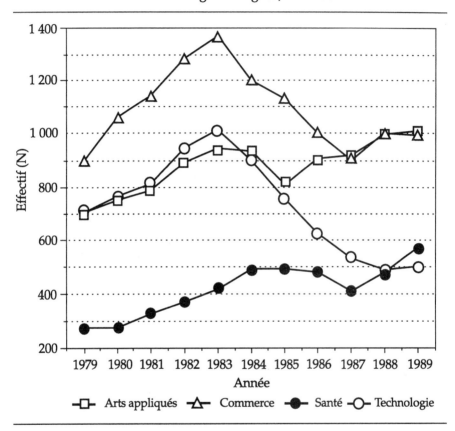

Dix ans plus tard, la proportion des inscriptions en arts appliqués a augmenté quelque peu à 32,9 % du total (N = 1 012) et la proportion des inscriptions en commerce a diminué quelque peu à 32,4 % du total (N = 997). Pendant la même période de temps, la proportion des inscriptions en service social et sciences de la santé a presque doublé, atteignant 18,3 % du total (N = 564), alors que la proportion des inscriptions en technologie a diminué de plus de la moitié, atteignant 16,4 % du total (N = 504).

À un premier niveau d'analyse, il semblerait que l'augmentation de l'intérêt pour le service social et les sciences de la santé ait été doublée d'une diminution d'intérêt pour la technologie. Sauf qu'il ne s'agit pas du même type de clientèle. Tout au long de la décennie, les hommes représentent à peu près 90 % des inscriptions en technologie. Cela reste une constante, avec une variation minime de 3,4 points. En même temps, l'effectif en technologie a atteint son point culminant en 1983 avec 1 013 inscriptions dont 921 hommes, pour diminuer assez rapidement jusqu'en 1988 avec 488 inscriptions dont 432 hommes. L'effectif des hommes francophones dans ce domaine d'études a donc été amputé de plus de la moitié à compter de 1983.

Les domaines du service social et des sciences de la santé attirent une très grande proportion de femmes. En 1979, celles-ci constituaient 88,6 % de l'effectif (N = 242) et en 1989, elles constituaient 84,6 % de l'effectif total (N = 477). Qui plus est, l'effectif en service social n'a pas connu de point culminant en 1983. L'effectif n'a cessé d'augmenter au cours de la décennie jusqu'en 1986, puis l'on a connu trois ans d'assez grandes variations.

Bref, le domaine où les hommes sont traditionnellement « sur-représentés », celui de la technologie, n'a pu les attirer, et les autres domaines n'ont pu prendre la relève. Notons, par exemple, que l'effectif masculin en arts appliqués est passé de 218 en 1979 à 312 en 1989, une augmentation de 43,1 %, alors que l'effectif féminin dans le même domaine est passé de 484 en 1979 à 700 en 1989, une augmentation de 44,6 %. Par conséquent, il n'y a guère eu d'évolution dans la distribution de l'un et l'autre sexe. L'effectif masculin en commerce est passé de 353 en 1979 à 397 en 1989, une augmentation de 12,5 %, alors que l'effectif féminin dans le même domaine est passé de 545 en 1979 à 997 en 1989, soit une augmentation de 82,9 %. Avant de déduire que ces chiffres représentent une nouvelle élite de gens d'affaires largement dominée par les femmes, il faut tenir compte que l'augmentation des inscriptions est largement influencée par l'effectif féminin dans les programmes traditionnels de secrétariat bilingue. En somme, les femmes s'instruisent plus que les hommes, mais ce n'est pas nécessairement en préparation à des postes de pouvoir et de privilège.

Mais il y a plus. Lorsqu'on examine les inscriptions au postsecondaire selon les programmes, on s'aperçoit que, sauf exception, les programmes sont toujours offerts en premier lieu, dans les institutions bilingues, en anglais, et l'inscription des francophones est uniformément basse. Lorsqu'on offre aussi le même programme en français, deux phénomènes se produisent — d'abord, les inscriptions des étudiants francophones commencent à augmenter après une première période d'hésitation, puis la vaste majorité des inscriptions francophones se font dans le programme offert en français. Ces deux phénomènes se confirment et au collégial et au premier cycle universitaire. Ils sont d'autant plus remarquables que toutes les enquêtes auprès des étudiants francophones confirment la préférence de ces derniers pour des programmes et des institutions bilingues au postsecondaire. Mais lorsqu'on les place dans un contexte institutionnel qui permet un choix réel, non pas un choix hypothétique dans des conditions d'enquête, les étudiants francophones préfèrent, et de beaucoup, les programmes en français.

Discussion

Nous avons vu que, dès la transition entre la 12ᵉ année et la 13ᵉ année, les francophones se montrent de plus en plus résistants aux études supérieures. Ils sont proportionnellement moins nombreux à faire la transition entre la 12ᵉ et la 13ᵉ année, ainsi qu'entre la 13ᵉ année et l'université. Une fois qu'ils sont arrivés au postsecondaire, leur taux de participation est nettement en deçà de celui des non-francophones. En même temps, on note une redistribution des hommes et des femmes francophones aux études avancées par rapport à celle qui va jusqu'à la fin de la 12ᵉ année, avec les femmes se présentant (proportionnellement) beaucoup plus nombreuses que les hommes francophones.

Le comportement particulier des francophones demande donc une explication qui tienne compte de leur contexte.

Les recherches sur l'accessibilité de l'enseignement supérieur, au cours des années soixante et soixante-dix, ont été de deux sortes : l'une qui visait à expliquer l'accès différentiel à l'éducation selon différents facteurs (classe, sexe, ethnicité) censés expliquer la variation dans les aspirations éducationnelles chez les individus; l'autre misant davantage sur la répartition des biens sociaux (revenus, niveau de scolarité) selon les différentes caractéristiques des individus et des institutions[9].

Selon la première perspective, on tient pour acquis que c'est la motivation différenciée des individus qui explique leur accès à l'enseignement supérieur, motivation susceptible d'être modifiée sous l'influence d'un certain nombre de facteurs tels le succès scolaire, la parenté, les pairs, etc. Selon la deuxième perspective, on tient pour acquis que l'organisation du *curriculum* et/ou les processus d'interaction dans l'enseignement élémentaire et secondaire ont un impact sur l'acquis scolaire des individus. Bien que ces deux perspectives ne soient pas dénuées d'intérêt, il nous semble utile d'adopter une autre perspective qui consiste à s'interroger sur les choix collectifs des francophones afin de déceler chez ces derniers les formes de rationalité empruntées par le minoritaire dans un contexte, somme toute, difficile.

Selon cette perspective, l'acteur ne peut être envisagé comme « con culturel » (Garfinkel), ballotté par des influences sur lesquelles il a peu d'emprise. Selon la perspective adoptée ici, le minoritaire, comme tout autre acteur social, doit être considéré comme un acteur *compétent*, c'est-à-dire comme une personne qui prend des décisions raisonnables étant donné sa situation et son contexte — ce qui ne veut pas dire que l'individu soit en mesure de formuler les raisons de ses choix, ni même qu'il en soit conscient[10]. Au plan méthodologique, cette perspective ne tient pas pour acquis que les francophones devraient imiter les non-francophones dans leur choix. Le point de vue comparatiste fournit une heuristique, sans plus, permettant de constater les particularismes des choix effectués par les francophones minoritaires.

Dans cette perspective, il est hautement significatif qu'avec les années, la vaste majorité des francophones qui réussissent à atteindre le postsecondaire s'inscrivent dans l'une ou l'autre des institutions postsecondaires bilingues[11], et que la tendance est à la hausse. Au collégial, 88 % des francophones étaient inscrits dans l'un ou l'autre des collèges bilingues en 1989. Au premier cycle universitaire, 82 % des francophones étaient inscrits dans l'une ou l'autre des universités bilingues en 1989. Or rien n'obligeait les jeunes francophones à s'y inscrire, d'autant plus que l'on peut prendre pour acquis que la vaste majorité est bilingue, et qu'une proportion très importante des étudiants francophones pourrait même se sentir plus à l'aise en anglais qu'en français.

Et comme nous l'avons vu auparavant, une fois inscrits au postsecondaire dans une institution bilingue, ils ont tendance à s'inscrire dans les programmes offerts en français. Là où le programme n'est pas offert en français, les inscriptions sont uniformément basses. Là où le programme est offert en français, les francophones optent massivement pour ce programme et les inscriptions commencent à augmenter.

Mais l'examen détaillé des comportements des francophones au postsecondaire, tels que révélés par leurs choix collectifs, démontre un certain nombre de caractéristiques qui font d'eux des acteurs non seulement rationnels, mais extrêmement prudents.

D'abord on note, et ce en dépit de la prétendue assimilation galopante chez les francophones minoritaires, un profond attachement aux études et au travail *en français*. Là où les deux éléments sont en présence, les francophones se montrent plus nombreux que les non-francophones. Tel est le cas du domaine de l'éducation où le programme est offert en français et qui représente un domaine d'études menant à des emplois où l'on peut raisonnablement espérer travailler en français dans une école de langue française ou, à tout le moins, compter sur son capital culturel dans une école d'immersion, par exemple. Tel est également le cas pour d'autres domaines d'études qui donnent accès à des emplois récemment ouverts aux francophones par les exigences de la Loi 8 sur les services en français dans certaines régions désignées de la province et également pour les domaines d'études, notamment en administration publique, qui donnent accès aux emplois dans la fonction publique.

Ensuite, on note une continuité entre l'organisation sociale que les francophones ont connue au secondaire et celle qu'ils doivent choisir au postsecondaire. Les francophones issus des écoles secondaires de langue française sont plus nombreux à s'inscrire au postsecondaire et à choisir une institution bilingue que les élèves issus des écoles dites « mixtes », davantage encore que ceux qui sont issus des écoles anglaises. Cependant, ils sont de plus en plus nombreux à choisir les institutions postsecondaires bilingues non pas *parce qu*'elles sont bilingues, mais parce que le jeune pourra se retrouver *avec ses semblables*.

Bref, les choix collectifs de ceux qui arrivent au postsecondaire démontrent un acteur on ne peut plus rationnel, à la fois sur le plan économique et sur le plan culturel. Le jeune francophone s'oriente vers les disciplines où il peut raisonnablement espérer étudier en français et, éventuellement, travailler en français.

Dans ce contexte, il faut interpréter les proportions réduites de francophones dans la transition entre la 12ᵉ année et la 13ᵉ année et dans la transition entre la 13ᵉ année et le postsecondaire non pas comme une défaillance quelconque, mais comme une forme d'orientation vers l'avenir. La baisse dans les taux de transition au secondaire s'expliquerait par le fait que l'on pressent déjà ce qui arrivera au postsecondaire. Étant donné le faible niveau de programmes en français à l'université et au collégial, on commence déjà à se retirer du *cursus* scolaire. Bref, cette baisse des effectifs à la fin du secondaire doit être interprétée comme une forme de résistance à une perte d'identité pressentie dans des institutions qui sont considérées comme étrangères.

Conclusion

Les choix collectifs des jeunes minoritaires montrent des formes de rationalité qui revêtent, certes, des caractéristiques économiques — le minoritaire a tendance à miser sur les domaines d'études ouvrant aux emplois, mais il a tendance à se cantonner dans les secteurs où il peut raisonnablement espérer travailler en français ou, à tout le moins, compter sur son capital culturel de bilingue. En deuxième lieu, on fait montre d'une stratégie de promotion de la collectivité, car le minoritaire a également tendance à s'inscrire dans les domaines d'études reliés à la reproduction culturelle de celle-ci. En troisième lieu, les choix collectifs montrent une stratégie de prudence, car le minoritaire a également tendance à s'éloigner des domaines d'études où il est plus exposé à l'assimilation linguistique et culturelle. En un mot, les choix collectifs du jeune minoritaire, malgré les appels individualistes d'une culture dominante, montrent encore un profond attachement à des valeurs collectives.

NOTES

1. David Welch, *The Social Construction of Franco-Ontarian Interests Towards French Language Schooling*, thèse de doctorat inédite, Université de Toronto, 1988.

2. Voir, par exemple, *L'Éducation postsecondaire en français. Position de l'ACFO. Grandes orientations*, Ottawa, Association canadienne-française de l'Ontario, mars 1988; *L'Éducation postsecondaire. Position de Direction Jeunesse, Fédération des étudiants de l'Ontario, Fédération des élèves du secondaire franco-ontarien*, Ottawa, Direction Jeunesse, mars 1988; *La Question universitaire. Document de travail préparé par un comité spécial de la Société des universitaires de langue française de l'Ontario*, [s.l.], SULFO, octobre 1990.

3. *Les Héritiers de Lord Durham*, Ottawa, Association canadienne-française de l'Ontario, 1977; *Deux poids, deux mesures : les francophones hors Québec et les anglophones au Québec : un dossier comparatif*, Ottawa, La Fédération des francophones hors Québec, 1978.

4. Stacy Churchill, Normand Frenette et Saeed Quazi, *Éducation et besoins des Franco-Ontariens : le diagnostic d'un système d'éducation*, 2 vol., Toronto, Conseil de l'éducation franco-ontarienne, 1985.

5. Normand Frenette et Saeed Quazi, *Ontario Francophones and Post-Secondary Accessibility : 1979-1989*. (Traduction : *Accessibilité aux études postsecondaires pour les francophones de l'Ontario : 1979-1989*, Toronto, ministère des Collèges et Universités, 1990.)

6. Le taux de persévérance ne doit pas être compris comme reflet du nombre de « décrocheurs » dans le système. Le taux de persévérance indique simplement qu'à partir d'un groupe initial de 100 élèves, il en demeure 60 dans les écoles quatre ans plus tard. Mais le chiffre ne tient pas compte des nouvelles arrivées dans le système, des mortalités et des migrations. De fait, le chiffre tant galvaudé de 30 % de décrocheurs représente une estimation qui conserve un critère fondamental l'obtention d'un diplôme secondaire quatre ans après l'entrée au secondaire. Les élèves qui prennent plus de quatre ans pour obtenir un diplôme y figurent donc comme décrocheurs selon cette estimation.

7. Il se trouve que la transition entre l'école secondaire et le collégial peut en théorie se faire à partir de la 12ᵉ année. Peu d'élèves le font, la plupart attendant de faire leur 13ᵉ année avant de s'inscrire au collégial. À peine 16 % des élèves de 12ᵉ année de la province s'inscrivent à un programme collégial. Voir à ce sujet Ontario, *Relevé récapitulatif des statistiques de 1988-1989*, Toronto, ministère des Collèges et Universités, 1990.

8. *Provincial Committee on Aims and Objectives of Education in Schools of Ontario. Living and Learning : The Report*, Lloyd A. Dennis et Emmet M. Hall (dir.), Toronto, Newton Pub. Co., 1968.

9. Cette catégorisation ne tient pas compte des micro-analyses des processus organisationnels dans les écoles, ni des analyses de l'organisation du *curriculum* dans les écoles selon les voies d'attribution. Voir à ce sujet M.T. Hallinen, « Equality of Educational Opportunity », dans *Annual Review of Sociology*, 1, Vol. 14, 1988, p. 249-268.

10. Anthony Giddens, « A Reply to my Critics », dans *Social Theory of Modern Societies : Anthony Giddens and His Critics*, David Held et John B. Thompson (dir.), Cambridge, Cambridge University Press, 1989, 249-301.

11. Au moment où prennent fin nos données, il n'existait pas d'institutions unilingues de langue française. La Cité collégiale, première institution postsecondaire de langue française en Ontario, a ouvert ses portes en 1990.

L'ENSEIGNEMENT EN MILIEU MINORITAIRE ET LA FORMATION CONTINUE DU PERSONNEL ENSEIGNANT

Diane Gérin-Lajoie
Institut d'études pédagogiques de l'Ontario (Toronto)

Au cours des dernières années, plusieurs recherches ont démontré que l'enseignement en milieu minoritaire, en Ontario par exemple, se calque en majeure partie sur la réalité du milieu majoritaire[1]. Le personnel enseignant est souvent peu, voire même pas du tout formé à la réalité du milieu minoritaire. Un tel état de fait transparaît souvent dans l'approche pédagogique utilisée en salle de classe, de même que dans le contenu des matières enseignées. Et dans bien des cas, les écoles manquent de mesures d'appui efficaces pour venir en aide à son personnel.

Le présent article se veut une réflexion sur les mesures à prendre pour fournir aux enseignants œuvrant en milieu minoritaire une formation continue qui réponde, de façon plus adéquate, à leurs besoins particuliers. Mais avant tout, examinons brièvement le rôle de l'école située en milieu minoritaire.

L'école minoritaire de langue française

Ce rôle diffère de celui joué par l'école en milieu majoritaire, en ce sens qu'en plus de transmettre des connaissances et d'agir à titre d'agent de socialisation, l'école apporte également sa contribution au renforcement de l'identité culturelle du groupe minoritaire[2], identité qui peut se définir comme étant le résultat de pratiques culturelles, de réseaux de relations sociales et de genre, ainsi que de fondements idéologiques et symboliques. Comme l'explique Breton[3], l'identité culturelle contribue à la construction d'un ordre symbolique. Pour leur part, les élèves qui fréquentent les écoles de langue française de l'Ontario ont un sens d'identité et un sentiment d'appartenance qui varient. On peut expliquer ce phénomène par le fait que la clientèle scolaire se compose de franco-dominants, d'anglo-dominants, de bilingues et d'élèves de langue française d'origines ethniques diverses[4], dont le bagage culturel provient d'un vécu ayant fréquemment peu en commun avec la réalité scolaire. Les interventions pédagogiques devraient, en principe, tenir compte du vécu des élèves qui vivent dans de tels milieux. On ne peut, en effet, parler de pratiques éducatives efficaces sans tenir compte des particularités du milieu.

L'école doit aussi faire face à des contraintes reliées à son statut d'institution sociale minoritaire. Il semble en effet que, même avec un enseignement donné totalement en français en salle de classe, les politiques, les programmes et le matériel scolaire reflètent plutôt la réalité du groupe majoritaire. Ainsi, les politiques et les programmes ne constituent généralement qu'une traduction de ce qui se fait en anglais[5]. Dans le cas du matériel utilisé en salle de classe, la même situation prévaut. De plus, on fait très souvent appel au Québec pour le matériel scolaire. Ce dernier, conçu pour la réalité de la majorité québécoise répond mal aux besoins de la clientèle scolaire du milieu minoritaire. La situation est fort complexe pour les écoles de langue française de l'Ontario, à cause de la quasi-impossibilité de puiser dans des sources en français à l'extérieur de l'école qui reflètent la réalité du milieu minoritaire. Il devient alors nécessaire, pour le personnel enseignant, non seulement de réévaluer le contenu du matériel, mais également d'être plus critique face aux approches pédagogiques utilisées[6].

Le personnel enseignant en milieu minoritaire

À cause des contacts étroits et multiples, on comprendra facilement le rôle crucial que joue le personnel enseignant auprès des élèves[7]. Cependant, de récentes recherches ont démontré que les personnes travaillant en milieu minoritaire utilisent, de façon générale, des approches pédagogiques qui s'apparentent plutôt à celles du milieu majoritaire, où les groupes d'élèves sont davantage homogènes[8]. Plusieurs s'attendent, par exemple, à ce que les élèves maîtrisent bien le français comme langue d'usage étant donné que l'on se trouve dans une école de langue française. On a tendance à dissocier l'école du milieu.

Comment tenir compte de cette hétérogénéité à la fois linguistique et culturelle des élèves en ce qui a trait à la transmission des connaissances, de même qu'aux valeurs à véhiculer à l'école, si le personnel enseignant n'a pas été formé pour travailler dans ce contexte particulier? Comme le soulignaient Fullan et Connelly, en 1987, dans leur document de prise de position sur la formation du personnel enseignant, «l'enseignement franco-ontarien a longtemps été caractérisé par un sentiment de mission linguistique et culturelle, mission qui est sans cesse redéfinie en raison de l'évolution constante de la communauté, mais qui a toujours créé des exigences particulières en ce qui a trait à la pratique de l'enseignement[9]». Peu sont en mesure d'assumer cette responsabilité si l'on ne leur donne pas l'occasion de s'y préparer, car même si ces personnes ont vécu dans un milieu francophone majoritaire ou minoritaire, elles n'ont pas été sensibilisées au fait de tenir compte de cette réalité.

La formation à l'enseignement en milieu minoritaire

Les membres du personnel qui travaille dans le milieu franco-ontarien proviennent essentiellement soit de l'Ontario (ils ont vécu la situation de minoritaires), soit de l'extérieur de la province (souvent, ils ont vécu en milieu majoritaire).

a) *Les enseignantes et enseignants franco-ontariens.* Ceux-ci ont généralement reçu leur formation initiale dans les deux universités ontariennes qui offrent un programme axé sur l'enseignement en langue française. Ils connaissent assez bien le milieu pour y avoir grandi. Ils ont même subi, bien qu'à des degrés différents, les méfaits de l'assimilation linguistique et culturelle. Depuis lors, ils ont repris possession de leur langue et parfois même, de leur culture. À cause de leur expérience, ils ont, en principe, une certaine connaissance du milieu franco-ontarien. Néanmoins, ils ne possèdent pas nécessairement les outils qu'il faut pour travailler efficacement en salle de classe avec une clientèle hétérogène. Ils ne sont pas non plus formés à travailler avec du matériel qu'il faudra adapter, et même créer de toutes pièces. Il semble, en effet, que les programmes de formation initiale, dans leur formule actuelle, font peu de cas de ces particularités et beaucoup de travail reste à faire en ce qui concerne le développement d'une pensée critique chez les enseignants. À cause de cette mission linguistique et culturelle, il s'avère nécessaire d'engager le futur personnel dans un processus qui l'amènera à mieux comprendre son rôle d'agent de socialisation à l'école et à mieux saisir le rôle particulier de l'école située en milieu minoritaire.

b) *Les enseignantes et enseignants nouvellement arrivés dans le système scolaire franco-ontarien.* Ce nouveau personnel fait face à deux problématiques distinctes : l'adaptation à la culture de l'école comme nouvel environnement de travail et l'acclimatation à la culture du milieu minoritaire, en tant que nouveau membre de ce groupe. En conséquence, le nouveau personnel enseignant doit se familiariser avec sa nouvelle école, puis avec la réalité du milieu minoritaire afin de mieux comprendre les besoins particuliers de sa clientèle scolaire.

Ceux qui viennent enseigner en Ontario ont reçu une formation pour l'enseignement en milieu majoritaire. Comme les programmes d'initiation à l'enseignement minoritaire sont, à toutes fins pratiques, inexistants, le personnel enseignant venant de l'extérieur se trouve aux prises avec un problème de taille, celui d'adapter son enseignement aux exigences de son nouveau milieu d'appartenance. Pareille tâche est parfois très difficile à accomplir, ce qui pousse certains à retourner dans leur milieu d'origine. Il en résulte un taux élevé de rotation du personnel dans les écoles de langue française, surtout dans le centre et le sud-ouest de la province. Que faudrait-il faire pour améliorer la situation ?

Mesures d'appui

Il faudrait, en premier lieu, entamer un processus de sensibilisation auprès du personnel enseignant, tant ancien que nouveau. Pour y arriver, plusieurs avenues s'offrent à nous. Nous retiendrons trois d'entre elles.

Disons tout d'abord qu'il est important de fournir de l'information factuelle sur l'école située en milieu minoritaire et plus particulièrement sur le type de clientèle scolaire à laquelle on s'adresse. Par exemple, des données sur la répartition des franco-dominants, des anglo-dominants et des élèves de groupes ethnoculturels dans les écoles en général et dans la leur en particulier, ne pourraient que favoriser une meilleure connaissance du milieu éducatif et culturel qui règne dans l'école. Ces indications sociolinguistiques gagneraient à être complétées par un historique de l'Ontario français, incluant des aperçus politiques et économiques du milieu minoritaire, de façon à susciter une meilleure compréhension des tenants et des aboutissants particuliers au contexte scolaire en question[10].

Ces informations pourraient être fort utiles, même pour ceux qui sont dans l'enseignement depuis bon nombre d'années. Des rencontres pour discuter de la réalité de l'école pourraient être organisées, tout au long de l'année avec le concours du personnel enseignant et de personnes ressources. De telles activités pourraient se tenir dans le cadre des journées pédagogiques.

Dans un deuxième temps, il faudrait travailler avec le personnel enseignant afin que celui-ci arrive à développer des outils qui lui serviront à adapter son approche pédagogique aux besoins de la clientèle scolaire avec laquelle il lui faut composer, le cas échéant. Il faudrait d'abord amener le personnel enseignant à développer un esprit critique par rapport aux interventions dans la salle de classe. C'est là que commence la sensibilisation. On doit amener le personnel à remettre continuellement en question ses pratiques de façon constructive pour lui permettre de s'améliorer.

Les conseillers pédagogiques pourraient aider le personnel enseignant à entreprendre ce cheminement, ainsi qu'on le fait déjà dans certains conseils scolaires de la province, afin de développer des approches pédagogiques qui favorisent des pratiques éducatives mieux adaptées à l'enseignement. Ils fourniraient ainsi un appui moral tout autant que technique, en encourageant et en guidant le personnel enseignant dans ce processus de croissance professionnelle à partir d'une pratique réflexive, qui devrait, par la suite, conduire à une amélioration des pratiques éducatives. Par exemple, on pourrait aider les enseignants et ce, peu importe leur expérience professionnelle, à adapter leur programme ou leur matériel scolaire à la réalité du milieu. Un meilleur encadrement permettrait également de sécuriser les membres du personnel enseignant, en particulier pour ceux qui débutent dans la carrière.

Enfin, il est essentiel de développer un esprit d'équipe entre les membres du personnel enseignant et entre le corps enseignant et l'administration de l'école. En effet, les enseignantes et les enseignants éprouvent le besoin d'échanger sur leur rôle, de même que sur l'école en général. Une collaboration plus intense pourrait se développer à la suite de ces échanges d'idées. De telles mises en commun, faites au niveau de la salle de classe, pourraient porter sur la création ou l'adaptation de programmes ou de matériel scolaire et développer de nouvelles approches pédagogiques.

Conclusion

Un programme de formation continue pour les enseignantes et les enseignants des milieux minoritaires ne pourrait qu'avoir des effets bénéfiques, tant pour le personnel enseignant, que pour la clientèle scolaire. En plus d'améliorer le rendement professionnel et de favoriser un meilleur taux de maintien du personnel dans les écoles, un tel programme influerait de façon positive sur le développement cognitif, affectif et social des élèves. On peut penser, en effet, qu'une meilleure connaissance du milieu ne pourrait qu'enrichir l'enseignement dispensé dans la salle de classe.

Au plan cognitif, connaissant mieux leur milieu de travail, le personnel pourrait adapter ses pratiques éducatives aux besoins d'une clientèle hétérogène qui bénéficiera ainsi au maximum des connaissances transmises en salle de classe.

Au plan affectif, une meilleure connaissance du milieu se refléterait dans l'approche pédagogique et contribuerait au développement de l'identité chez les élèves en favorisant chez ces derniers une plus grande confiance en soi.

Finalement, un plan structuré de formation continue pourrait également contribuer au développement social des élèves. Ainsi, la reconnaissance du milieu minoritaire à l'intérieur d'activités planifiées amènerait les élèves à se reconnaître eux-mêmes comme membres d'un groupe spécifique et à mieux apprécier la langue française et la culture franco-ontarienne.

Une structure d'appui qui prendrait en considération les besoins particuliers de ses enseignantes et de ses enseignants en milieu minoritaire ne pourrait que favoriser un meilleur rendement professionnel de leur part. Les élèves, de leur côté, en seraient ainsi les grands bénéficiaires.

NOTES

1. Voir à cet effet l'analyse de Monica Heller dans « L'école de langue française et la collectivité francophone en milieu minoritaire », dans *L'école contribue-t-elle à maintenir la vitalité d'une langue minoritaire?*, Centre de recherches en linguistique appliquée de l'Université de Moncton, 1987. Diane Gérin-Lajoie a aussi exploré cette question dans « Les programmes d'initiation à l'enseignement en milieu francophone minoritaire », article soumis à la *Revue canadienne des langues vivantes / The Canadian Modern Language Review*, vol. 49, 1992-1993.

2. Diane Gérin-Lajoie, « Les programmes scolaires et l'éducation franco-ontarienne : la pédagogie critique comme moyen d'intervention », dans Linda Cardinal (éd.), *La Recherche universitaire en milieu minoritaire*, Les Presses de l'Université d'Ottawa, coll. « Actes Express », sous presse.

3. Raymond Breton, « La communauté ethnique, communauté politique », dans *Sociologie et sociétés*, 15 (2), 1983.

4. Voir les écrits suivants qui parlent de cette question : Diane Gérin-Lajoie, « Les stéréotypes sexistes dans les écoles de langue française de l'Ontario », dans *Éducation et francophonie*, 19 (3), 1991; Monica Heller, « Variation dans l'emploi du français et de l'anglais par les élèves des écoles de langue française de Toronto », dans R. Mougeon et É. Béniak (éd.), *Le Français canadien parlé hors Québec : aperçu sociolinguistique*, Québec, PUL, 1989; Monica Heller, *op. cit.*, 1987.

5. Diane Gérin-Lajoie, *op. cit.*, sous presse.

6. En effet, à cause de l'hétérogénéité de la clientèle scolaire, il s'avère parfois nécessaire de repenser les approches pédagogiques en salle de classe afin que toutes et tous puissent bénéficier de l'enseignement dispensé. Voir Monica Heller, *et al.*, *La Diffusion d'une approche pédagogique innovatrice (français langue première et langue seconde : rapport final*, Toronto, ministère de l'Éducation, 1990.

7. Diane Gérin-Lajoie, *op. cit.*, 1992; Henry Giroux, *Ideology, Culture and the Process of Schooling*, Philadelphie, Temple University Press, 1981; Andy Hargreaves, *Two Cultures of Schooling : The Case of Middle Schools*, Londres, Falmer Press, 1986.

8. Diane Gérin-Lajoie, *op. cit.*, 1992; Monica Heller et G. Barker, « Conversational strategies and context for talk : learning activities for Franco-Ontarian minority schools », dans *Anthropology and Education Quarterly*, 19 (1), 1988.

9. Michael Fullan et Michael Connelly, *La Formation des enseignants en Ontario : perspectives d'avenir*, Toronto, ministère de l'Éducation, 1987, p. 48.

10. Diane Gérin-Lajoie, *op. cit.*, 1992.

RÉPERTOIRE ETHNOLOGIQUE DE L'ONTARIO FRANÇAIS : GUIDE BIBLIOGRAPHIQUE ET INVENTAIRE ARCHIVISTIQUE DU FOLKLORE FRANCO-ONTARIEN
de JEAN-PIERRE PICHETTE
(Ottawa, Les Presses de l'Université d'Ottawa, 1992, 230 p.)

Jean Du Berger
Université Laval (Québec)

Dans ce *Répertoire ethnologique de l'Ontario français*, Jean-Pierre Pichette présente le résultat de recherches qui ont porté, dans un premier temps, sur l'identification et l'analyse des ouvrages traitant du « folklore franco-ontarien », pour se prolonger tout naturellement par un « inventaire » des fonds d'archives.

Cet ouvrage se situe dans une tradition scientifique qui, au début de toute recherche, dresse l'état de la question. Dans la tradition scientifique de l'ethnologie canadienne et québécoise, cette étape de la recherche est régulièrement reprise. Combien de fois Luc Lacourcière, par exemple, a-t-il préparé des communications comme celle portant sur « Les études de folklore français au Canada », présentée lors du congrès annuel de la *Modern Language Association* à New York en décembre 1944[1]? Je songe aussi à « The Present State of French-Canadian Folklore Studies[2] » ou à « L'étude de la culture : le folklore[3] ». Si les sciences humaines doivent ainsi faire le point sur l'extension de leur champ scientifique, sur les méthodes de recherche ainsi que sur les résultats obtenus, l'ethnologie semble devoir définir plus souvent qu'à son tour ses visées et ses acquis.

L'exercice ne doit pas étonner dans le cas d'une discipline qui, à l'origine, se donnait comme objet d'étude les « survivances » (William Thoms, 1846; Andrew Lang, 1884; Paul Sébillot, 1886; Charles Francis Potter, 1949) pour se limiter par la suite à certains espaces sociaux comme « les milieux populaires des pays civilisés » (Paul Saintyves, 1936) ou les « paysans et [...] la vie rurale, et [...] ce qui en subsiste dans les milieux industriels et urbains » (Arnold van Gennep, 1924). Après avoir cherché sa différence spécifique dans le caractère d'oralité de son objet d'étude (Luc Lacourcière et Félix-Antoine Savard, 1946), la discipline en est venu à étudier les pratiques culturelles traditionnelles « des groupes restreints, des réseaux et des communautés ». Espace social où ces pratiques sont investies d'un caractère non institutionnel et informel. Le concept de tradition renvoie par ailleurs à un processus dynamique de transmission qui opère dans une performance orale, coutumière, exemplaire, imitative ou gestuelle et s'exprime non seulement dans les pratiques langagières, mais aussi dans les pratiques du corps, dans les pratiques alimentaires, vestimentaires et techniques ainsi que dans les pratiques ludiques et esthétiques, ethno-scientifiques et éthiques. Dorénavant, dans l'espace urbain ou rural, à tous les niveaux socioculturels, l'ethnologue étudiera ces pratiques culturelles non seulement sous leur aspect de traces des performances passées, mais aussi en tant que conduites actuelles où sont à l'œuvre les dynamismes de reproduction et de transfert culturels, d'acculturation, de stratification, de contrôle et de changement sociaux, de discrimination et d'intégration.

Au départ, ces recherches se fondent tout naturellement sur les travaux que des générations de chercheurs ont produits. Dans ce répertoire, Jean-Pierre Pichette, directeur du Département de folklore de l'Université de Sudbury, conscient des défis posés par l'urbanisation et la médiatisation de la société, fait un bilan des travaux menés jusqu'ici par des ethnologues professionnels, par des professeurs d'universités et leurs équipes d'étudiants et d'étudiantes, et par des chercheurs indépendants. Au centre de ces travaux de recherche, nous retrouvons le père Germain Lemieux qui, par une collecte inlassable, a constitué un des plus importants fonds de tradition orale de la francophonie, collection qui est au cœur de la mémoire traditionnelle de l'Ontario français.

Une importante introduction permet de situer les travaux conduits en Ontario français dans leur contexte historique : peuplement du territoire et transformation des contextes de vie des communautés francophones, menace de « l'assimilation » (p. 21), recours à l'affirmation de l'identité et volonté de préserver la mémoire collective traditionnelle. L'auteur présente ensuite les *mentifacts* qui furent surtout l'objet des collectes et des publications : « la chanson folklorique » (p. 21-29) et « les narrations populaires », légende (p. 30-32) et conte (p. 32-36). Il termine son introduction par une analyse fort éclairante, « Les traits caractéristiques du mouvement ethnologique franco-ontarien », qui rend compte de « déplacements » diachroniques. En Ontario français, l'ethnologie a connu une professionnalisation des chercheurs, un élargissement des « lieux d'enquête », la création de « lieux de conservation » et surtout l'intégration de nouveaux champs de pratiques au premier corpus de pratiques langagières.

À ce sujet, Jean-Pierre Pichette explique « la prédominance du folklore, c'est-à-dire des grands genres de la littérature orale, dans les préoccupations des chercheurs » par le fait que leur formation humaniste et littéraire les orientait vers les formes qui présentaient les analogies les plus évidentes avec la littérature « savante ». Ils s'inscrivaient aussi, à mon sens, dans une tradition qui, dans le domaine de la chanson, remontait au *Volkslieder* de Johann Gottfried von Herder (1778) et au *Des Knaben Wunderhorn* (1806) d'Arnim et Brentano en Allemagne, au *Minstrelsy of the Scottish Border* de Walter Scott (1802) en Écosse. Mentionnons aussi Arvid August Afzelius en Suède (1814), Elias Lönnrot en Finlande (1829) et surtout Svend Hersleb

Grundtvig au Danemark (1853). En France, les *Instructions du Comité de la langue, de l'histoire et des arts de la France* de Jean-Jacques Ampère, publiées sous le titre *Poésies populaires de la France* en 1853, seront le point de départ d'une opération de sauvetage des chansons populaires qui sera suivie de publications comme le *Recueil de chansons populaires* d'Eugène Rolland (1883-1890). Mentionnons ici l'ouvrage de Georges Doncieux, *Le Romancéro populaire de la France* (1904) qui inspirera Marius Barbeau dans la préparation de son *Romancéro du Canada* (1937). Aux États-Unis, par son ouvrage, *The English and Scottish Popular Ballads*, Francis James Child, inspiré de Grundtvig, établira les normes de publication des chansons traditionnelles, tradition scientifique que George Lyman Kittredge, aussi de Harvard, reprendra en 1904 avec *English and Scottish Popular Ballads*. Dans le domaine du conte, Jacob et Wilhelm Grimm, par leur grand recueil de contes, *Kinder und Hausmärchen* (1812-1814), ont fixé les paramètres qui guideront les chercheurs qui suivront leurs traces. Contentons-nous d'évoquer les noms d'Elias Lönnrot en Finlande (1835), d'Aleksandr Nikolaevich Afanas'ev en Russie (1855) et de John Francis Campbell en Écosse (1860) qui publièrent de grands corpus nationaux. En 1928, *The Types of the Folk-Tale* de Stith Thompson imposa pour ainsi dire le genre du conte aux milieux académiques des États-Unis. En Europe comme aux États-Unis, la collecte a donc surtout porté sur la chanson et le conte, reconnus comme les deux grands genres traditionnels.

Marius Barbeau, Luc Lacourcière, Félix-Antoine Savard, le père Germain Lemieux et les folkloristes canadiens et québécois furent influencés par cette tradition scientifique. Les genres du conte et de la chanson permettaient en effet une référence à l'écriture qui donnait à la démarche du folkloriste une certaine légitimité en établissant des rapports entre la tradition orale et les grandes traditions lyriques et narratives savantes. Le conte de Renard raconté par un bûcheron n'est plus négligeable si le folkloriste démontre qu'il s'enracine dans la tradition du *Roman de Renart*. Cette justification de l'oral par une écriture antérieure s'accompagne d'une fixation de l'oral par l'écriture qui en assurera la pérennité. Les actes de collecte et de transcription transforment l'énonciation éphémère en texte, ce qui permet de créer des documents stables qui, dans un contexte culturel aléatoire, se situent, pour reprendre l'éclairante formule de Jean-Pierre Pichette, dans une «communication verticale, celle qui, inoculée par la tradition, renforce continûment l'appartenance nationale, ethnique et humaine...» (p. 38). Au chaos des pratiques quotidiennes où se confondent l'essentiel et l'accessoire, le sublime et le dérisoire, l'institution du texte substitue le cosmos intelligible, le corpus irréprochable qui permet une présentation de Soi à l'Autre.

Par ce *Répertoire ethnologique*, Jean-Pierre Pichette poursuit une œuvre faite d'érudition et d'intelligence critique. Patiemment, il collabore à la constitution d'une mémoire collective qui, en des temps où l'immédiat occulte le passé, permet au regard de porter plus loin, tant derrière soi que devant. Car sans une conscience de Soi, cet ensemble d'expériences et de désirs, il n'y a pas de projet; tant pour les communautés que pour les individus, la perte de la mémoire occulte l'avenir. Les personnes affectées par la maladie d'Alzheimer sont progressivement figées dans un moment présent de plus en plus bref et dans un espace de plus en plus exigu. L'avenir leur est fermé. Les sociétés n'échappent pas à cette loi. Les longs travaux de recherche érudite comme celui de Jean-Pierre Pichette sont autant de pas qui permettront peut-être d'échapper à l'enfermement de l'amnésie collective.

NOTES

1. Publication dans *Culture*, vol. 6, n° 1, mars 1945, p. 3-9.

2. *Journal of American Folklore*, Vol. 74, No. 294, October-November 1961, p. 373-382.

3. *Recherches sociographiques*, vol. 3, n°ˢ 1-2, juillet-août 1962, p. 253-262.

THÉÂTRE FRANCO-ONTARIEN : ESPACES LUDIQUES
de MARIEL O'NEILL-KARCH
(Vanier, Éditions L'Interligne, 1992, 190 p.)

Judith Perron
Université de Moncton

Les ouvrages traitant de l'activité théâtrale francophone « hors-Québec » ne sont pas très nombreux; souvent, le théâtre présenté à l'extérieur des grands centres passe à l'oubli dès qu'il sort de scène. Exception faite des articles que font paraître les journaux régionaux au moment des productions, les documents qui permettraient de connaître les auteurs, d'interpréter les textes et d'étudier le contexte dans lequel ils s'inscrivent sont, à toutes fins utiles, inexistants ou du moins mal diffusés. Bien qu'on ait consacré quelques ouvrages au théâtre franco-ontarien (thèses non publiées, répertoires, etc.), celui-ci demeure méconnu; et c'est sans doute pour cette raison que Mariel O'Neill-Karch a écrit *Théâtre franco-ontarien, espaces ludiques*.

Cet ouvrage, qui se présente d'abord comme une introduction au théâtre franco-ontarien contemporain, propose aux lecteurs et aux spectateurs de ce théâtre une grille interprétative qui combine des éléments de la sociocritique et de la sémiologie. L'auteur étudie l'espace théâtral de sept pièces, presque toutes choisies dans le répertoire des années 1980. Les textes *Lavalléville*, *La Parole et la Loi*, *Strip*, *Nickel*, *Les Rogers*, *Les Feluettes* et *Le Chien* y sont résumés et brièvement analysés. En s'appuyant sur des méthodes proposées par Anne Ubersfeld dans *Lire le théâtre* et *L'École du spectateur* (qu'elle cite abondamment) et par Louise Vigeant dans *Lectures du spectacle*, elle réussit à mettre en valeur la qualité et l'originalité de chacun de ces textes.

Elle réussit surtout à rendre compte du rôle social et culturel qu'a joué et que joue toujours le théâtre de l'Ontario français. À l'aide de témoignages d'auteurs et de praticiens, O'Neill-Karch remet ces pièces dans leur contexte de production et de réception critique. Qu'il s'agisse de textes à caractère historique (*Lavalléville*, *La Parole et la Loi*) ou d'autres ayant été l'objet d'une certaine censure (*Strip*, *Les Rogers*), elle laisse parler les dramaturges et les metteurs en scène qui expliquent leur démarche artistique ou qui font part de leur vision de ce théâtre : « Qu'il y ait sept compagnies professionnelles de théâtre en Ontario français relève du miracle!, dit par exemple Brigitte Haentjens, comédienne, auteure et metteure en scène. [Le contexte culturel et socio-économique] rend le théâtre un luxe plus extravagant ici qu'ailleurs. »

En précisant le rôle de cette activité théâtrale «dans le passage d'une culture d'emprunt, faite de créations venues d'ailleurs, à une culture originale, composée d'œuvres d'ici», Mariel O'Neill-Karch se donne comme objectif d'apprendre au public et au lecteur «à décoder les langages pour apprécier les spectacles qu'on lui présente et à en réclamer d'autres». Elle met en relief le travail créateur des dramaturges franco-ontariens, les difficultés que connaissent les artistes dans un milieu linguistique minoritaire ainsi que les controverses suscitées par certaines productions. Aussi *Théâtre franco-ontarien : espaces ludiques* se lit-il peut-être davantage comme un outil de revendication, de développement social et de valorisation d'un art national, dirons-nous.

LES MURS DE NOS VILLAGES
OU
UNE JOURNÉE DANS LA VIE D'UN VILLAGE
de ROBERT BELLEFEUILLE ET AL.
CRÉATION COLLECTIVE
(Sudbury, Prise de Parole, 1993 [1983], 211 p.)

Denis Bourque
Université de Moncton

En rééditant, dix ans après sa publication initiale, *Les Murs de nos villages*, les Éditions Prise de Parole ont voulu accorder une certaine reconnaissance à cette pièce qui, au moment de sa présentation, a été reçue favorablement par la critique. Ils ont aussi voulu souligner la place importante de cette pièce dans l'ensemble du répertoire franco-ontarien des vingt dernières années. Le texte publié constitue une symbiose de deux versions d'une création collective du Théâtre de la Vieille 17 : la première ayant été montée en 1979, la seconde en 1980. Vaste fresque de la vie quotidienne dans un petit village franco-ontarien à la fin des années soixante-dix, *Les Murs de nos villages* comprend trente tableaux dans lesquels figurent cent vingt personnages. Entreprise audacieuse, certes, qui exige autant de polyvalence des comédiens — ils sont quatre pour la première version, six pour la seconde — que du décor, simplifié à l'extrême, qui se construit et se reconstruit au moyen de six boîtes et de deux tabourets placés sur une plate-forme.

> C'est la nuit sur le pays
> C'est la nuit dans le village
> C'est le silence partout
> Les gens dorment... (p. 11)

La pièce commence ainsi sur un ton poétique alors qu'un narrateur récite un texte rythmé et imagé où se côtoient, non sans humour, une certaine élégance stylistique et un français populaire que d'aucuns jugeront assez cru. C'est le récit d'une nuit et puis d'un matin, auquel s'intègrent des scènes de la vie quotidienne, scènes traduisant les petits gestes qui témoignent de notre existence et auxquels l'image et la cadence poétique confèrent ici une valeur inattendue, pour ne pas dire une certaine noblesse.

Dès les premiers tableaux, cependant, l'on assiste à un changement abrupt du ton : la pièce adopte un rythme accéléré qui nous propulse dans la vie mouvementée et fragmentée du village en train de s'éveiller. On entend d'abord la voix populaire pendant qu'on assiste à une succession de tableaux qui nous présentent des gens empressés, à leur lever et se préparant à la hâte pour affronter la journée. Puis on voit défiler une galerie de personnages : un petit garçon achète du pain pour déjeuner; deux adolescents, en s'habillant, se disputent à propos d'un gilet; deux fils sont traités de façon inégale par leurs parents; une fille refuse d'aller à l'école sous prétexte qu'elle est malade; une personne au téléphone, des enfants dans l'autobus, un homme chez le dentiste... *Snapshots of reality*, si nous pouvons nous permettre d'employer une langue à laquelle le texte lui-même a plus d'une fois recours. Photographies instantanées d'une réalité multiple et coutumière, tellement coutumière, en fait, par moments, que le lecteur se fatigue et s'exaspère. En un premier temps, ces scènes de la vie quotidienne et banale ont, en effet, de quoi rebuter le lecteur au point de l'inciter à déposer son livre. En revanche, au fur et à mesure que l'action progresse, on se rend compte que *Les Murs de nos villages* est une pièce véritablement populiste qui n'aspire pas à devenir un chef-d'œuvre théâtral, mais plutôt à traduire, parfois de façon poignante, souvent avec humour et de façon ludique, les qualités et les défauts des gens du peuple, leurs conflits, leurs préoccupations, leurs rêves, les difficultés qu'ils affrontent, leurs joies, leurs peines, leurs tragédies personnelles ainsi que la misère et l'exploitation dont ils sont fréquemment victimes. Sur le plan idéologique, la pièce oppose l'ouvrier à son patron, le peuple à son gouvernement, le pauvre au nanti, la femme subalterne au mâle dominant, le francophone minoritaire à l'anglophone majoritaire... *Les Murs de nos villages*, c'est tout cela et plus encore, car la pièce s'inscrit dans une démarche collective du peuple franco-ontarien pour s'affirmer et se définir à l'intérieur d'un monde mouvant et changeant, pour libérer sa parole et pour se doter d'une identité particulière. Ce défi, la pièce le relève avec audace sur le plan du langage qui est tout à fait fidèle à une certaine réalité franco-ontarienne, franc au point d'en être, par moments, presque brutal :

> CICATRICE : Hé, cool à mort! Où c'est que t'as mis ton mini-bike?
> TI-COUNE : Je l'ai parké dans le fond de la cour pour pas qu'il se fasse scratcher. (p. 171)

Il s'agit là d'une langue, en un sens, très proche de celle du poète acadien Guy Arseneault, une langue qui ne craint pas de se montrer telle qu'elle est et de révéler en même temps sa fierté : c'est la langue du minoritaire qui n'a d'autre recours que d'assumer et de chanter son aliénation comme si elle était devenue un nouvel aspect vibrant de sa nature. S'il s'agit là d'une libération sur le plan idéologique, au niveau de la praxis, les résultats sont peut-être un peu moins évidents. Si la pièce cherche ses racines dans la vie quotidienne, la petite histoire, les traditions et coutumes du peuple franco-ontarien, elle nous montre aussi que les murs de l'isolement — « les murs de nos villages » — qui servent à protéger de l'engouffrement dans la société nord-américaine anglo-saxonne constituent aussi une limitation.

Plutôt que de conduire à une issue, la pièce s'achève sur un cercle complet, en reprenant la même cadence du début, cadence qui endort au terme d'une journée longue et animée. Le peuple s'endort sur ces paroles du narrateur qui, en douce, exhalent les accents du pessimisme et de l'espoir :

> C'est la nuit sur le pays
> C'est la nuit sur un village de chez nous
> Est au chaud, en-dedans des murs de nos villages
> Là où nous avons inscrit dans notre langue couleur terre couleur misère
> Nos vies et nos hivers
> De père en fils
> De mère en fille
> Un peuple s'endort jusqu'au matin. (p. 40)

LE DERNIER DES FRANCO-ONTARIENS
de PIERRE ALBERT
(Sudbury, Prise de Parole, 1992, 96 p.)
et
LE CYCLE DES RONCES
de CAROLINE-ANNE COULOMBE
(Hearst, Le Nordir, 1992, 63 p.)

Janet Shideler
Collège Potsdam, Université de l'État de New York

Ceux qui étudient la littérature francophone peuvent certes apprécier l'agonie évoquée par Gaston Miron lorsqu'il cite le poète et romancier Aragon: «En étrange pays dans mon pays lui-même» (*L'Homme rapaillé*, Montréal, PUM, 1970, p. 47). Ce qui accompagne cette citation, c'est une voix de résistance, de force.

Ce que Pierre Albert nous offre dans *Le Dernier des Franco-Ontariens*, cependant, est une voix différente... cette voix qui n'en est pas une, celle d'une diaspora sans pays. «Nous sommes tous venus d'ailleurs» (p. 45), proclame-t-il. «Nous sommes seuls et nous sommes perdus» (p. 62). Le poète s'attribue la responsabilité, puisqu'il est le dernier des Franco-Ontariens, de parler pour tout un peuple.

Le problème, c'est que le poète de la double minoritude incarne toutes les impossibilités de son peuple, y compris l'impossibilité de parler: «le dernier des franco-ontariens/ sait qu'il ne fait que pousser un dernier cri/ il est muet...» (p. 81). Mais comme le poète incarne en même temps toutes les ambiguïtés des Franco-Ontariens, il produit sa poésie malgré le mutisme dont il souffre.

C'est peut-être cet aspect de l'univers franco-ontarien que Pierre Albert illustre le plus clairement, à savoir une ambiguïté qui se situe à plusieurs niveaux: l'ambiguïté d'une minorité dont la culture est de plus en plus réduite au folklore et qui est subventionnée par des organisations historiques et par un gouvernement qui se croit bienveillant en faisant des Franco-Ontariens un peuple-projet; l'ambiguïté de tout individu bilingue — après tout, le bilinguisme est l'ambiguïté linguistique par excellence — qui se voit forcé de choisir une langue d'expression qui a déjà été réclamée par quelqu'un d'autre; finalement, l'ambiguïté d'un peuple nordique et nomade qui rêve de plonger ses racines dans un sol quelconque, mais qui sait qu'il doit «imaginer sa vie sans pays» (p. 84).

Chez Albert, l'ambiguïté atteint une certaine clarté sinon une résolution, et le mutisme s'exprime de façon éloquente. Il faut se demander, après tout, «si c'est pas de la grande littérature» (p. 35).

Par ailleurs, avec Caroline-Anne Coulombe, tout en admettant que pour cueillir le fruit rafraîchissant d'une ronce, on court le risque de se piquer en touchant aux épines, il ne s'agit pas pour la poétesse de se demander si la saveur du fruit vaut la douleur de la blessure; il est plutôt question d'observer et d'accepter le fait que le fruit et les épines font partie du même buisson, que le plaisir et la peine font partie de la même expérience.

C'est ainsi que Coulombe invite le lecteur à explorer tout un monde, non pas de contradictions, mais de complémentarité, de totalité. «[Les] ronces prospèrent en terres infertiles» (p. 9), nous dit-elle. La fécondité et l'aridité s'embrassent. L'amour et l'amertume sont désormais indivisibles, «enterrés côte à côte» (p. 43) après avoir cohabité. La mort n'est donc pas la perte, mais plutôt la possession et le plaisir, «la jouissance» (p. 29). Et l'absence est quelque chose de présent, de vivant : «l'absence exhalera-t-elle jamais son dernier soupir» (p. 47).

On attend ce soupir comme on attend, en lisant la poésie de Coulombe, un moment de repos, de soulagement. Un seul mot nous permettrait d'échapper à cette belle vacillation agonique. Mais là, dans l'amour-désert où les rocs abondent et où la végétation survit malgré soi, le temps est interminable, perpétuel comme le cycle des ronces. Une fois que la poétesse nous a engagés dans l'impossibilité de l'amour et du poème, nous devenons insomniaques comme elle et avec elle. Ainsi, égoïstement en quelque sorte, elle sait qu'elle n'est pas isolée dans sa solitude.

LE CHANGEMENT LINGUISTIQUE EN ACADIE :
ÉTUDE LEXICALE

Louise Péronnet
Université de Moncton

La langue est en pleine évolution en ce moment en Acadie. Le « ça me fait zire » du français acadien traditionnel fait place au « ça me dégoûte » du français standard, ou au « c'est dégueulasse » du français familier, ou encore au « c'est gross » emprunté à l'anglais. Ce phénomène de changement linguistique, qui a commencé il y a déjà plusieurs années (vers 1950), s'inscrit dans un mouvement plus large de nivellement des différences, un mouvement de conformité à des modèles plus standard, plus prestigieux ou tout simplement plus répandus, qui a lieu partout dans le monde. Pourtant, en même temps, et de façon paradoxale, on assiste aussi à un mouvement contraire, vers la diversité, et la reconnaissance des différences, par exemple régionales. Enfin, ces deux mouvements rencontrent une résistance du côté de la tradition, cette force d'inertie mais aussi d'enracinement, avec laquelle il faut compter.

Soumis à ces diverses tendances, où en est le changement linguistique en Acadie ? Pour répondre à cette question, une étude comparative a été réalisée. Cette étude a deux objectifs principaux : premièrement, vérifier l'hypothèse d'un changement en cours et mesurer l'importance du phénomène, selon les régions ; deuxièmement, préciser la direction du changement. Les facteurs de changement ne seront pas étudiés de façon explicite. Cet aspect, qui est l'un des plus complexes de la question, exige une enquête beaucoup plus poussée que celle qui a été réalisée pour cette étude. Quelques remarques seulement seront faites sur le sujet[1]. La carte de la page suivante présente la situation géographique et démographique des régions acadiennes des provinces maritimes (les régions qui font partie de l'enquête de 1992 sont encerclées).

Le terme « changement linguistique » est entendu ici au sens naturel et spontané de l'évolution d'une langue. Ce type de changement linguistique se distingue nettement du changement linguistique planifié qui se caracté-

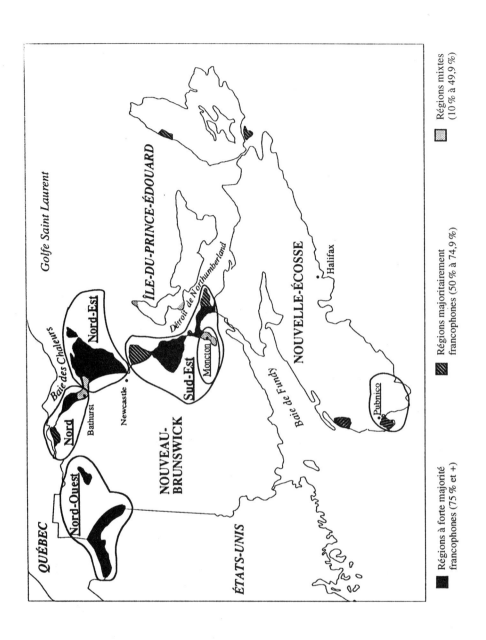

QUÉBEC

Golfe Saint Laurent

Nord-Ouest

Nord

Nord-Est

Baie des Chaleurs

Bathurst

Newcastle

ÎLE-DU-PRINCE-ÉDOUARD

Détroit de Northumberland

NOUVEAU-
BRUNSWICK

Sud-Est

Moncton

ÉTATS-UNIS

Baie de Fundy

NOUVELLE-ÉCOSSE

Halifax

Pubnico

Régions à forte majorité
francophones (75 % et +)

Régions majoritairement
francophones (50 % à 74,9 %)

Régions mixtes
(10 % à 49,9 %)

rise par une intervention concertée et qui a pour but, soit de modifier la direction de l'évolution linguistique en cours, soit de renforcer cette évolution.

Méthodologie

Du point de vue méthodologique, le changement linguistique peut être étudié de deux façons : en temps réel, en comparant les résultats de deux enquêtes réalisées à deux moments différents ; ou en temps apparent, à partir d'une seule enquête qui comprend des témoins de différents groupes d'âge.

Les études comparatives, en temps réel, sont encore rares en Acadie. Il existe davantage de descriptions sociolinguistiques, notamment pour les régions acadiennes de la Nouvelle-Écosse (Flikeid, 1989) et de l'Île-du-Prince-Édouard (King, 1989), qui permettent d'entrevoir le changement linguistique, en temps apparent, à travers la variable « âge ». Il y a cependant lieu de mentionner une étude en cours (de Réjeanne LeBlanc) qui a pour objet d'étudier, en temps réel (entre 1960 et 1980), l'évolution du vocabulaire chez les jeunes Acadiens du Nouveau-Brunswick. Les enquêtes ont été réalisées sous la direction de William Mackey (la première enquête a donné lieu à une publication en 1971).

Dans cet article, le changement linguistique est étudié en temps réel, au moyen d'une comparaison entre deux enquêtes réalisées à une cinquantaine d'années d'intervalle. En outre, cet intervalle en temps réel est doublé du facteur « âge » : dans la première enquête, les témoins sont des personnes âgées, alors que l'enquête de 1992 a été menée exclusivement auprès de jeunes témoins (30 ans maximum). Geneviève Massignon, linguiste française du Centre national de la recherche scientifique de France, a effectué la première enquête en 1946-1947 ; les résultats de cette enquête ont été publiés en 1962 dans l'ouvrage *Les Parlers français d'Acadie*. La deuxième enquête a été réalisée au cours de l'hiver 1992, à l'Université de Moncton, sous la direction de Louise Péronnet (avec la collaboration des étudiants d'un séminaire de linguistique).

Le modèle théorique qui a servi à l'étude comparative présentée ici est celui de Claudette Germi et Vincent Lucci (1985). À l'aide d'un questionnaire simple, mais serré, ce modèle permet de mesurer la vitalité des variantes étudiées en les classant en trois catégories principales : variantes de vitalité active, variantes de vitalité passive, et variantes de vitalité nulle. Les variantes de vitalité active sont celles que l'informateur utilise lui-même ; les variantes de vitalité passive sont celles que l'informateur n'utilise pas lui-même, mais qu'il connaît pour les avoir entendues dans son entourage ; et enfin, les variantes de vitalité nulle sont celles que l'informateur ne connaît pas du tout. À partir de cette étude nuancée de la vitalité des variantes, il est facile ensuite de déduire le taux de changement, qui est inversement proportionnel.

Nous avons fait subir quelques modifications au modèle Germi-Lucci qui a été utilisé pour l'enquête acadienne de 1992. La première, la plus importante, concerne le mode de cueillette des données : contrairement à l'enquête française qui a été réalisée au moyen d'un questionnaire écrit, l'enquête acadienne s'est déroulée oralement sous forme d'entrevue entre enquêteur et témoin. La deuxième modification consiste en l'ajout d'une question portant sur les nouvelles variantes, c'est-à-dire les variantes qui sont employées soit en complémentarité ou soit en remplacement des variantes testées lors de la première enquête de Massignon.

Paramètres de l'étude comparative : les termes étudiés

La comparaison ne porte que sur une toute petite partie du vocabulaire acadien se rapportant au thème de la vie affective. Parmi les différents thèmes étudiés par Massignon, la vie affective nous est apparue comme un des domaines les plus stables, les moins touchés par les changements sociaux, ce qui donne une bonne base pour faire une comparaison à travers le temps. Une vingtaine de questions avec les principales variantes-réponses ont été extraites (et adaptées)[2] de Massignon (chapitre XVIII, p. 657-687) pour faire l'objet de la deuxième enquête.

Dans l'enquête de Massignon, les variantes ont été rigoureusement localisées. Cette indication permet de constater que les acadianismes ne sont pas toujours les mêmes d'une région à l'autre. Certaines variantes ont une aire d'utilisation très large, alors que d'autres sont moins répandues. Il faut donc au départ vérifier les termes propres à chaque région, ce qui complique considérablement la comparaison dans son ensemble. Par exemple, le régionalisme « se déconforter » (au sens de « se décourager ») n'a pas été relevé par Massignon au nord-ouest du Nouveau-Brunswick. Et même si le terme « espérer » (au sens d'« attendre ») est très répandu, c'est plutôt « guetter » (prononcé « djetter ») qui est utilisé, par exemple, à Pubnico. Dans le but de faciliter la comparaison, les questions qui donnaient lieu à une trop grande divergence régionale dans les réponses n'ont pas été retenues pour l'enquête de 1992.

Voici la liste des questions choisies pour l'enquête de 1992, avec à droite les régionalismes traditionnels correspondants (qui ont été vérifiés) :

1. Je suis content de vous voir ⇒ Je suis *fier, bénaise*
2. Je suis de mauvaise humeur ⇒ Je suis *marabout, « contrary »*
3. a) Si l'occasion se présente ⇒ Si ça *adonne*
   b) Ça fait mon affaire ⇒ Ça m'*adonne*
   c) Ça me va (en parlant d'habits) ⇒ Ça m'*avient*
4. Il ne faut pas s'y fier ⇒ Il n'est pas *fiable*
5. Être découragé ⇒ Être *déconforté*
6. C'est effrayant ⇒ C'est *épeurant, épeurable*
7. Attendre ⇒ *Espérer, guetter (djetter)*

8. Trouver le temps long ⇒ C'est *ennuyant, tannant*
9. Ça me dégoûte ⇒ Ça me fait *zire*, c'est *zirable*
10. Qui a de grandes qualités ⇒ *Vaillant*, « *smart* »
11. Qui est paresseux ⇒ *Faignant*
12. Flâner ⇒ *Bordasser*, « *friguer* », *varnousser*
13. Se disputer (en s'obstinant) ⇒ *S'ostiner, se braquer*
14. Qui est vaniteux ⇒ Qui *se croit*, qui *se* « *brague* »
15. Qui est effronté ⇒ Qui est *effaré*, qui n'est pas *bâdré*
16. a) Courir les chemins ⇒ *Courir la galipote, forlaquer*
    b) Coureur, coureuse ⇒ *Forlaque, sargaillou(ne), dévergondé(e)*
17. Taquiner ⇒ *Pigouiller, étriver, attiner*
18. Déranger ⇒ *Achaler, bâdrer, tanner*
19. Faire du tapage ⇒ Faire du *train*
20. Réfléchir en s'inquiétant ⇒ *Jongler*

Chaque question était posée comme suit, par exemple pour le premier énoncé : Avez-vous une autre façon de dire « Je suis *content* de vous voir »? Si le témoin répondait spontanément en utilisant un des termes traditionnels, dans ce cas « fier » et « bénaise », l'étudiant notait cette réponse comme étant une « variante active ». Sinon, une deuxième question était posée, portant directement sur les variantes étudiées, par exemple : « Avez-vous déjà entendu *Je suis fier de vous voir* ou *je suis bénaise de vous voir*? » Les réponses affirmatives étaient notées comme des « variantes passives ».

Les régions étudiées

Pour ce qui est de l'étendue géographique de la comparaison, le hasard a assez bien fait les choses. Il s'est trouvé que les enquêteurs (les étudiants du séminaire de linguistique) provenaient de régions acadiennes diverses. Dans la mesure du possible, chaque étudiant est allé enquêter dans son milieu d'origine. Les régions acadiennes suivantes ont ainsi pu être couvertes (voir carte ci-dessus) : la région de Pubnico (située dans la pointe sud-est de la Nouvelle-Écosse), la ville de Moncton (située dans la région du sud-est du Nouveau-Brunswick), le nord-ouest, le nord, le nord-est et le sud-est du Nouveau-Brunswick. Une dernière étudiante a réalisé son enquête au Québec (comme enquête témoin).

Les limites de l'enquête de 1992

Premièrement, l'enquête de 1992 ne comprend qu'un petit nombre de témoins : vingt-deux au total, et trois en moyenne par région. L'étude comparative qui s'ensuit doit donc être considérée plutôt comme une pré-enquête ou un sondage. Deuxièmement, les enquêtes ont été réalisées par un grand nombre d'enquêteurs, un par région, sept en tout. Cette variable des enquêteurs multiples a cependant été contrôlée au maximum, par exemple en préparant le questionnaire en commun et en fixant le déroulement de l'enquête dans les moindres détails. Tout en tenant compte de ces limites, cette étude comparative permet néanmoins d'entrevoir les grandes directions dans le changement linguistique en cours, ce qui peut déjà être une indication utile dans une optique d'aménagement linguistique.

Le taux de changement linguistique

Les résultats de l'enquête comparative de 1992 apparaissent d'abord sous forme de degré de vitalité des régionalismes traditionnels, selon les régions (voir le tableau 1). Cela permet, inversement, de mesurer le recul dans la connaissance et l'emploi des régionalismes traditionnels, toujours selon les régions. Le taux d'abandon des régionalismes traditionnels exprime le taux de changement linguistique.

Tableau 1
Taux de changement linguistique calculé à travers la vitalité des variantes régionales acadiennes

	variantes actives (utilisées)	variantes passives (entendues)	variantes connues (total)	taux de changement (% inverse)
nord-ouest NB (région)	42 %	16 %	(58 %)	42 %
nord NB (Campbellton)	42 %	29 %	(71 %)	29 %
nord-est NB (Petit-Rocher)	42 %	17 %	(59 %)	41 %
sud-est NB (Memramcook)	34 %	35 %	(69 %)	31 %
Moncton NB	35 %	23 %	(58 %)	42 %
sud-est NÉ (Pubnico)	65 %	15 %	(80 %)	20 %
enquête témoin (Qc)	9 %	46 %	(55 %)	

Dans les régions acadiennes étudiées, le degré de vitalité des régionalismes traditionnels se situe à 35 % et au-delà, pour ce qui est de la vitalité active (colonne 1 dans le tableau) et à 58 % et au-delà, pour ce qui est de l'ensemble de la vitalité, active ou passive, ce qui comprend toutes les variantes encore connues en 1992 (colonne 3). Une seule région se démarque très fortement des autres, c'est Pubnico en Nouvelle-Écosse, où la vitalité des termes traditionnels acadiens est de beaucoup supérieure aux autres régions (NB), 65 % pour la vitalité active et 80 % pour la vitalité en général (active + passive). Une autre région pose de sérieuses interrogations à ceux qui la connaissent de près, non pas parce qu'elle se démarque des autres, mais au contraire parce qu'elle ne s'en démarque pas autant qu'on l'aurait cru. C'est la région de Moncton, qui a un taux de vitalité linguistique équivalent à celui des autres régions du Nouveau-Brunswick, 35 % en vitalité active et 58 % en vitalité générale, alors qu'on s'attendait à un taux moindre. Il est intéressant de chercher à comprendre ces résultats, qui vont à l'encontre de certaines idées reçues.

Pour ce qui est de Pubnico en Nouvelle-Écosse, on peut tenter d'expliquer le taux élevé de vitalité des termes acadiens propres à cette région, d'une part par l'isolement géographique, et d'autre part par le manque de contact avec les autres régions de langue française, acadiennes ou québécoises. L'importance des contacts interlinguistiques entre ce village et les régions anglaises environnantes ne semble pas influencer la vitalité des régionalismes. Cependant, ce facteur devient déterminant lorsqu'il s'agit des « autres variantes » (voir le tableau 2), qui comptent un fort pourcentage d'emprunts à l'anglais.

Pour ce qui est de la région de Moncton, les résultats surprennent, étant donné le fort pourcentage d'anglophones dans cette ville (environ 65 %). L'hypothèse voulait que les Acadiens, à cause de leur situation de minoritaires, soient en voie de perdre l'usage du français traditionnel. Mais on constate, au contraire, que les régionalismes sont maintenus au même taux (58 %) que dans les régions du nord-ouest (58 %) et du nord-est (59 %) du Nouveau-Brunswick. Cette constatation nous permet de formuler une nouvelle hypothèse, à savoir que le parler acadien de Moncton se définit moins par l'abandon des termes régionaux que par un ajout de termes d'emprunts à l'anglais et, surtout, par une plus grande fréquence d'emploi de ces emprunts (mais attention, cette hypothèse sera infirmée en partie dans le tableau 2). Il y a aussi lieu de tenir compte du type d'enquête qui a été utilisé pour la comparaison, une enquête sur questionnaire, qui donne au témoin le temps de réfléchir et, pourquoi pas, de choisir (peut-être de traduire) le terme français, s'il est disponible.

Parmi les termes qui sont encore utilisés aujourd'hui dans la plupart des régions étudiées et par la majorité des témoins, il est possible d'identifier certains types de variantes qui semblent plus propices à durer que d'autres. Il y a d'abord les variantes dont la forme est la même en acadien et en français standard, et dont seul le sens varie. Par exemple, « fier » qui a le sens de « content » en acadien (« je suis fier de te voir ») et « espérer » qui a le sens de « attendre » (« espère-moi, j'arrive »). En deuxième lieu, il y a les variantes qui ne sont pas identiques au français standard, mais qui lui sont apparentées à la fois du point de vue formel et du point de vue sémantique. Il peut exister une différence formelle, mais celle-ci n'empêche pas de faire le lien entre le régionalisme et le terme standard. Par exemple, « fiable » (signifiant « digne de confiance »), formé à partir du verbe « se fier (à quelqu'un) ». Le fait que ces types de variantes offrent une grande résistance au changement laisse supposer que le support formel du français standard joue un rôle important dans le maintien de ces régionalismes.

La direction du changement linguistique

La question de l'enquête de 1992 portant sur les « nouvelles variantes », c'est-à-dire les variantes qui sont différentes de celles de l'enquête de Massignon, fournit de riches renseignements sur la direction du changement linguistique. En élargissant le champ des réponses à l'ensemble du vocabu-laire utilisé aujourd'hui, il est possible d'entrevoir les grandes tendances de l'usage linguistique, selon les régions, en ce qui a trait aux types de variantes qui sont utilisées en remplacement des variantes traditionnelles.

Les variantes recueillies sous ce titre proviennent de deux sources. Ce sont soit les premières réponses fournies par les témoins, quand celles-ci sont différentes des variantes indiquées dans Massignon, soit les réponses à la question précise : « Utilisez-vous d'autres mots ou expressions pour dire la même chose? ». Les variantes ainsi obtenues ont été classées en trois groupes : les variantes appartenant au français standard; les emprunts à l'anglais; et enfin, les autres régionalismes.

Cette dernière classe est plus complexe. Elle comprend plusieurs types de régionalismes : 1) des régionalismes français d'utilisation récente en Acadie, empruntés le plus souvent au Québec (« quétaine », « baveux »), et parfois à la langue familière de France (« dégueulasse », « super »); 2) des néologismes acadiens, souvent créés par suffixation sur des modèles archaïques ou archaïsants (« dépendable », « frottou », « fumellou »); 3) et enfin, quelques régionalismes beaucoup moins récents, mais qui n'apparaissent pas dans Massignon, peut-être par censure puisqu'il s'agit souvent d'anciens emprunts intégrés : « ça me soute » (« suit » en anglais); « ça file ben » (« feel » en anglais). Les emprunts à l'anglais auraient pu être inclus dans cette caté-gorie, mais nous avons préféré les classer à part, ce qui limite la catégorie des « autres régionalismes » aux variantes non standard d'appartenance française. Dans la catégorie des « anglicismes » sont classés les emprunts récents sans distinction quant à leur intégration morphologique ou non (voir Péronnet, 1989), par exemple « trust-able » au sens de « quelqu'un à qui on peut se fier » et « depress » au sens de « découragé ».

Tableau 2

Autres variantes

	régionalismes récents	anglicismes	FS
nord-ouest NB	30 %	20 %	50 %
nord NB	20 %	35 %	45 %
nord-est NB	40 %	25 %	35 %
sud-est NB	24 %	36 %	40 %
Moncton	21 %	17 %	62 %
sud-est NÉ (Pubnico)	24 %	38 %	38 %

On constate, d'après le tableau 2, que parmi les variantes nouvelles (qui remplacent les variantes traditionnelles relevées par Massignon, 1962), ce sont les variantes du français standard qui dominent le plus souvent, avec un taux de 45 % en moyenne. C'est le cas dans toutes les régions, sauf pour le nord-est du Nouveau-Brunswick où le taux des « autres régionalismes » est plus élevé (40 %) que celui des deux autres catégories de variantes. À Pubnico, le taux d'emprunts est égal au taux de variantes standard (38 %). Dans la région du sud-est du Nouveau-Brunswick, l'écart est mince (seulement 4 %) entre le taux d'anglicismes (36 %) et le taux de variantes standard (40 %). Contre toute attente, c'est à Moncton que le taux de variantes du français standard est le plus élevé (62 %). L'écart entre Moncton et les autres régions est étonnamment grand, non seulement pour cette catégorie de variantes, mais aussi pour la catégorie des anglicismes, où cette fois la surprise est à son comble, devant un taux très bas (17 %), le plus bas, et de beaucoup, de toutes les régions étudiées.

Les principales tendances qui apparaissent dans le tableau 2 s'expliquent facilement. Premièrement, que la tendance générale du changement linguistique en Acadie aille dans le sens du français standard, cela entre tout à fait dans la logique de l'évolution sociale actuelle, où les modèles de prestige sont davantage à la portée de tous à travers l'éducation, les médias, etc. Deuxièmement, que cette tendance à la standardisation soit très fortement concurrencée par une tendance contraire, l'anglicisation, cela va de soi puisqu'il y a une forte prédominance de la langue anglaise dans l'Acadie en général et dans certaines régions en particulier. Par exemple, on comprend que ce soit à Pubnico que le taux d'anglicisation soit le plus élevé. En plus de connaître un important contact avec l'anglais, cette région se trouve très isolée géographiquement par rapport aux autres régions.

Le cas de Moncton est plus difficile à expliquer, avec son taux extraordinairement élevé de variantes standard (62 %) et son taux particulièrement bas d'anglicismes (17 %). Pour une ville à prédominance anglaise (65 %), ces chiffres sont pour le moins étonnants. Dans un premier temps, deux facteurs semblent pouvoir être invoqués, celui de l'insécurité linguistique et celui du type d'enquête. Il y aurait un lien étroit entre ces deux facteurs, qui agiraient comme suit : le temps de réflexion que permet l'enquête par questionnaire permettrait au sentiment d'insécurité linguistique de se manifester. Ainsi, le témoin qui se perçoit comme étant affecté par l'anglicisation développerait une sorte d'auto-censure, qui le pousserait à choisir les termes appris du français standard plutôt que les termes anglais, quel que soit le niveau de disponibilité de ces derniers. Il faudrait, bien entendu, vérifier cette explication, notamment en étudiant de plus près le degré d'insécurité linguistique des différentes régions acadiennes[3].

Étant donné le faible échantillonnage de l'enquête, il serait imprudent de chercher à expliquer davantage les écarts entre les régions observées dans le tableau 2. Dans les circonstances, la source de variation pourrait être parfois individuelle plutôt que régionale. Pour faire la part des choses, il faudrait renforcer la représentativité des régions, en augmentant l'échantillonnage.

Conclusion

L'étude comparative qui a été effectuée à partir de l'enquête de Massignon de 1946-1947 et d'une deuxième enquête partielle réalisée en 1992 permet, sinon de tirer des conclusions, du moins de formuler quelques hypothèses sur le changement linguistique en Acadie. Une première hypothèse porte sur le phénomène même du changement linguistique en Acadie (dans les six régions étudiées) à savoir son existence et son importance. Une deuxième hypothèse vient préciser et nuancer la direction du changement.

Premièrement, l'étude de la vitalité linguistique des variantes traditionnelles a pu confirmer que la langue est effectivement en cours de changement en ce moment en Acadie (tableau 1). Le taux de changement est en moyenne de 35 % pour les six régions étudiées. Les régions qui résistent davantage au changement sont celles où le facteur d'isolement est le plus grand, par exemple Pubnico.

Deuxièmement, l'étude des variantes non traditionnelles, qui apparaissent sous le titre «nouvelles variantes» (tableau 2), indique la direction du changement. Trois grandes tendances ont été identifiées: un mouvement vers le français standard, un autre vers l'anglais et un troisième vers l'utilisation de nouveaux régionalismes, soit de création, soit d'emprunt aux autres régions de langue française. Le mouvement vers le français standard est la tendance dominante dans la majorité des régions étudiées, dans une proportion de 45 % en moyenne. À Pubnico, le mouvement vers l'anglais est exactement de même force que celui vers le français standard. Dans toutes les régions cependant, les anglicismes et les nouveaux régionalismes font une forte concurrence aux variantes standard. Moncton est une exception, avec un très fort pourcentage de variantes standard et un faible pourcentage d'anglicismes. Parmi les facteurs pouvant expliquer les données du tableau 2, l'insécurité linguistique semble jouer un rôle important parallèlement à la situation de contact interlinguistique.

Plutôt que des conclusions fermes, ce sont donc là avant tout des indications pouvant déboucher sur de nouvelles pistes de recherche, sous la forme d'hypothèses ou tout simplement d'interrogations, que cette étude comparative apporte comme contribution à l'analyse de la question du changement linguistique en Acadie.

BIBLIOGRAPHIE

BERNARD, Roger (1990): *Le Déclin d'une culture : francophonie hors Québec de 1980 à 1989* (livre 1); *Le Choc des nombres de 1951 à 1986* (livre 2), Ottawa, Fédération des jeunes Canadiens français.

BOUDREAU, Annette et Lise DUBOIS (1991): «L'insécurité linguistique comme entrave à l'apprentissage du français», dans *Bulletin de l'ACLA*, vol. 13.

DALLAIRE, Louise et Réjean LACHAPELLE (1990): *Profils démolinguistiques des communautés minoritaires de langue officielle*, Ottawa, Secrétariat d'État.

FLIKEID, Karin (1989): «Recherches sociolinguistiques sur les parlers acadiens du Nouveau-Brunswick et de la Nouvelle-Écosse», dans *Le Français canadien parlé hors Québec*, éd. Mougeon et Beniak, Québec, PUL.

GERMI, Claudette et Vincent LUCCI (1985): *Mots de Gap*, Grenoble, Les Presses de l'Université de Grenoble.

KING, Ruth et Robert RYAN (1989): «La phonologie des parlers acadiens de l'Île-du-Prince-Édouard», dans *Le Français canadien parlé hors Québec*, éd. Mougeon et Beniak, Québec, PUL.

MACKEY, William (1971): *Le Vocabulaire disponible du français : le vocabulaire concret usuel des enfants français et acadiens* (tome 1); *Le Vocabulaire disponible des enfants acadiens* (tome 2), Montréal, Didier.

MASSIGNON, Geneviève (1962): *Les Parlers français d'Acadie* (2 tomes), Paris, Klincksieck.

PÉRONNET, Louise (1989): «Analyse des emprunts dans un corpus acadien», dans *Revue québécoise de linguistique théorique et appliquée*, vol. 8, n° 2.

POIRIER, Pascal (1977): *Glossaire acadien*, Moncton, Centre d'études acadiennes, Université de Moncton, 5 fascicules.

ROY, Muriel K. (1980): «Peuplement et croissance démographique en Acadie», dans *Les Acadiens des Maritimes*, éd. Jean Daigle, Moncton, Centre d'études acadiennes, Université de Moncton.

NOTES

1. Le lecteur intéressé trouvera dans la bibliographie ci-dessus d'autres références, surtout démographiques, sur l'Acadie. Voir surtout Bernard (1989), Roy (1980) Dallaire et Lachapelle (1990).

2. Les questions ont été réorganisées. De plus, certaines variantes ont été ajoutées, notamment certains anglicismes très fréquemment attestés, qui semblent avoir été volontairement écartés par Massignon, par exemple «contrary», «smart». Il nous a paru important de les réintroduire pour représenter le plus objectivement possible la réalité linguistique.

3. Une étude sur le sujet est actuellement en cours à l'Université de Moncton (voir les premiers résultats dans Boudreau et Dubois, 1991).

LES DROITS LINGUISTIQUES ET L'ÉDUCATION DES ACADIENS EN NOUVELLE-ÉCOSSE : LA CHRONIQUE D'UNE RECONQUÊTE

Laurent Lavoie
Collège universitaire du Cap-Breton (Sydney)

Quels sont les droits linguistiques des Acadiens de la Nouvelle-Écosse? On peut affirmer sans trop se tromper que les Acadiens et les francophones de la province se trouvaient vraiment démunis avant l'amendement de la *Loi sur l'éducation*. En effet, la population francophone pouvait, ici et là, recevoir une éducation dans sa langue maternelle, mais il n'existait aucune garantie, rien ne protégeait leur culture et leur langue.

En 1981, avec la *Loi sur l'éducation*, le gouvernement provincial introduisit enfin cette nouvelle directive pour mettre les parents et les éducateurs acadiens et francophones à l'heure des changements annoncés, depuis assez longtemps, partout à travers le Canada. L'amendement à la loi créait les écoles acadiennes et permettait aux enfants de s'inscrire enfin dans des écoles, désormais garanties par ce changement, en offrant tous les cours en français jusqu'en septième année, et un certain pourcentage au niveau secondaire. D'une région acadienne à l'autre, ces pourcentages variaient selon le bon vouloir des parents et des éducateurs. Le nombre minimal de cours en français était fixé à dix, au niveau intermédiaire, et à huit au niveau secondaire. Les parents, lors des discussions dans les régions, insistèrent pour ne pas avoir trop de cours en français au secondaire, car leurs enfants pourraient perdre leur anglais et avoir de la difficulté à s'inscrire à certaines universités.

En 1982, le gouvernement fédéral emboîta le pas en adoptant la *Charte canadienne des droits et libertés*. L'article 23 de ce document constitutionnel décrivait les droits linguistiques de la minorité francophone. Contrairement à la loi néo-écossaise, la *Charte* donnait des droits particuliers aux parents plutôt qu'aux enfants. De plus, elle affirmait que les parents dont la première langue apprise et encore comprise est le français pouvaient avoir droit à l'école française; que les parents qui avaient reçu une éducation en français au niveau primaire ou secondaire pouvaient également avoir des droits; et enfin, que les parents dont un enfant avait reçu une éducation en français au niveau primaire ou secondaire pouvaient inscrire tous leurs enfants dans une école française[1].

À la suite de la loi néo-écossaise, Jean-Louis Robichaud présenta un mémoire intitulé *Du rêve à la réalité*[2] pour demander des écoles acadiennes et un conseil scolaire francophone à Clare-Argyle. Le ministre de l'Éducation de l'époque, Terrence Donahoe, accorda alors ces écoles dans les districts dits acadiens, et un conseil scolaire francophone avec traduction simultanée à Clare-Argyle.

Dans la région de Sydney, un groupe de parents forma le Comité pour l'éducation en français, afin de fonder une école qui desservirait toute la population francophone du Cap-Breton. Des mini-réunions et des présentations eurent lieu dans les huit municipalités de la région pour informer les parents de leurs droits selon la loi provinciale et selon la *Charte*. Un sondage fut effectué dans les écoles, les garderies et les pré-maternelles, et un mémoire fut rédigé pour être présenté au Conseil scolaire du district du Cap-Breton. En octobre 1984, les membres du Comité remirent enfin les résultats de leur étude qui contenait des recommandations au sujet de la création d'une école dans la région de Sydney. Malheureusement, les autorités du Conseil scolaire se limitèrent à des échanges qui ne menèrent nulle part.

Pour ces raisons, le Comité pour l'éducation en français dut faire appel au Conseil canadien de développement social, nouvel organisme indépendant subventionné par le fédéral, pour obtenir des fonds afin d'aller en cour revendiquer les droits scolaires des francophones tels que définis par la *Charte* et par l'article 23. En première instance, on remporta quelques gains comme celui de faire inscrire les enfants à une école de langue française, cette dernière devant être située dans un emplacement central. Cependant, le nombre d'élèves inscrits était trop faible, selon le juge, pour ouvrir une école. Or il existait plus de cinquante-quatre écoles en Nouvelle-Écosse avec moins de cinquante enfants, mais la minorité francophone, à Sydney, n'avait aucun droit, aucun privilège contrairement à la majorité anglophone. Déçus par les inscriptions, par les décisions du juge Hallett et du ministre de l'Éducation, Ronald C. Giffin, les parents décidèrent d'aller en appel. En mars 1990, les cinq juges de la Cour d'appel de la Nouvelle-Écosse rendirent une décision unanime en faveur de la création de classes françaises de la maternelle à la dixième année, dans le district scolaire du Cap-Breton. Le jugement affirmait aussi qu'une école pouvait être créée si le nombre d'enfants était plus important, et que les parents francophones pourraient en obtenir la gestion le moment venu. La décision soulignait, de plus, que la loi scolaire de la Nouvelle-Écosse n'était pas anticonstitutionnelle, mais s'ajoutait à l'article 23 de la *Charte* en donnant des droits aux enfants.

En septembre 1990, quarante-cinq enfants se présentèrent au sous-sol de l'école Cornwallis pour le début des cours. Et quelle sensation ce fut pour les parents et pour les enfants de vivre une première pour Sydney, d'être témoins d'un moment historique pour la communauté francophone!

Quelques mois plus tard, la Cour suprême du Canada rendit un jugement dans le cas *Mahé* en Alberta, qui reconnaissait le droit à la gestion scolaire, là où le nombre d'enfants était suffisant. Cette décision allait avoir des répercussions partout au pays, car les provinces tardaient à accorder ces droits à leur minorité francophone. C'est ainsi qu'en Nouvelle-Écosse, après des années d'études et d'analyses, on vient tout juste d'adopter une loi permettant à toutes les régions acadiennes de gérer leurs propres écoles, après avoir obtenu l'assentiment du ministre de l'Éducation, Guy LeBlanc. À l'heure actuelle, les parents du Carrefour du Grand-Havre ont un conseil scolaire composé de cinq personnes élues pour gérer le centre scolaire et communautaire.

Pourquoi conférer ce droit à deux centres métropolitains et le refuser aux régions acadiennes, comme Clare-Argyle, Richmond, Pomquet, Chéticamp? Selon la *Charte*, les droits linguistiques sont liés à l'existence des écoles de la minorité; le cas *Mahé* a bien montré la nécessité d'octroyer cette gestion aux parents pour qu'ils puissent s'occuper eux-mêmes de l'éducation en français de leurs enfants. Dans ces conditions, il semblait bien que la loi contrevenait à la *Charte* en n'accordant pas cette gestion à toutes les régions, même acadiennes. Cependant, le ministre Guy LeBlanc vient de corriger une fois pour toutes cette anomalie en faisant adopter son projet de loi 268.

Sydney attend d'obtenir son propre édifice scolaire pour avoir son conseil scolaire. Les parents de cette région espèrent pouvoir entrer dans leur école le plus tôt possible, pour être ainsi en mesure de s'occuper eux-mêmes de leurs affaires en matière d'éducation. D'ailleurs, depuis la fondation des classes françaises à Sydney, un comité dirigé par l'inspecteur des écoles voit à la bonne marche des classes. Il n'y aurait qu'un petit pas à faire pour établir un conseil scolaire veillant à la gestion des douze classes.

En juillet 1991, le gouvernement conservateur de la province proposa la loi sur les conseils scolaires, créant ainsi les conseils pour les institutions de la *Charte* (Halifax-Dartmouth et Sydney), mais en excluant encore les écoles acadiennes. Lors des audiences publiques qui eurent lieu dans toute la province à partir de janvier 1992, tous les comités de parents, ainsi que les foyers-écoles, exigèrent que le gouvernement rende ses lois scolaires conformes à la *Charte* et cesse de fonctionner avec deux systèmes d'éducation: un pour les Acadiens des régions traditionnellement acadiennes et un autre pour les francophones des régions métropolitaines. Dernièrement, les conservateurs de Donald Cameron ont donné l'impression de vouloir changer les lois pour rendre, éventuellement, l'éducation uniforme dans la province. Le gouvernement vient de rendre les lois conformes à la *Charte* et de permettre à un comité de parents de demander directement au ministre de l'Éducation de nommer une école, sans avoir à passer par les conseils scolaires anglophones.

Halifax et Sydney, les deux centres métropolitains de la Nouvelle-Écosse, ont une forte minorité francophone, venant de tous les coins du Canada, mais surtout du Québec. Contrairement aux régions rurales acadiennes, les deux villes se sont dotées d'écoles homogènes, car la population désire avant tout faire éduquer ses enfants en français, de la maternelle à la douzième année. À Halifax, on a obtenu l'école sans aller en cour, mais à Sydney, on a dû s'y rendre pour l'obtention de classes françaises en 1989.

Quant aux régions rurales acadiennes, les changements à la Loi sur l'éducation de 1981 permirent aux écoles de se transformer : jusqu'en septième année, tous les cours (sauf l'anglais) sont offerts en français ; de la septième à la douzième, au moins la moitié des sujets doivent être donnés en français. On aurait pensé que les Acadiens majoritaires dans les régions rurales (Clare-Argyle, Richmond, Chéticamp, Pomquet) auraient opté pour les écoles homogènes, mais quelques facteurs entrèrent en ligne de compte : la peur des parents que leurs enfants perdent l'anglais, la crainte de récriminations et de *backlash* de la part des Anglais, et l'assimilation galopante dans cette province. Pour ces raisons, les Acadiens limitèrent leurs demandes lors des négociations avec le gouvernement.

La Fédération des parents acadiens de la Nouvelle-Écosse (FPANE) œuvre pour le bien-être éducatif des jeunes, soucieuse d'améliorer le système et les lois scolaires. La FPANE n'a pas la tâche facile, car elle se heurte à deux formes de difficultés, l'une provenant des parents eux-mêmes et l'autre, du ministère de l'Éducation. Les parents acadiens craignent les changements, car ils sont entre deux cultures, peut-être en voie d'assimilation, et ils sont peu convaincus des bienfaits de posséder une identité, une langue et une culture originales. «Pourquoi changer le statu quo?», se disent-ils. Quant au ministère de l'Éducation, il ne compte même pas une dizaine d'employés francophones, lesquels sont incapables, à cause de leur petit nombre, d'assurer les services en français pour desservir la population acadienne et francophone comparable à celle du Manitoba où il y a quatorze personnes au Ministère pour faire le même travail. En outre, les décisions prises au sujet de l'éducation en français en Nouvelle-Écosse ne proviennent pas de la section française. Cependant, il semble que depuis un certain temps la situation s'améliore, car on a nommé un sous-ministre et le titulaire de l'Éducation, Guy LeBlanc, est un Acadien qui veille à la bonne marche de son ministère.

Selon la FPANE, plusieurs modifications doivent être apportées à la *Loi sur les conseils scolaires* et à la *Loi sur l'éducation*. En tout premier lieu, il faudrait modifier la *Loi sur les conseils scolaires* pour que tous les Acadiens puissent gérer les affaires scolaires partout où il existe des écoles acadiennes et françaises («écoles de la *Charte*»). Il n'est pas normal que, dans certains districts scolaires, les Acadiens ne puissent diriger le conseil et leurs propres écoles. Par exemple, à Chéticamp, aucun représentant acadien ou francophone ne siège au Conseil scolaire d'Inverness. À cause de ce déséquilibre linguistique, l'école Notre-Dame d'Acadie est devenue une institution à trois volets : partiellement acadienne, anglaise et d'immersion.

En deuxième lieu, la Fédération voudrait que le ministre de l'Éducation modifie la *Loi sur l'éducation* pour permettre qu'une école soit nommée acadienne sans avoir à passer par les conseils scolaires, comme c'est le cas actuellement à Pomquet. À Sydney, par exemple, si les parents s'étaient adressés directement au ministre de l'Éducation, ils auraient sans aucun doute obtenu leur école beaucoup plus rapidement, car c'est le conseil scolaire qui a continuellement mis des bâtons dans les roues. À Pomquet, depuis que la loi est changée, les parents acadiens pourraient se faire accorder presque tout de suite leur école, car le gouvernement Cameron semble assez réceptif aux demandes des habitants de cette région acadienne, située près d'Antigonish.

En troisième lieu, la *Loi sur l'éducation* devrait vraiment respecter la décision du juge Clarke de la Cour d'appel de la Nouvelle-Écosse qui statuait que l'article 23 de la *Charte* s'ajoutait à la *Loi sur l'éducation* en Nouvelle-Écosse. Avec ces modifications, les parents et les enfants auraient alors des droits linguistiques. Ainsi, la *Charte*, le jugement du juge Clarke et de ses quatre collègues, de même que les droits des parents et des enfants seraient respectés partout dans la province selon les mêmes critères, sans discrimination.

En quatrième lieu, les écoles de la minorité linguistique devraient être homogènes partout dans la province pour permettre aux Acadiens et aux francophones de recevoir une éducation DANS LEUR LANGUE, de la maternelle à la douzième année. C'est le seul moyen de freiner l'assimilation, de faire respecter la minorité, et d'avoir un système d'éducation uniforme.

En cinquième lieu, la *Loi sur l'éducation* devrait permettre aux écoles acadiennes de devenir, éventuellement, « écoles de la *Charte* », si elles le désirent. Dans certaines localités, le mouvement dans la direction d'écoles de la *Charte* se fait très lentement à cause des réticences des parents aux changements trop brusques. Ailleurs, en revanche, quelques personnes bien renseignées tentent de convaincre les parents de changer d'idée et, souvent, ils y arrivent. Ce changement serait avantageux, et les parents pourraient arriver à faire accepter le concept d'« écoles de la *Charte* ».

Ces modifications aux lois scolaires apporteraient des éléments importants d'équilibre et d'uniformisation au système d'éducation en Nouvelle-Écosse : les Acadiens et les francophones éparpillés dans toute la province ont besoin d'œuvrer au sein de structures solides, respectueuses de leurs origines, de leur caractère, de leurs droits linguistiques et de leur culture. À Halifax-Dartmouth, les Acadiens et les francophones de la capitale provinciale ont réussi à se doter d'un centre scolaire et communautaire qui les aide à préserver et à promouvoir leur langue et leur culture.

Déjà, on note certains progrès au sein de la communauté acadienne et francophone de la Nouvelle-Écosse. Plus de 3 300 élèves de la maternelle à la douzième année étudient en français sur les 11 875 personnes qui y ont droit. À Halifax-Dartmouth, le Carrefour du Grand-Havre existe depuis septembre 1991 et comprend un centre scolaire totalement francophone, ce qui a été rendu possible grâce à des modifications aux lois scolaires, en juillet 1991. À l'île Madame, tout comme à Chéticamp, les parents acadiens possèdent leur propre programme en français pour leurs enfants depuis 1985.

Au cours des prochaines années, il faudra aller de l'avant pour l'avenir linguistique et culturel des francophones de cette province, en utilisant au maximum les organismes nationaux et provinciaux voués à la promotion du français. La communauté acadienne et francophone devra s'affirmer encore davantage et exiger ses droits à l'éducation en français, ses droits à la gestion scolaire, non seulement à Halifax-Dartmouth, mais dans toutes les régions. Il y va de sa survie après quatre cents ans d'existence en terre néo-écossaise.

NOTES

1. *La Charte des droits et libertés*, Approvisionnements et Services Canada, Ottawa, 1982, p. 23-26.

2. Jean-Louis Robichaud, *Du rêve à la réalité*, mémoire présenté au ministère de l'Éducation de la Nouvelle-Écosse pour l'obtention d'écoles acadiennes, Pointe-de-l'Église, 1984.

ZÉLIKA À COCHON VERT
de LAURIER MELANSON
OU
LE CARNAVALESQUE EN ACADIE

Anne Brown
Université du Nouveau-Brunswick (Frédéricton)

Héritier d'une tradition orale dont les sources remontent au Moyen Âge, le discours littéraire de Laurier Melanson est, au même titre que celui de Rabelais, au service du rire. C'est en s'inspirant du réalisme grotesque et en déployant une panoplie de motifs carnavalesques et de procédés parodiques que l'auteur réussit à insérer ce rire dans ses écrits. Marqué par diverses formes d'inversion, de détrônement, de rabaissement et de profanation, l'imaginaire melansonien est, de plus, traversé par des motifs que l'on pourrait qualifier de rabelaisiens. Parmi ceux-ci on trouve le motif du corps grotesque, celui de la désacralisation des institutions religieuses ou civiles ainsi que le motif de la mort-naissance. Tout se passe d'ailleurs comme si l'auteur cherchait à inverser les normes, à créer un «monde à l'envers[1]».

Le «monde à l'envers» que crée Melanson se caractérise principalement par son aspect subversif. Celui-ci s'exerce contre le monde officiel, c'est-à-dire l'institution religieuse, politique ou linguistique. Ce sont les modalités de la perspective subversive melansonienne qui feront l'objet de notre discussion. Dans un premier temps, nous établirons l'importance de cette perspective par rapport au peuple acadien. Dans un second temps, nous montrerons que le bouleversement des idées et des valeurs reçues, soit des jugements dominants, est loin d'être négatif. Car, chez Melanson, l'aspect subversif est invariablement placé sous le signe de la joie, de la liberté et de l'épanouissement du corps. Il s'éclaire ainsi à la lumière du principe de l'affirmation de soi. Dans les pages qui suivent, nous étudierons les manifestations du carnavalesque dans un seul de ses romans, soit *Zélika à Cochon Vert*[2].

La langue du peuple et la parole autoritaire

Une première lecture des écrits de cet auteur suffit pour nous convaincre qu'ils forment une œuvre comique verbale où la langue savoureusement irrévérencieuse du peuple et la langue froidement pédantesque des porteparole du pouvoir se côtoient, s'entremêlent et s'entrechoquent. En donnant au roman le droit au vernaculaire acadien, c'est-à-dire à une parole qui est «nôtre», Melanson crée un terrain propice à la mise en épreuve de la parole d'autrui. Ce faisant, il jette une lumière révélatrice sur une arène particulière, celle où la parole du peuple entre en lutte avec la parole autoritaire.

Selon Bakhtine, cette parole est «inséparablement soudée à l'autorité (pouvoir politique, institution, personnalité)[3]». Associée, entre autres, aux hommes politiques, aux enseignants et au clergé, cette parole qui «résonne dans une haute sphère» (p. 161) adopte ici le registre du français standard. Apanage de l'élite, la langue autoritaire se donne pour mission première d'assujettir, voire de «civiliser» un groupe particulier: les Acadiens. Appartenant généralement aux classes défavorisées de notre société, ces derniers s'expriment le plus souvent dans un seul registre linguistique, celui de la langue populaire. Or cette langue n'est pas reconnue. Elle est donc d'emblée privée d'autorité. À ce propos écoutons l'auteur:

> Toute ma vie, on lui [le peuple acadien] a donné tort de parler une langue d'autrefois: à l'école, au collège, je n'ai entendu dire que: «On ne dit pas comme vous, on dit comme nous». Et le professeur corrigeait notre façon de dire, sans trop se soucier de la valeur de nos expressions. Tout se passait comme s'il n'y avait pas de salut hors de son idiolexique à lui. C'est également le propre de certains professeurs d'université qui jettent des barrières de droite à gauche devant tout ce qui ne correspond pas... à leur code langagier. Pourtant, la sagesse s'accommode assez mal de l'intolérance. À bout de patience d'entendre tout ce beau monde se donner raison en tout et partout j'ai [décidé de] passer enfin la parole à mes personnages[4].

L'œuvre théâtrale et romanesque de Melanson se fonde donc sur un refus particulier, celui d'accepter le bien-fondé d'un langage unique incarné par la parole autoritaire. Chez cet auteur, c'est le rejet de l'absolutisme linguistique jumelé à un profond désir d'accorder la parole à un groupe linguistique particulier qui déterminent l'originalité de ses écrits. Car, en délivrant la parole de ses personnages du joug d'une langue unique, plus précisément du «bon» français, Melanson réussit à nous offrir non seulement une conscience verbale particulière d'un monde, mais aussi, et par ricochet, une vision discrètement et foncièrement subversive de ce monde.

En abordant *Zélika à Cochon Vert*, il importe d'ailleurs de rendre justice à Roland Barthes pour l'hypothèse émise dans *Critique et vérité*, à savoir que «déplacer la parole, c'est faire la révolution[5]». En accordant le privilège de la parole à ceux et à celles dont la langue est depuis toujours méprisée, châtiée et réprimée, Melanson s'engage dans une voie nouvelle destinée à montrer que «bon sens et bonne humeur valent mieux que science et préjugés[6]». C'est ainsi que son univers retentit d'un rire populaire, source de libération, de transgression, de rénovation et de renversement. Et, si nous croyons pouvoir affirmer que Melanson s'inscrit dans la tradition du carnavalesque, c'est, répétons-le, parce que dans *Zélika à Cochon Vert* une lutte féroce s'établit entre la culture populaire et la culture officielle.

Dualité du monde

Cette lutte s'incarne dans le fait que les discours, les sermons ou les propos prononcés par les représentants officiels du pouvoir sont systématiquement tournés en dérision par le peuple. La mère Cochon Vert, par exemple, s'oppose inlassablement aux discours religieux ou sérieux de la classe dirigeante[7]. Elle fait ainsi figure de représentante non officielle du peuple. Son rôle consiste à traduire ou à réinterpréter sur le mode comique les propos et les actes des dirigeants officiels. Au sujet de son rôle, elle précise :

> C'est pas aisé, tout le temps être obligée de bailler les réponses au monde qui comprend pas les questions! Les villages d'Acadie pouvont dormir en paix tant qu'i'aura des parsounnes coumme moi pour ieu fournir les réponses pis ieu-z-expliquer les questions... (p. 157)[8]

L'univers melansonien s'organise d'ailleurs tout entier autour d'une «*dualité du monde*... d'un aspect double de la perception du monde et de la vie humaine[9]» (*Rabelais*, p. 13-14). On y trouve, parallèlement aux représentants officiels du pouvoir, des représentants non officiels; parallèlement à la culture bourgeoise, la culture populaire; parallèlement aux rites religieux et aux cérémonies sérieuses, des festins qui feraient honneur à Bacchus; parallèlement au français standard, le vernaculaire acadien.

Dans *Zélika à Cochon Vert*, les rires du peuple accompagnent tous les actes des représentants virtuels ou symboliques du pouvoir et de la culture officiels. Ainsi, ces représentants sont-ils systématiquement dénigrés chaque fois qu'ils tentent d'imposer leur autorité au peuple. Symbole de la domination française en terre étrangère, Madame La Tour, par exemple, incarne la bourgeoise à la recherche constante d'une servante. Or son statut social n'impressionne guère le peuple. Aux yeux de Zélika, par exemple, cette bourgeoise oisive n'est en fin de compte rien de plus qu'une femme «des vieux pays» (p. 13). En l'identifiant à un passé révolu, Zélika démythifie, voire rabaisse en quelque sorte à sa juste valeur non seulement cette Française, mais aussi la culture qu'elle représente. C'est d'ailleurs la raison pour laquelle la «voix d'apocalypse» de cette femme obèse, portant «deux corsets» et ne se déplaçant que difficilement «bourrelet par-dessus bourrelet» (p. 20), n'intimide aucunement Zélika. Et, lorsque celle qu'elle traite de «grousse corneille» (p. 20) se laisse aller à son autoritarisme, Zélika affirme philosophiquement : «Ah ben, c't'elle-là, si a continue coumme ça, a va se fendre le corset» (p. 21).

Il en va de même pour la marchande anglaise, symbole de la domination anglaise au Nouveau-Brunswick. Bien qu'elle ne soit pas obèse, cette marchande incarne un personnage carnavalesque qui porte, lui aussi, sur son corps les stigmates de ses abus de pouvoir. Surnommée la «femme à quat'cents» (p. 16), cette marchande, qui vole impunément ses clients, arbore un visage sillonné de rides. Celles-ci l'exposent à la risée du peuple. Qu'on en juge par cet extrait : « C't'elle-là... faudrait qu'all' alle ouère un dératatineux. Hormis que son vâlet réchauffe un fer pis qu'il' i repasse la face » (p. 16). Un jour, ne supportant plus les propos désobligeants de la marchande, Zélika, à la recherche d'une justice provisoire, lui lance une pomme de terre « dans le derrière » (p. 17). À sa grande honte, la marchande tombe à plat ventre sur son chauffeur, « la robe par-dessus la tête » (p. 17). Le comique de cette situation est rehaussé par le fait qu'en choisissant au hasard une pomme de terre, Zélika a fait sauter toutes les pommes de terre en l'air. Celles-ci « redescendent... paumer les fesses de lapin de la profiteuse » (p. 17).

Les bourgeois et les marchands ne sont pas les seules victimes du rire populaire. Le corps enseignant et le clergé sont, eux aussi, des cibles privilégiées d'un rire railleur. Écoutons Zélika narrer les derniers moments de cette enseignante qui « ouâ pas clair » (p. 9), et dont la mort subite en salle de classe fut hâtée par le comportement indiscipliné de son étudiante : « D'un coup, la vieille maîtresse a venu blanche coumme un drap, pis après un hotchet inquiétant, all' a poussé son darnier couac » (p. 10). Sa remplaçante, une religieuse dévote, n'a guère plus de succès lorsqu'il s'agit de faire respecter son autorité auprès des villageois. Vexée par les propos qu'elle tient sur sa fille, la mère Cochon Vert, par exemple, lui lance les paroles suivantes :

> Vous, la sœur, vous êtes pus laide qu'une taoueille et depuis que vous avez venu vous fourrer dans c't'école, tout le monde du village vous appelle *Tomahawk*...
>
> Et vous, vous pouvez ben aller vous gargoriser avec vos prières (p. 11)[10].

À l'instar de cette religieuse affublée d'un sobriquet injurieux, le jeune vicaire échoue dans sa tentative pour s'attirer le respect d'autrui. S'il en est ainsi, c'est d'abord parce qu'il bégaye et, ensuite, parce que « tout le monde savait que sa famille était si pauvre qu'il avait'té obligé de faire sa première communion dans les souyers de sa mère » (p. 12). Quant au curé, rappelons qu'après avoir sermonné la mère Cochon Vert sur l'obéissance qu'elle doit à son époux, celle-ci le traite d'« effronté » et se fait un devoir d'encourager Zélika à transgresser le vœu d'obéissance qu'elle devra prononcer le jour de son mariage : « Un houmme, faut tchindre ça dehors. Faut pas que ça passe son temps sous pied dans la maison à hucher des ordres! Oublie pas! Oublie pas! Espère pas trop longtemps avant de mettre le holà! » (p. 71).

Dans l'univers melansonien, l'ordre hiérarchique du monde est ainsi provisoirement renversé. C'est le peuple — dont le rire incarne une vive opposition à la culture officielle — qui remporte la victoire dans cette lutte, car c'est à lui que Melanson accorde invariablement le dernier mot. Ce faisant, il met en scène un monde « délibérément non officiel, extérieur à l'Église et à l'État» (*Rabelais*, p. 13), c'est-à-dire un monde dans lequel les femmes se plaisent à dénigrer le pouvoir des hommes alors même que le peuple, lui, tourne systématiquement en dérision la classe dirigeante, les rites religieux, les cérémonies officielles, le sérieux pieux ainsi que les bienséances.

En règle générale, les bienséances qui ne sont pas respectées par le peuple sont intimement liées à la vie du corps. La tâche principale de Melanson consiste, semble-t-il, à jeter une lumière imprévue sur la révolte du peuple qui se plaît à rire sur la place publique, à mettre en lumière l'ineptie, le sérieux limité et la risible prétention des classes dominantes. Ainsi, la vérité qui domine dans l'univers melansonien trouve sa source dans la «contre-culture populaire du rire[11]». Ce rire carnavalesque colore tout entier la vision de l'auteur qui, elle, plonge ses racines dans la transgression d'une multitude de tabous.

La vie du corps

Le silence qui pèse traditionnellement sur la vie du corps dans la société acadienne est l'un des tabous les plus importants que Melanson transgresse dans ses écrits. L'importance qu'il accorde à la vie du corps conduit à une existence épicurienne à laquelle semble aspirer la majorité de ses personnages. Or, notons-le, cette vie est difficilement compatible avec le catholicisme puritain et janséniste que prônent les religieuses et les prêtres qu'il met en scène[12].

Dans *Zélika à Cochon Vert*, le corps subit une sorte de réhabilitation. En effet, les actes du corps et les besoins naturels des personnages ne sont jamais passés sous silence. À titre d'exemple, mentionnons que dès l'âge de quatorze ans, la «potelée et juteuse» (p. 9) Zélika a déjà «à peu près tous trop bien connu» (p. 46) les adolescents du village. Elle n'est pas la seule cependant à se vouer instinctivement à une sorte de recherche effrénée du plaisir des sens.

Chez Melanson, ce n'est pas l'Acadie des déportés — cette Acadie tragique où les larmes coulent à flots — qui est décrite, mais bien son pendant, une Acadie livrée à la fête, une Acadie où les ébats amoureux, le goût des beuveries, les plaisirs de la table et les éclats de rire président. Il est d'ailleurs clairement précisé dans le texte que la devise du peuple est: «Je mangerons, je danserons, je boièrons pis je rirons à en réveiller les morts!» (p. 56). En ramenant tout au domaine matériel et corporel, en se vouant corps et âme au plaisir des sens, les personnages melansoniens écartent aux confins de leur esprit la culture officielle ainsi que ses représentants. Ils triomphent ainsi, du moins momentanément, de cette symbolique mort à soi qui guette tous les déshérités de la terre.

Dans *Zélika à Cochon Vert*, les manifestations de la vie matérielle et corporelle se fondent, répétons-le, dans le principe de la fête et revêtent ainsi un aspect positif. De plus, comme le dicte la tradition du carnavalesque, le porte-parole du principe corporel et matériel n'est pas une personne en particulier, mais bien le peuple dans son ensemble. Ainsi, chaque personnage fait preuve d'un comportement lié à l'expression même de la vie du corps qui sert à le caractériser. Lors du repas de noces de Zélika, où il « y avait une mer de vin et de bière à boire, ainsi qu'un repas gargantuesque à manger » (p. 92), l'oncle Valentin, par exemple, danse si fort qu'il risque de « vriller un trou dans le plancher » (p. 97). Les frères Crotte-de-poule, eux, « croût[ent] ensemble un pain fourré à la perdrix en dévorant des yeux les tartes à la mélasse et au sucre » (p. 94). La grand-mère Baïonnette, elle, se « fourr[e] le nez dans une poutine à sac qu'elle blâm[e] de manquer de bleuets » (p. 94). Quant à Napoléon Cou-Croche et sa famille, rappelons qu'ils « n'avaient pas le temps de parler, car ils tenaient mordicus à liquider leur marmite de poutines râpées avant la première quadrille » (p. 92). Certains d'entre eux rotent avec « l'adresse d'un Arabe de bonne naissance » (p. 59) après avoir mangé à leur faim, alors que d'autres se contentent « de renacler et de cracher loin » (p. 14). Il arrive aussi que, comme Otto de la Veuve, plusieurs se laissent aller « à goûter, à savourer, à boire, et à digérer d'avance des cruches imaginaires de vin rouge, rose et blanc, au point d'en prendre le hoquet en pleine église » (p. 35).

L'image de banquet et de célébration qui domine dans ces exemples se loge à l'enseigne de l'excès, c'est-à-dire de la gloutonnerie et de l'ivrognerie. Néanmoins, ce motif du banquet est loin d'être négatif. Il est en effet l'expression de la satisfaction et de la réjouissance du peuple qui mange et boit à satiété.

Dans l'univers melansonien, les manifestations de la vie corporelle et matérielle — liées à divers degrés au principe de l'exagération — s'inspirent de l'élément grotesque. Cette liberté du corps que l'on y découvre est « anticanonique de par sa nature même » (*Rabelais*, p. 39). C'est la raison pour laquelle, chez cet auteur qui ne recule devant rien, « l'apprenti-curé... se pissait sur les pieds » (p. 99), la religieuse enseignante « pissait bleu » (p. 12), les sœurs du curé « mâchont de l'encens » (p. 40) et le curé, lui, descend de la chaire « en pétant très fort » (p. 63).

L'atmosphère licencieuse qui règne dans ce texte est rehaussée par un comique burlesque. Celui-ci s'incarne généralement par le coup de pied ou de genou servant à fustiger ou à ridiculiser autrui. Ainsi, les jeunes hommes qui émettent des propositions « déshonnêtes » aux sœurs « inaccessibles » de Zélika sont tous récompensés par un coup de pied dans « les régions basses » (p. 47). D'autres, comme c'est le cas du policier que le juge n'a pas condamné pour son zèle mal placé, sont punis par « un coup de genou dans la panse » (p. 121). Et, si le peuple applaudit « des pieds et des mains cette louable initiative » (p. 121), c'est, comme le souligne Zélika, parce qu'il n'est pas « satisfai[t] de leu [la classe dirigeante] justice » (p. 121). Avant tout, ces exemples attestent que, chez Melanson, l'image littéraire du corps sert soit à ridiculiser la classe dirigeante, soit à rabaisser les choses élevées, soit à mêler le corps au monde, c'est-à-dire à franchir « la frontière d'un corps individuel clos, qui ne se fond pas avec les autres » (*Rabelais*, p. 318).

Le corps grotesque

Les personnages que met en scène Melanson dansent, lâchent des vents, s'enivrent, dévorent leur nourriture, éructent et font l'amour sous le signe de la joie, de l'abondance, de l'exagération et de l'excès. Or, « l'exagération... la profusion, l'excès, sont... les signes les plus marquants du *style grotesque* » (*Rabelais*, p. 302). De plus, « le grotesque ignore la surface sans faille qui ferme et délimite le corps » (*Rabelais*, p. 316). Ainsi, la bouche, le nez et le derrière, pour ne nommer que ceux-ci, ont un rôle important à jouer dans l'image du corps grotesque. Il convient de souligner que, bien que Melanson mette souvent l'accent sur ces trois parties du corps, il privilégie surtout le motif de la bouche ouverte qui revient à plusieurs reprises sous sa plume. Entre autres, certains personnages « ingurgit[ent] », « dévor[ent] », « brout[ent] », « rong[ent] » et font « disparaître comme dans un camp d'affamés » (p. 93) leur nourriture. D'autres « ouvr[ent] grand la bouche comme pour avaler la Chine tout entière » (p. 93), « croqu[ent] » si fort qu'ils sont parfois récompensés par « une dent cassée » (p. 95), et terminent leur repas en se « rin[çant] la gorge d'une demi-cruche de vin » (p. 97). À l'église, plusieurs « beugl[ent] » (p. 136) les cantiques religieux ou ne ratent « pas une seule occasion de parler » (p. 137). Le caractère carnavalesque du motif de la bouche béante saute aux yeux. Comme le signale Bakhtine « *une forte exagération de la bouche est un des moyens traditionnels les plus employés pour dessiner une physionomie comique* » (*Rabelais*, p. 323).

Quant au motif du nez, rappelons que celui de la Cochon Vert, pour ne nommer qu'elle, est « croche » et dépasse « de loin la mesure » (p. 10). Ainsi, faut-il « reconnaître que de profil, elle avait l'air d'un ouvre-boîte » (p. 10). Comme autre exemple du style grotesque chez Melanson, citons son utilisation de l'« inversion carnavalesque » (*Rabelais*, p. 407), en particulier celle qui a trait à l'exhibition du derrière. Soulignons que ceux qui — soit par peur soit par inadvertance — dévoilent cette partie arrière du corps, appartiennent tous aux classes privilégiées. Le motif du derrière exposé, source incontestée de rire et de rabaissement, apparaît au tout début du roman. C'est la marchande anglaise qui, à la suite d'une chute, expose la première son « fond de culottes rapiécé » (p. 17) à ses clients.

Le motif du derrière exposé ressurgit fréquemment tout au long du roman. Nous nous contenterons de citer deux autres exemples frappants, qui témoignent de la prédilection de l'auteur pour ce motif, de ce type particulier de comique rabaisseur que la mère Cochon Vert nomme « le sens dessus dessous » (p. 144). Les derniers personnages qui donnent à voir leur postérieur sont une religieuse et la fille du docteur.

Ces dernières ont un rôle important à jouer dans la « séance profane » (p. 146) destinée à commémorer le dixième anniversaire de la fondation du couvent. Au cours de cette célébration officielle à laquelle sont conviés tous les villageois, la religieuse dirige la chorale et la fille du médecin, elle, interprète une chanson. Or, la dénommée «batteuse de mesure» (p. 146) est surprise par une souris qui lui passe entre les pieds alors même que sa chorale «massacr[e] pour la vingt-cinquième fois» (p. 146) l'hymne national des Acadiens, l'*Ave, maris stella*. Otto décrit ainsi le rabaissement de la directrice musicale : elle «a pardu la tête tout net, pis all'a biaisé vers la coulisse en levant sa robe jusqu'aux hanches» (p. 146). Quant à la jeune fille vêtue d'une robe à traîne, c'est lorsqu'elle se «baill[e] l'air vers le piano» (p. 144) que se produit l'humiliant incident. En effet, Otto, le responsable du lever du rideau, a un pied «sus la tcheue de sa robe» (p. 144). Et, lorsqu'elle prend place près du piano, il ne reste plus à celle dont le père est venu expressément «pour [la] ouère» (p. 144) que le devant de sa robe. Suite à ces deux épisodes, «tout le monde s'écrase de rire» (p. 144).

En s'exhibant de la sorte, la religieuse et la fille du médecin deviennent la risée non seulement de quelques personnes — comme c'était le cas pour la marchande anglaise — , mais bien de tous les villageois. Si le motif du derrière exposé au regard du peuple jouit ici d'une faveur exceptionnelle, c'est en grande partie parce qu'il permet à l'auteur de brosser un tableau purement carnavalesque de la classe dirigeante. Ce motif reflète la lutte du peuple — qui s'exprime sans retenue aucune — contre cette classe dirigeante qui, elle, condamne tout manquement à la pudeur. Enfin, ce motif a pour fonction symbolique de travestir le sérieux des cérémonies officielles en les obligeant à prendre une tournure comique qui ravale subitement la dignité et rogne progressivement le pouvoir des personnages dont le statut social, économique ou religieux les a hissés au sommet de la hiérarchie de l'univers où ils évoluent.

Le détrônement

Le réalisme grotesque qui est à la source même du carnavalesque s'appuie ici sur le motif du détrônement pour rehausser ses accents comiques. Il existe plusieurs scènes de détrônement dans *Zélika à Cochon Vert*. La première se déroule à l'hôpital où le maire Zen Zones est venu en cure de repos[13]. Rappelons que le jour même où le maire entre à l'hôpital, Monseigneur l'évêque, l'invité d'honneur à la cérémonie commémorant l'anniversaire de la fondation du couvent, tombe subitement malade et Otto le transporte d'urgence à l'hôpital. Par un malheureux concours de circonstances, aucun lit n'est libre. Otto décide donc de placer le «veillard débile» (p. 135) dans la chambre de Zen Zones, un être «fatigué, pis fatiguant» (p. 145). Il décrit ainsi le détrônement du maire : «Je placerai Mayor Zones dans l'aile psychiatrique avec les autres personnes fatiguées. C'est au sous-sol. Il pourra crier tout ce qu'il voudra, personne ne l'entendra.» (p. 143)

Ennemi redoutable du peuple acadien, ce «maire hystérique» (p. 143) est relégué au sous-sol de l'hôpital. Le sort qu'il connaît est typiquement carnavalesque : on le « déguise » en l'obligeant à enfiler « une camisole de force » (p. 143). De la sorte, plus rien ne le distingue des véritables aliénés mentaux évoluant dans ce « bas » lieu qu'incarne le sous-sol. Apparenté à un « sot » — personnage doté *a priori* d'allures carnavalesques — , ses injures et ses menaces de « fermer l'hôpital aux Français et de porter plainte directement à la reine d'Angleterre » (p. 145) perdent tout leur poids. Dépeint uniquement dans son hystérie, ce personnage est chargé d'une signification symboliquement élargie. Il est, en effet, l'incarnation même de l'esprit fermé dont a toujours fait preuve un nombre impressionnant d'anglophones à l'endroit des Acadiens[14]. En réglant son compte à ce fantoche politique, l'auteur le transforme en croque-mitaine comique et le livre ainsi démuni au peuple dont le rire déchaîné lui donne, comme à Zélika, « des crampes d'avoir trop ri » (p. 145).

Le deuxième épisode de détrônement a lieu au couvent lors de la séance profane. Dans celui-ci, comme partout ailleurs, le peuple joyeux, victorieux et inculte s'oppose au pouvoir dominant, grave, sérieux et prétentieux. Nous avons vu que l'invité d'honneur à cette fête, Monseigneur l'évêque, ne peut pas participer à la cérémonie à cause de sa maladie. Ainsi, la « grousse chaise bourrée rouge » (p. 144) qui lui est destinée reste vide. Le fauteuil épiscopal n'étant pas occupé, la mère Cochon Vert décide tout bonnement de s'y installer.

Dans un premier temps, ce geste familier supprime la barrière hiérarchique séparant le peuple de ses dirigeants. Dans un deuxième temps, il exprime à la perfection une certaine transgression de l'organisation sociale ainsi que le refus de se soumettre au mode de vie officiel. Tout en détrônant Monseigneur l'évêque, la prise de possession du fauteuil épiscopal hisse symboliquement la mère Cochon Vert au sommet de la hiérarchie sociale. Car c'est elle qui siège dorénavant « en plein mitan de la rangée d'en avant » (p. 144). De plus, un contact familier réel s'établit entre la mère Cochon Vert et les représentants du pouvoir officiel. Car, à sa droite se trouvent Mère Parfection et le « champion acadjen » (p. 144), le Pére LeBourdon ; à sa gauche, le curé et le docteur du village. Du coup, ces derniers sont, eux aussi, détrônés. D'une part, ils sont obligés de partager l'espace avec la mère Cochon Vert et, de l'autre, ils occupent un lieu physique inférieur au sien. C'est d'ailleurs pour cette raison que Mére Parfection est « toute en larmes » (p. 144).

Dans *Zélika à Cochon Vert*, le motif du détrônement exerce une fonction idéologique. Il est l'indice qui nous permet de conclure que l'auteur s'oppose au pouvoir officiel, aux idées reçues, aux interdictions religieuses ou sociales et, par contrecoup, qu'il cherche à libérer ses personnages des entraves à la libre expression de soi, des conventions sociales, de la hiérarchie religieuse et de l'esprit fermé des politiciens. En dépit d'une certaine hostilité qu'il semble vouer à l'État et à l'Église, soit au mode de vie officiel,

Melanson ne sombre jamais dans le prêchi-prêcha. Le ton moralisateur lui est, en effet, étranger.

Le monde qu'il dépeint est un monde en fête. Tout entier livré à la liberté de la parole et des gestes, à la transgression des conventions et à l'exaltation voluptueuse que procure le rire déchaîné visant les membres de la classe dirigeante, ce monde apparaît comme étant à la recherche d'une vérité non officielle, soit d'une vérité carnavalesque. Celle-ci donne invariablement lieu à des permutations hiérarchiques. Ce sont d'ailleurs ces permutations qui rendent le peuple à lui-même, car elles lui révèlent brusquement, comme le signale Bakhtine, « la possibilité d'un monde totalement *autre*, d'un autre ordre mondial, d'une autre structure de la vie » (*Rabelais*, p. 57).

Dans ce nouvel ordre mondial, le nationalisme étriqué n'a pas sa place. Résolument réfractaire à toute forme d'entrave à la liberté individuelle, Melanson n'hésite pas à dénoncer le nationalisme bourgeois et religieux, nationalisme qui tient rarement compte des besoins ou des désirs réels du peuple[15].

C'est donc parce qu'il a longtemps été associé aux classes dirigeantes, que le nationalisme acadien est tourné en dérision, voire détrôné dans *Zélika à Cochon Vert*. Deux épisodes illustrent particulièrement bien ce détrônement. Le premier a lieu avant la cérémonie commémorant l'anniversaire du couvent. Le deuxième, avant celle du baptême des triplets de Zélika. Dans le premier cas, c'est le symbole par excellence du nationalisme acadien, le drapeau tricolore arborant à gauche une étoile, qui est visé[16]. Pour souligner l'importance de la cérémonie commémorative, Mére Parfection décide de pavoiser la façade du couvent « d'une centaine de drapeaux acadiens fraîchement teints » (p. 131). Or, une pluie torrentielle transforme ces drapeaux « en torchons violets » (p. 131). La métamorphose du drapeau national en torchon — son inversion carnavalesque — figure avant tout un détrônement. L'anéantissement de l'objet « sacré » sert à dissiper tout le sérieux et la prétention entourant la cérémonie officielle. Deuxièmement, il rabaisse le sentiment nationaliste officiel, c'est-à-dire celui que prônent les représentants de l'Église. En dernier lieu, l'objet dénigré « devient en quelque sorte l'envers du nouvel objet venu occuper sa place » (*Rabelais*, p. 407). Or, dans la tradition du carnavalesque, l'envers est intimement lié à l'ancien. C'est dire qu'au niveau symbolique, le travestissement du drapeau signale ici la mort du monde officiel. Il annonce par ailleurs la naissance d'un nouveau règne joyeux, celui du peuple.

Tout en n'hésitant pas à dénigrer à nouveau l'un des symboles les plus cruciaux du pouvoir et de la culture officiels qu'est le drapeau acadien, l'auteur se sert de surcroît de l'épisode du baptême des triplets de Zélika pour rabaisser le clergé et le sacrement du baptême. Cet épisode, qui vient clore le roman, se déroule autour de la lutte pour le pouvoir dans laquelle sont engagées la mère Cochon Vert et la supérieure du couvent, Mére Parfection. Forte de son autorité religieuse, cette dernière cherche à dérober à la mère Cochon Vert la mainmise sur la cérémonie. Elle commence par décréter que les triplets seront nommés en hommage aux « trois rois mages » (p. 153). Elle précise ensuite qu'ils porteront des robes de baptême « bleues et blanches ainsi que trois bonnets rouges couronnées [*sic*] d'étoiles jaunes » (p. 153). Les noms tirés de la mythologie biblique et les robes inspirées du drapeau acadien font figure d'objets « sacrés », symboles du monde officiel.

Ce sont à ces symboles que s'en prend la mère Cochon Vert en qualifiant Balthazar, Gaspard et Melchior de « noms poussiéreux à vous faire étarnuer » (p. 156). La mère Cochon Vert montre que ces noms appartiennent à un passé révolu, qu'ils ne méritent pas qu'on leur attache une importance quelconque dans le présent. Bien qu'elle dérobe aux trois rois mages leur caractère sacré en démythifiant leur nom, elle ne s'oppose pas outre mesure à ce que « les bessons[17] » (p. 151) soient identifiés à eux. Car « un nom c'est pas important coumme une robe de baptême » (p. 156), souligne-t-elle.

C'est d'ailleurs à propos des trois robes de baptême que les éléments carnavalesques de l'épisode seront exploités au plus haut degré. En premier lieu, le principe du « bas » matériel et corporel véhiculé par l'image de l'urine colore tout l'épisode. En effet, aussitôt vêtu de sa robe, l'un des triplets la souille de son urine. À partir de ce moment, les frontières entre le sacré et le grossier se brouillent et se confondent. D'une part, Otto confère à ce liquide la caractéristique sacrée de l'eau bénite. Tout en regardant son pantalon mouillé, il annonce gaillardement : « y en a... iun qui vient de me baptiser moi-même » (p. 154). Ensuite, la mère Cochon Vert trouve un malin plaisir à identifier l'odeur de l'urine à celle qui se dégage du couvent. « Ça commence à puer le couvent, icitte » (p. 154), affirme-t-elle ! En liant les excrétions d'un nourrisson à un rite religieux et à un lieu « sanctifié » — le baptême et le couvent — , Otto et sa belle-mère les affranchissent du « sérieux maussade et unilatéral de la conception officielle » des choses (*Rabelais*, p. 422). Ce faisant, ils révèlent la double face du monde et marquent un point important dans cette lutte implicite qui les oppose à la culture officielle.

La carnavalisation de l'épisode du baptême est accentuée par le fait que la mère Cochon Vert tient coûte que coûte à détrôner celle qu'elle accuse d'avoir « dédjuisés [ses petits-enfants] en drapeau acadjens » (p. 154). Afin de neutraliser la mainmise de Mére Parfection sur la cérémonie de baptême, elle commence par convaincre Zélika qu'une mère, sous peine d'attirer « une punition à [s]a famille » (p. 156), doit s'abstenir d'être présente au baptême de ses enfants. Cela dit, elle s'empare d'un seul des triplets et le revêt d'une robe de baptême qu'elle a taillée dans une « robe de satin bouche-trou de son ancêtre » (p. 152). Rendue à l'église, elle l'y « entre... et l'en sort après la cérémonie, puis elle le fait baptiser une deuxième et une troisième fois » (p. 156).

Symbole d'une victoire éclatante du peuple sur le monde officiel, voire de l'abolition temporaire du pouvoir exercé par le clergé, ce cérémonial religieux se déroule tout entier sous le signe de l'impiété. Le refus de la mère

Cochon Vert d'observer les conventions du monde officiel a ses racines dans une sorte de sagesse licencieuse. Selon Bakhtine, cette sagesse oppose instinctivement le peuple «au sérieux "de la piété et de la peur divine"» (*Rabelais*, p. 260). Ici, l'élément d'opposition revêt un caractère essentiellement joyeux. Enfin, et c'est là le plus important, dans cet épisode final du roman, le motif de l'opposition donne lieu à trois détrônements.

Le premier détrônement a lieu lorsque la mère Cochon Vert réussit à remplacer la robe de baptême — offerte en cadeau par la supérieure du couvent et rappelant le drapeau acadien — par le vêtement qu'elle a taillé, elle-même, dans la robe de son ancêtre. Cette substitution lui permet de rabaisser Mére Parfection en la privant d'une mainmise sur la cérémonie religieuse. Le deuxième détrônement a lieu lorsque le curé baptise à trois reprises le même enfant. Il est ainsi ravalé au rang de sot, de celui que l'on berne sans vergogne.

Cependant, c'est le troisième détrônement qui est de loin le plus osé du roman. Ce n'est pas un personnage en particulier qui est rabaissé ici, mais bien la sacro-sainte doctrine du christianisme. Mère Cochon Vert transgresse cette doctrine en enlevant le caractère sacré au plus important des sept sacrements — le baptême — , en le ravalant au rang d'une simple superstition[18]. Dans un premier temps, elle décide de faire baptiser à trois reprises un seul de ses petits-enfants. Ensuite, elle s'exclame: «ça fera pour les autres» (p. 156)! L'irrévérence carnavalesque et la sagesse transgressive de ce personnage expriment on ne peut mieux son affranchissement des idées et des pratiques religieuses identifiées au monde officiel. De plus, en associant le sacré au rire, Melanson libère ses personnages de la terrible peur de Dieu. Délivrés de cette peur qui, selon Bakhtine, «est utilisée par tous les systèmes religieux dans le but d'opprimer l'homme» (*Rabelais*, p. 333), ces personnages sont, par voie de conséquence, affranchis de la peur de la mort.

Le motif de la mort-naissance

Dans *Zélika à Cochon Vert*, le motif de la mort est intimement lié à celui de la naissance. De plus, dans une mesure plus ou moins grande, la mort est «carnavalisée» à l'aide d'images du bas matériel et corporel; la peur qu'elle inspire finit ainsi par être vaincue par le rire. Dans l'épisode des funérailles de la mère du curé, par exemple, l'auteur associe l'image de la mort à celle de l'ivrognerie et de la bouche grande ouverte. Une fois de plus, un rite religieux est organisé sur le mode comique. En effet, au cimetière «les porteurs, la famille, la parenté, toute la parrouesse, pis le monde d'en dehôrs» (p. 30) sont confrontés à Otto qui, «tchenant ben fort sa cruche» (p. 31), cuve son vin au fond de la fosse réservée à la défunte!

L'auteur détrône l'image de la piété et de la solennité marquant habituellement la cérémonie des funérailles en la transposant dans la sphère matérielle de la réjouissance corporelle, celle du boire. Symbole d'une «vérité libre et sans peur» (*Rabelais*, p. 285), le vin est ici opposé aux funérailles, symbole du sérieux pieux. Cette opposition conduit à la victoire de la vie sur la mort puisque, au cours de l'épisode des funérailles, le « bas » matériel sert à éloigner les villageois de cette vérité fuyante qu'incarne la promesse d'une vie éternelle. Ainsi, témoins de l'acte profane d'Otto, ils sont vite ramenés à la seule vérité vérifiable, celle du corps et de ses réjouissances.

Dans la littérature carnavalesque, la sphère matérielle et corporelle « est le *bas qui donne le jour* » (*Rabelais*, p. 308). C'est ainsi que l'image grotesque d'Otto, reposant tel un cadavre dans la fosse consacrée, se transforme graduellement en une image victorieuse et triomphale. Hissé au-dessus de tous par les porteurs qui, eux, « s'ont rentré avec un côrps pis s'ont sorti avec un autre » (p. 31), Otto subit une ascension verticale qui fait de lui une sorte de ressuscité. Le vin aidant, il triomphe joyeusement de la mort en chassant à la limite de sa conscience la peur et la piété. En définitive, Otto est un personnage carnavalesque qui « avale le monde et n'est point avalé par lui » (*Rabelais*, p. 284). Son geste blasphématoire signale, en effet, son refus de souscrire aux idées religieuses, en particulier celles qui lui promettent la vie éternelle tout en le vouant à une vie de privations sur terre. Tiré de la fosse, Otto renaît symboliquement au monde. Il assure ainsi le triomphe de la sphère matérielle et corporelle sur la sphère religieuse et mystique.

Dans l'épisode de l'accouchement de Zélika, ce thème de la mort-naissance est à nouveau exploité par l'auteur. L'agonie à laquelle nous assistons est celle de Monseigneur l'évêque. Rappelons que c'est Otto qui fut chargé d'admettre le prélat en toute urgence à l'hôpital. Or Otto ne parvient pas à convaincre l'infirmière responsable des cas d'urgence qu'il s'agit bien là d'une question de vie ou de mort. Elle l'éconduit ainsi : « Ici, on ne s'occupe des cas d'urgence que le jeudi.... Revenez ce jour-là, comme ça, il sera bien malade et nous l'accepterons avec plaisir » (p. 141). Cela dit, elle abandonne froidement à son sort l'évêque qui, lui, est « arc-bouté au comptoir des admissions » (p. 142). Otto profite de la disparition de l'infirmière pour le transporter dans la salle d'accouchement où se trouvent trois femmes. Reposant provisoirement « dans un lit vide situé entre deux dames en plein travail » (p. 142), l'évêque, comme le souligne Zélika, « a pas grand-geste encadré coumme il est là » (p. 142)[19].

Ici, la mort et l'enfantement fusionnent dans « une figure à double visage » (*Rabelais*, p. 285) où se croisent la naissance des triplets de Zélika et la dernière agonie de Monseigneur l'évêque. Dans l'univers melansonien, il n'y a pas de mort sans naissance. Cette alliance des deux pôles de la vie — le premier fixant le passé (la mort), le deuxième fixant l'avenir (la naissance) —, s'accomplit toujours sous le signe de l'ambivalence. L'heure est-elle aux pleurs ou à la réjouissance? La réponse devient vite évidente surtout si l'on songe que la mort est inextricablement associée au rire.

Or l'absence éclatante d'éléments tragiques dans l'image de la mort que nous offre Melanson nous permet de conclure que, dans cette lutte qui oppose le peuple aux classes dominantes, c'est le rire populaire qui, une fois de plus, prédomine. En effet, les personnages qui évoluent sous le spectre de la mort, soit la mère du curé et Monseigneur l'évêque, appartiennent tous les deux à la classe dirigeante. Par ailleurs, ceux qui naissent ou renaissent symboliquement à la vie, les triplets de Zélika, les enfants de ses deux co-chambreuses et Otto ressuscité, appartiennent au peuple. Signalons, de plus, que leur nombre dépasse largement celui des morts.

Le motif de la mort-naissance revêt ainsi une grande importance symbolique. En plus d'accorder une sorte de victoire numérique au peuple, ce motif signale la rénovation de l'ordre établi, voire la naissance d'un nouvel ordre. Sur ce propos, écoutons l'auteur :

> Bref, j'ai voulu mettre en scène une Acadie qui a rompu avec la soumission du passé, avec le besoin de taire ses aspirations. C'est une Acadie qui ose crier ce qui se chuchotait très bas sous divers régimes d'autrefois, celui de l'Église n'étant certainement ni le moins oppressif ni le moins profiteur[20].

Conclusion

Dans *Zélika à Cochon Vert*, le rire est invariablement dirigé contre toute supériorité et met ainsi en valeur la fonction contestataire de l'imaginaire melansonien. Par ailleurs, notre étude semble indiquer que, tout en fondant l'unité artistique de l'œuvre, ce rire revêt une fonction plus large, celle de rendre les Acadiens à eux-mêmes. En effet, tout en dépouillant les représentants du pouvoir officiel de leur masque autoritaire, le rire railleur du peuple donne lieu à une multiplicité de permutations hiérarchiques. Prises dans leur ensemble, ces permutations témoignent du fait que l'auteur s'efforce de créer « un monde à l'envers », un monde détaché de tout sérieux officiel.

Dans ce but, Melanson insère dans son récit des beuveries, des ripailles, des déguisements, des détrônements, des renversements, des fustigations, des profanations tout en conférant à la langue acadienne une place dans la littérature. On est donc témoin d'une cassure radicale dans la conception traditionnelle de la hiérarchie religieuse, politique et linguistique du monde. Ici, en effet, les distinctions entre le sacré et le profane, le haut et le bas, le licite et l'illicite, le grotesque et le sublime, l'acceptable et l'inacceptable se confondent et se brouillent. Enfin, l'univers comique et libérateur de l'auteur témoigne d'un désir profond de se distancier le plus possible de toute forme de dogmatisme. C'est ainsi que les images carnavalesques du peuple et de ses dirigeants franchissent les cadres restreints de l'Acadie pour englober un univers plus vaste, celui de tous les déshérités de la Terre...

NOTES

1. Mikhaïl Bakhtine, *L'Œuvre de François Rabelais*, Paris, Gallimard, 1970, p. 19. Dorénavant, les références à ce livre seront simplement données sous la forme : (*Rabelais*, p. 19).

2. Laurier Melanson, *Zélika à Cochon Vert*, Montréal, Leméac, 1981. Par souci de brièveté, nous avons choisi d'aborder ce seul texte. Cependant, nos commentaires valent aussi bien pour l'ensemble de l'œuvre melansonienne. À noter que toutes les références à ce roman seront directement incluses dans le texte.

3. Mikhaïl Bakhtine, *Esthétique et théorie du roman*, Paris, Gallimard, 1978, p. 162.

4. Laurier Melanson, « La liberté offerte par le rire », dans *Studies in Canadian Literature/ Études en littérature canadienne*, 15/2, 1990, p. 201. Interview avec Anne Brown.

5. Roland Barthes, *Critique et vérité*, Paris, Seuil, 1966, p. 45.

6. Laurier Melanson, *loc. cit.*, p. 202.

7. Dans cet article, nous adoptons la graphie de l'auteur pour tous les noms propres lorsque ceux-ci sont prononcés par les personnages appartenant aux classes défavorisées plutôt que par le narrateur. À titre d'exemples : la mère Cochon Vert, Mére Parfection, Monseigneur l'évêque et Pére LeBourdon.

8. « Bailler » signifie ici « donner ».

9. Les italiques dans les citations appartiennent à Bakhtine.

10. « Taoueille » : mot acadien emprunté de la langue des Micmacs. À l'origine, ce mot signifiait « femme ». L'usage lui a conféré la signification de « femme du bas peuple qui se prostitue ». L'emploi de ce mot pour qualifier la religieuse illustre à merveille le motif de la dualité du monde dans l'imaginaire de Melanson.

11. Michel Aucouturier, « Préface », dans Bakhtine, Mikhaïl, *Esthétique et théorie du roman, op. cit.*, p. 17.

12. Rappelons que ce catholicisme a longtemps subjugué l'ensemble de la société acadienne.

13. En donnant au maire le nom de Zones, Melanson fait allusion à un épisode dans l'histoire récente des Acadiens. En effet, le maire responsable de la répression que connurent en 1968 les étudiants de l'Université de Moncton se nommait Jones. Ce dernier s'opposait férocement au bilinguisme. Les étudiants, qui militaient en faveur de la reconnaissance des droits linguistiques des Acadiens, présentèrent au maire Jones une tête de cochon, symbole de leur mépris. De plus, cette allusion historique est intensifiée par le fait que, dans le texte, c'est le maire Zones qui traite ses agresseurs de « têtes de cochons » (p. 145). Pour de plus amples détails à ce sujet,

voir le film *L'Acadie, l'Acadie* de Pierre Perrault et Michel Brault.

14. C'est justement cet esprit fermé qui porta au pouvoir le Parti COR. Lors des dernières élections provinciales en 1991, ce parti est devenu l'opposition officielle grâce à une plate-forme électorale entièrement fondée sur le rejet du bilinguisme officiel.

15. Dans « Le Conte du parc ensorcelé », Herménégilde Chiasson évoque, lui aussi, en la dénonçant cette réalité : « [...] une fois y avait c'te pays icitte qu'était habité par des géants, toutes sortes de géants, des géants fédéraux, des géants GRC, des géants provinciaux, des géants acadiens, toutes sortes de géants » (*Possibles*, 4/1, 1979, p. 193). Pour Chiasson, les géants acadiens sont, et ceci au même titre que tous les géants, coupables d'avoir « exploité » (p. 193). Ti-Jean, symbole de l'Acadien pauvre et démuni.

16. *Maris stella* : l'étoile qui guide les matelots.

17. « Besson » signifie « jumeau » ou « triplet ».

18. Rappelons qu'en plus de laver le nouveau-né du péché originel et d'en faire un chrétien, ce sacrement est à la base du christianisme.

19. « Avoir grand-geste » signifie « avoir de la prestance ».

20. Laurier Melanson, *loc. cit.*, p. 199.

PAR UN DIMANCHE AU SOIR
de GEORGES ARSENAULT
(Moncton, Éditions d'Acadie, 1993, 188 p.)

Georges Bélanger
Université Laurentienne (Sudbury)

Quel folkloriste, ethnologue, ethnographe, historien ou linguiste menant des enquêtes sur le terrain n'a pas rêvé, ne rêve pas de rencontrer l'informatrice ou l'informateur hors du commun, celle ou celui dont le bagage de traditions populaires est riche et vaste, en vue d'augmenter ses collectes et, surtout, de conserver le patrimoine oral? De nombreux ethnologues au Canada français (citons parmi les plus connus : Marius Barbeau, Luc Lacourcière, le père Germain Lemieux, Carmen Roy, Jean-Pierre Pichette, Jean-Claude Dupont et Jean Du Berger) ont, un jour ou l'autre, fait la connaissance de personnages exceptionnels, et surtout les ont fait connaître au public dans différents ouvrages : collections diverses, répertoires, monographies, anthologies, essais, articles nombreux, etc.

Georges Arsenault, ethnologue, vient de publier aux Éditions d'Acadie un très beau recueil, *Par un dimanche au soir*, dans lequel il présente un autre de ces témoins privilégiés : Mme Léah Maddix (1899-1986), chanteuse et conteuse acadienne. Léah à Aimé Aucoin (ou à l'occasion, en anglais, Amos Wedge), quatrième génération de la lignée Aucoin, et à Marie Poirier, a toujours vécu à l'Île-du-Prince-Édouard, à l'exception d'un bref séjour aux États-Unis.

Ce témoignage, d'une valeur inestimable, repose sur de solides assises : l'auteur, lui-même originaire d'Abram-Village à l'Île-du-Prince-Édouard, a réalisé, entre 1971 et 1982, plus de 127 enregistrements auprès de «Mémé» Maddix : chansons, contes, mœurs, histoire orale, sciences populaires. Et, comme il le précise dans l'avant-propos, il visait un double objectif : «Le présent ouvrage ne représente pas uniquement le vécu et le patrimoine oral d'une seule femme. Il s'agit au contraire d'un chapitre de l'histoire sociale de toute une collectivité. Bref, c'est un hommage à ma communauté insulaire et à toute l'Acadie rurale et traditionnelle du XXᵉ siècle» (p. 12).

Sa curiosité piquée, le lecteur est impatient de parcourir le premier chapitre (*Une femme amoureuse de la vie*, p. 15-44), afin de mieux connaître le récit de vie de cette informatrice, dont une magnifique photographie en couleurs orne la page couverture (Léah Maddix en 1978, Lawrence McLagan). Dans une synthèse regroupant les principales étapes de sa vie, Georges Arsenault trace progressivement le portrait de cette femme à la

79

personnalité forte mais combien attachante, qui constituait une «source d'énergie positive» et qui avait le don de communiquer sa joie de vivre. Le lecteur soupçonne déjà les nombreux talents et les qualités indéniables de Léah Maddix, que lui confirmeront la présentation et l'analyse de son répertoire. Celui-ci se divise en trois parties : le deuxième chapitre («C'était par une belle journée», p. 45-104) est consacré à la «composeuse de chansons»; le troisième («Chantons tour à tour», p. 105-125), à la chanteuse; et le quatrième («Une fois de même», p. 127-169), à la conteuse. L'ouvrage contient aussi seize photographies en noir et blanc, une carte géographique de l'Île-du-Prince-Édouard, un glossaire (p. 175-182), une bibliographie (p. 183-188) et reproduit la transcription des mélodies.

Georges Arsenault a tout mis en œuvre pour traiter ce répertoire fort impressionnant. En plus d'être très bien documenté, il a utilisé les instruments de travail requis pour analyser la chanson et le conte en consultant, entre autres, les ouvrages de Conrad Laforte, de Paul Delarue et de Marie-Louise Tenèze, et de Aarne et Thompson, tout en évitant l'écueil du jargon trop scientifique. De toute évidence, le livre est destiné au grand public, et il aurait été dommage qu'il en fût autrement. Si la présentation des documents reste brève et ponctuelle, elle informe toujours bien le lecteur.

Ainsi l'auteur reproduit-il 18 chansons que Léah Maddix a composées sur une période de 65 ans, la première à l'âge de 20 ans et la dernière à 85 ans; 14 chansons puisées à même le répertoire varié de cette dernière (des chansons d'enfants, d'amour, de mariage et des compositions locales); et 20 contes sur une cinquantaine racontés, y compris une quinzaine de petits contes (Ti-Jack, le personnage merveilleux, occupe une place de premier plan dans ses contes traditionnels).

Cet ouvrage possède une grande qualité : il met l'accent sur la spécificité de la culture populaire des Acadiens et des Acadiennes de l'Île-du-Prince-Édouard, il souligne leurs particularismes. Nous savons que les contes et les chansons traditionnels sont transmis de génération en génération et appartiennent souvent à un passé très éloigné. Georges Arsenault indique toujours avec précision, s'il y a lieu, les transformations, les changements ou les adaptations que tel document oral a pu subir au fil des ans. Plusieurs contes, par exemple, révèlent des caractéristiques tout à fait spécifiques aux francophones de l'île. On peut lire que le loup et le renard, du conte du même nom dans la tradition française, «... sont bien acclimatés aux coutumes et à l'environnement de l'Île-du-Prince-Édouard : ils cuisinent du miel — comme on sait encore le faire avec du trèfle, des roses sauvages, du sucre et de l'alun que l'on fait réduire dans de l'eau — , ils pêchent des palourdes sur des bancs de sable et ils volent des corps de homards de la charge de déchets que le fermier transporte chez lui de la conserverie afin de les épandre sur sa terre comme engrais» [(p. 133), Types 15 + 2B +2C + 2D + 1 (variante)]. Ou lire que *La Marlèche* [ou *La Marlaise*, *La Merlèche* (conte type 56B)], c'est-à-dire un oiseau ou une espèce de Bonhomme Sept Heures, est un récit « pratiquement inconnu au Canada à l'extérieur de l'Île-du-Prince-Édouard » (p. 135). Et que dire de la composition des complaintes suivantes, *Aimé Arsenault* (p. 72) et *Francis Arsenault* (p. 80), pour évoquer le drame de la noyade de deux pêcheurs, le premier d'Abram-Village, le second de Saint-Chrysostome; ou de la chanson *L'Île-du-Prince-Édouard* (p. 83)? Les transcriptions de tous les documents oraux dévoilent aussi plusieurs caractéristiques locales de la langue parlée.

L'auteur a eu le privilège de rencontrer et d'interviewer une informatrice dont la personnalité, les talents et l'importance du répertoire sont extraordinaires. Le lecteur l'aura bien compris après avoir complété la lecture de ce recueil. Il aura également saisi jusqu'à quel point cette femme a participé à l'enrichissement de la tradition orale. Mais au-delà de l'utilisation de l'outil essentiel qu'est le magnétophone, peut-on imaginer les résultats de telles enquêtes si elles avaient pu être menées à l'aide du magnétoscope?

Dans sa conclusion, Georges Arsenault affirme que Léah Maddix fut une des dernières gardiennes des traditions orales dans sa communauté. Il ajoute, avec raison, que les médias modernes se sont substitués en quelque sorte aux traditions populaires, qu'ils ont détourné l'attention de l'auditoire et relégué un peu aux oubliettes les conteurs et les chanteurs traditionnels. Est-ce à dire qu'à l'Île-du-Prince-Édouard, en Acadie, en Ontario français, au Québec ou ailleurs en Amérique française, tous les témoins ou gardiens des traditions populaires ont disparu? Certes, les personnes les plus âgées partent et emportent sans doute trop souvent avec elles des témoignages précieux. Cela signifie-t-il pour autant que les enquêtes folkloriques sont terminées? Poser la question, c'est y répondre. Non seulement doit-on les poursuivre auprès d'autres témoins du passé et les étendre au patrimoine vivant, mais il est impératif que des documents oraux de grande valeur sortent le plus tôt possible des archives et soient rendus accessibles au public par la publication, comme en atteste le présent ouvrage de Georges Arsenault.

GRANDIR À MONCTON
de YVES CORMIER
(Moncton, Éditions d'Acadie, 1993, 214 p.)

Jean-Marc Barrette
Université d'Ottawa

Faire connaître par l'humour l'Acadie aux Acadiens et au reste du monde, voilà le défi que s'est donné Yves Cormier avec *Grandir à Moncton*. Destiné à un public de 9 à 14 ans, selon le communiqué de presse, ce recueil saura toutefois amuser autant les adultes que les enfants, comme c'est souvent le cas pour ce type de livre.

Le premier récit donne le ton au reste du recueil. Dans une langue très orale, un jeune garçon explique qu'il doit suivre ses parents qui déménagent à Moncton. Déjà, le moindre événement prend des proportions dramatiques : des déménageurs « kidnappent » un petit ourson en peluche pour l'emporter à Moncton... le petit garçon prendra trois jours pour se remettre de cette séparation forcée. Le tout, comme cet exemple le montre, est raconté avec la plus agréable exagération et avec des expressions très imagées : la mère qui frotte les murs « [...] à l'eau de Javel jusqu'à temps que la peinture craque partout » (p. 9) ou encore le nouveau « [...] quartier où les enfants se faisaient aussi rares que les bonbons dans le temps du carême » (p. 10). De plus, Cormier nous présente le monde à travers la perception subjective d'un enfant, ce qui biaise constamment la réalité : « Mon père était pas à la maison le jour. De bon matin, il partait travailler. Il disait qu'il allait gagner son pain, mais moi, je dois vous avouer que je l'ai jamais vu revenir le soir avec un pain sous le bras; c'était plutôt ma mère qui l'achetait au magasin [...] » (p. 19).

Donnés sur le ton de la confidence, et même si parfois le préambule de certains textes est un peu long, les récits que l'on soupçonne biographiques, ont de quoi faire rêver. Qui n'a pas imaginé, lorsqu'il était jeune, pouvoir ligoter son professeur pour ensuite mettre une salle de classe sens dessus dessous, ou encore organiser une fête où les combats de coussins laisseraient des plumes partout? Bien que les événements ne soient pas toujours exceptionnels, la façon de raconter ce quotidien donne aux récits toute leur vie. La maîtrise en culture acadienne et le doctorat en création littéraire d'Yves Cormier y sont sûrement pour quelque chose.

La langue et la culture sont des thèmes communs aux seize récits. Les liens avec les anglophones de Moncton, les Français, les Québécois et les Franco-Américains sont successivement abordés, mais sans les marques du didactisme qui auraient pu avoir pour effet de stériliser le loufoque des situations. Seuls les deux derniers récits se veulent plus nationalistes, donc davantage destinés à un public acadien. De plus, les nombreuses attaques contre le réseau français de Radio-Canada, la télévision d'État étant trop québécoise et indifférente aux réalités des autres provinces, auraient davantage eu leur place dans un autre genre d'écrit.

Notons enfin que tous les récits sont agrémentés de plusieurs dessins humoristiques. De plus, on sent que l'auteur a voulu atteindre un public à l'extérieur du pays car on retrouve un lexique des «régionalismes acadiens» en annexe qui, il faut bien l'avouer, comprend une forte proportion de vocables communs à l'ensemble du Canada français. Ce lexique servira donc davantage le lecteur européen, encore qu'on puisse traduire du contexte le sens de plusieurs mots.

Sans grandes prétentions littéraires, *Grandir à Moncton* atteint l'objectif de faire connaître l'Acadie dans un style éminemment sympathique.

L'OUEST CANADIEN DANS L'ŒUVRE DE MAURICE GENEVOIX : STRUCTURATION SÉMANTIQUE D'UN PROJET ESTHÉTIQUE?

Pierre-Yves Mocquais
Université de Regina

Parmi les Français qui écrivirent sur le Canada ou dont certains romans se passent au Canada, on oublie généralement Maurice Genevoix. Peut-être d'ailleurs à juste titre car, après tout, Maurice Genevoix est mieux connu pour ses descriptions de cette région au sud de la Loire appelée la Sologne que pour celles des montagnes Rocheuses. *Rémi des Rauches* (1922), *Raboliot* (pour lequel il reçut le prix Goncourt en 1925), le *Roman de Renard* (1958) et les *Bestiaires* (1969) sont parmi les œuvres les plus célèbres de cet écrivain prolifique, élu à l'Académie française en 1946 et secrétaire perpétuel de 1958 à 1974.

C'est au cours des années trente que Maurice Genevoix, « grand voyageur sur le tard, [sa] quarantième année révolue[1] », comme il le dit lui-même, fit un séjour de plusieurs mois au Canada. Fin mars 1939, il arrivait au Québec et, en juin de la même année, il visitait les Rocheuses et la Colombie-Britannique. Deux jours à Banff (du 5 au 7 juin), deux jours au lac Louise (les 7 et 8 juin), deux jours à Yoho (les 9 et 10 juin) et sept jours à Jasper et Elk Island (du 16 au 22 juin), après une incursion d'une semaine à Vancouver, le séjour de Maurice Genevoix dans les Rocheuses fut donc limité et de nature touristique ainsi qu'en témoigne son « carnet de route écrit à la veille de la guerre, pendant un séjour de plusieurs mois au Canada[2] » et publié en 1943 sous le titre de *Canada*. De ce périple à travers le continent, outre *Canada*, naquirent plusieurs ouvrages, romans et contes : *Laframboise et Bellehumeur* (1942), *Éva Charlebois* (1944) ainsi que trois contes, *Le Lac fou*, *Le Cougar de Tonquin Valley* et *Le Nid du condor*. De ces cinq œuvres, deux se déroulent au Québec (*Laframboise et Bellehumeur* ainsi que *Le Lac fou*) et les trois autres, dans les Rocheuses. Si l'on ajoute à ces trois œuvres les 62 pages de *Canada* consacrées aux Rocheuses (contre 44 aux « Villes de l'Est » et 67 aux « Promenades en France canadienne »), on admettra volontiers que les Rocheuses ont laissé à l'auteur une impression durable :

> Aujourd'hui, dans le recul des jours, le choc des premières semaines depuis longtemps amorti, mon sentiment n'est que mieux affermi d'avoir embrassé de mes yeux, ce matin-là [de son arrivée au *Spring's Hotel* de Banff] pour la première fois et désormais chaque jour des deux semaines que j'allais vivre dans les Rocheuses, les plus beaux paysages que notre monde puisse nous offrir. [...] J'avais là, dès l'abord et d'un coup, presque tous les thèmes des Rocheuses : l'eau vivante et bruissante, son abondance, sa pureté glaciaire ; la forêt de spruces serrés, impénétrables, dont la frange supérieure, festonnant au loin des monts, s'arrêtait net sur une même ligne ; l'âpreté sauvage de la roche, la puissance de sa masse énorme sous la délicatesse des nuances les plus ravissantes ; et la neige, la neige au bord du ciel, dans le ciel même, éblouissement dans sa lumière [...] le foisonnement de la vie animale, à peine secrète, à peine dérobée...[3]

Cette fascination pour les Rocheuses découle des paysages mêmes de cette région, de la beauté et de la grandeur de la nature. Maurice Genevoix ne fut-il pas célébré par ses contemporains comme le « chantre de la nature, de ses beautés visibles et de ses secrets bien gardés[4] » !

La caractérisation de l'Ouest canadien

La fascination de Genevoix pour la nature pose la question de la caractérisation de l'Ouest canadien dans les œuvres « canadiennes » de l'auteur. Gérard Spiteri, rédacteur en chef adjoint des *Nouvelles littéraires*, écrit :

> Maurice Genevoix [...] a su célébrer, au moyen d'un vocabulaire précis, inhérent à la région de l'Orléanais et de la Sologne, soutenu par un ton intimiste, l'alliance de l'homme avec les eaux libres, les animaux de la forêt, les différentes espèces d'oiseaux, et son accord avec les nuances du paysage...[5]

Si le vocabulaire qui célèbre la Sologne est « inhérent » à cette région, comme l'affirme Spiteri, la description de la riche nature des Rocheuses ne serait-elle qu'une transposition exotique de la réalité solognote ou, au contraire, ses œuvres « de l'Ouest canadien » font-elles montre d'une structuration tant thématique que sémantique qui serait le reflet de l'homogénéité qui existerait entre la perception que Genevoix eut de l'Ouest canadien et son écriture ?

Dès la première lecture d'*Éva Charlebois*, il semble que le texte de Genevoix, surtout en ce qui a trait à la caractérisation de l'Ouest canadien, n'évite pas le piège de l'exotisme. Paradoxalement, pourrait-on dire, puisqu'il s'agit là des éléments du texte qui sont censés véhiculer la vraisemblance, cet exotisme se manifeste dans l'utilisation d'un certain nombre de procédés de véridiction, qu'il s'agisse des phénomènes d'ancrage historique tel que Greimas et Courtés le définissent[6] ou de marques relevant du contexte linguistique (embrayeurs[7] et opérateurs) ou encore du contexte sémantique (vocabulaire).

Structuration thématique : les procédés d'ancrage historique

Situons tout d'abord le cadre et les protagonistes du récit : Éva Charlebois est une jeune orpheline de la rive nord du Saint-Laurent (Saint-Urbain) ; dans le restaurant où elle travaille à Québec, elle rencontre un jeune Ontarien nommé Reuben Jackson et l'épouse ; le couple s'installe dans les Rocheuses où Reuben devient guide de montagne ; le Québec manque à Éva qui est attirée par Antonio, un jeune Québécois de passage ; cependant quand Reuben se tue en montagne, elle décide de rester dans les Rocheuses.

Les procédés d'ancrage historique utilisés dans *Éva Charlebois* ne sont pas particuliers à ce roman. Il y en a trois : la toponymie[8], la chrononymie[9] et l'anthroponymie[10].

Les renvois toponymiques sont abondants dans *Éva Charlebois*, qu'il s'agisse d'indications de distances parcourues ou à parcourir, ou qu'il s'agisse des noms de lieux dont la variété est censée conférer au récit son authenticité : Saint-Urbain, Saint-Avit, Rivière-du-Loup (d'où vient Margot, l'amie d'Éva), Lévis, les Mille-Îles, Kingston, Winnipeg, Banff, lac Louise, Yoho, la Kicking Horse River, le glacier Athabasca, etc.

Il en va de même de la chrononymie. Le lecteur apprend ainsi qu'en une journée dans une «Plymouth, à pleins gaz sur le ciment[11]» (p. 19), on peut effectuer le parcours suivant : «On descendrait l'estuaire vers la Saguenay [*sic*], par Sainte-Anne de Beaupré, Murray Bay. On s'arrêterait à Saint-Avit. On pourrait revenir par le Parc des Laurentides» (p. 19).

Finalement, les noms des personnages ne prêtent guère à confusion. L'anthroponymie se veut résolument québécoise, du moins selon l'image d'Épinal qu'un Français en villégiature peut en avoir : Éva Charlebois, Margot Lachance, Antonio Cloutier, l'abbé Roy, Marie Masson. Si les personnages ne sont pas canadiens-français, ils sont anglo-saxons : Reuben Jackson, Randolph Cordy, Percy Allen, Georgie Smith, Ruby McLittle. La réalité ethnique canadienne est réduite aux deux peuples fondateurs. La composante aborigène n'apparaît que brièvement sous les traits de Charlie, un métis, «sorte de monstre, louche et dangereux» (p. 51) et les communautés allemandes, scandinaves, ukrainiennes, doukhobors, huttérites ou mennonites, si généreusement évoquées par Gabrielle Roy dans *Fragiles Lumières de la terre* ou *Un jardin au bout du monde*, sont totalement passées sous silence dans *Éva Charlebois*.

L'effet de couleur locale ne tient cependant pas tant dans l'utilisation somme toute ordinaire de ces trois procédés d'ancrage historique que dans la combinaison de ces marques de la véridiction avec d'autres marques qui, par leur surabondance et leur nature même, finissent par saper la cohérence de l'œuvre entière plutôt que de la renforcer, et détruisent l'effet de sens «réalité» au lieu d'y contribuer.

Lieux communs et clichés thématiques

La première de ces marques consiste en une variété de lieux communs dont la perle est sans doute le suivant (il s'agit d'Éva maintenant installée dans les Rocheuses): «Canadienne, elle ne redoutait pas le froid» (p. 65). La série de poncifs la plus remarquable du roman tient toutefois dans les préjugés raciaux implicites et explicites qui se dégagent du texte. Si Canadiens français et Anglais paraissent vivre en harmonie, encore faut-il que ce voisinage respecte certaines normes bien établies et ne dépasse pas certaines bornes. Ainsi Éva se rend-elle compte rapidement, avant même son arrivée dans les Rocheuses, que son mariage avec Reuben Jackson est une erreur. Mais Éva bénéficie de circonstances atténuantes qui expliquent son geste: elle est orpheline et seule. De surcroît, ainsi que le narrateur le laisse entendre, elle est femme, donc influençable! Par contre, Antonio Cloutier, qu'Éva rencontre à Field où elle demeure avec Reuben, sait qu'il appartient au Québec et qu'il y retournera pour se marier. «Je préfère une fille française», dit-il à Éva, avant d'évoquer lyriquement «les labours du printemps, la sève sucrée que saignent les érables, le chant des coqs dans les cours; et la petite école du rang où l'on allait en troupe joyeuse» (p. 87).

Si le mariage entre Éva et Reuben se trouve voué à l'échec, la condamnation du mariage mixte tient ici davantage à des préjugés fréquents à l'époque à laquelle écrivait Maurice Genevoix, qu'à une prise de position, fruit d'une réflexion idéologique soutenue comme celle qui figure dans *L'Appel de la race* du chanoine Lionel Groulx. Chez Groulx, en effet, le mariage mixte est à l'origine de la décadence, sinon de la dégénérescence de la race française qui, pour conserver sa force spirituelle et sa dynamique robustesse physique, doit rester pure. Le sujet de *L'Appel de la race* est bien de démontrer les méfaits du mariage mixte sur l'avenir du Québec et de la foi catholique, alors que les commentaires de Maurice Genevoix sont de nature beaucoup plus anecdotique. En fait, chacune des deux races, française et anglaise, clairement définies et établies dans leur histoire et leur territorialité respectives, se partagent l'aménité du narrateur. Par contre, il n'en est pas de même de Charlie qui est, dans *Éva Charlebois*, le prototype du mal avec tous les lieux communs qui s'y rattachent:

> Éva n'aimait pas ce Charlie. Il l'inquiétait comme une sorte de monstre, louche et dangereux. C'était presque un géant. On eût pu croire que s'étaient mêlés dans ses veines les sangs de toutes les races de l'Ouest: des cheveux crêpelés du mulâtre, un teint cuivré d'Indien, des yeux obliques et bridés d'Asiates... (p. 50-51)

«Sorte de monstre», Charlie ne l'est pas tant parce qu'il n'est ni français ni anglais que parce qu'il est indéfinissable, inclassable, un mélange de races, par conséquent «louche et dangereux». Le dégoût d'Éva pour Charlie n'en est donc que plus «naturel»:

> Deux mains épaisses, dont elle [Éva] sentit la chaleur moite à travers l'étoffe
> de sa robe, appuyaient sur le haut de ses bras, ne les quittaient que trop
> lentement, avec un frôlement qui traînait. Elle se dégagea d'une secousse,
> sans un mot, écœurée d'avoir vu si près d'elle cette peau huileuse, ces yeux
> bridés où luisait une flamme trouble. (p. 55)

Charlie doit être évacué du texte après l'avoir été de la réalité ethnique
acceptable de l'Ouest. Renvoyé par le patron de l'hôtel où Éva travaille
aussi, Charlie y est remplacé par Antonio le Québécois. Rien ne va donc plus
troubler l'ordre socio-ethnique ainsi aseptisé. À cette harmonie tout artifi-
cielle correspondra celle de la nature.

À ces clichés thématiques s'en ajoutent d'autres tout aussi visibles, telle
l'utilisation d'un vocabulaire «couleur locale». Dans la première partie du
texte qui se déroule au Québec, les dialogues des personnages sont ponctués
d'expressions régionales. Ainsi, lorsque Raoul entre dans le restaurant dans
lequel Éva travaille comme serveuse, il s'exclame : «Baptême! c'est rude-
ment beau icitte» (p. 15). Ce qui n'empêche pas Raoul de s'exprimer,
ailleurs, comme un habitant des bords de la Loire! Dans les trois autres
parties du roman qui se déroulent dans les Rocheuses, le texte est parsemé
de mots anglais. Une maison devient un «home»; une épinette, un
«spruce»; une chute de glace dans un glacier, un «ice fall»; on passe «des
heures dans la solitude à regarder les jeux des chipmunks, le travail des
castors dans les creeks» (p. 49); et dans les trains qui s'arrêtent journelle-
ment à Field, il y a «les mulâtres des sleepings» (p. 50) et «les stewards des
dining-cars» (p. 50), ce qui rend parfois le texte à la limite de l'intelligible
pour le lecteur qui ne possède pas une connaissance suffisante de l'anglais.

Cependant, si l'impression de «flottement» que donne le texte de Genevoix tient en partie à l'accumulation de lieux communs, c'est surtout par
l'étude des marques relevant du contexte linguistique ainsi que par l'étude
des différents champs sémantiques qui participent à la caractérisation de
l'Ouest, que se révèle le parti pris esthétique de l'auteur.

Les Rocheuses... au bord de la Loire!

Publié vingt-deux ans après *Rémi des Rauches*, et à la suite d'expériences
totalement différentes, *Éva Charlebois* offre de troublantes similarités avec le
premier roman de l'auteur. Il ne s'agit toutefois pas d'un hasard ou d'une
quelconque insuffisance littéraire dont le système sémantique serait la
marque. Dans les descriptions somptueuses qu'il effectue des bords de la
Loire, tout comme des bords du Saint-Laurent ou de la Kicking Horse River,
c'est en fait un état d'âme face à la nature qu'évoque Genevoix plutôt que la
nature elle-même. Dans les deux textes, adjectifs et adverbes appréciatifs
contribuent à produire un effet de réel, à donner au lecteur une impression
de réalité, de vécu. En tant qu'outils d'embrayage, ces adjectifs ramènent le
lecteur à la dimension symbolique du texte, à l'imaginaire de Gene-

voix : nous voyons les Rocheuses par les yeux de l'auteur et c'est précisément cette organisation du texte, davantage qu'une description de nature documentaire, qui est censée lui conférer une dimension de vécu et d'authenticité.

Soit les énoncés suivants[12] :

1. La rivière, à demi libérée de ses glaces, recommençait à bruire faiblement dans le silence de la vallée. (*É.C.*, p. 71)

2. Elle roulait des eaux d'un vert livide que le gel engourdissait à demi. De temps en temps un amas de glace poreuse, de la même teinte que les eaux, montait du fond comme une bouée légère, et s'étalait à la surface dans un grésillement de bulles d'air. Le long des rives passaient de lents glaçons, ceints d'un bourrelet neigeux, éblouissant. Ils raclaient les pierres de l'enrochement avec un bruit de soie lourde qu'on froisse... (*R.R.*, p. 65)

3. ... sur les énormes eaux livides [...] les ferry-boats, courts et trapus, s'avançaient à travers les glaçons. Au choc puissant de leur étrave, des fissures serpentaient dans les trains agglomérés. Ils s'ouvraient, lentement tournoyants, dérivaient de part et d'autre de la coque avec un long chuintement soyeux. (*É.C.*, p. 10)

4. La rivière, transparente encore, prenait une pâleur froide et pure. Elle accourait vers eux, rapide, des profondeurs de sa vallée, jaillissait, nue et blême, d'un lointain couleur de cendre... (*É.C.*, p. 57)

5. L'eau coulait à leurs pieds, d'un admirable bleu turquoise que mordoraient les reflets du couchant. (*É.C.*, p. 87)

6. ... le ciel et les eaux d'ambre vert qui se mêlaient au couchant mauve et gris [...] L'ample rivière coulait, sans un frisson, sans une moire. (*R.R.*, p. 49-50)

7. La brume venait de se déchirer d'un seul coup. Elle montait en s'effilochant le long des roches colossales, fauves, grises, verdâtres, par endroits bleuies d'ombres profondes. [...] En une minute la forêt apparut, d'un bleu intense et velouté. Et déjà le dais pâle des nuages était plus haut, s'illuminait, découvrait de nouveau la roche au-dessus de la forêt. Le soleil matinal atteignait ses flancs abrupts, les mordorait de gris roses et changeants. (*É.C.*, p. 43)

8. Le soleil s'abaissait, rose vif, derrière des ramures violâtres. Sur l'autre rive, le val se couvrait d'une brume pâle au-dessus de laquelle, çà et là, quelques pins maritimes étalaient leurs cimes noires. (*R.R.*, p. 67)

D'un roman à l'autre, de *Rémi des Rauches*, à *Éva Charlebois*, de la description de la Loire à celle du Saint-Laurent et à celle de la Kicking Horse River, on retrouve les mêmes procédés d'embrayage : les mêmes embrayeurs (adjectifs et adverbes appréciatifs), les mêmes images, les mêmes métaphores, à tel point qu'il devient virtuellement impossible de distinguer, par ces descriptions, un cours d'eau de l'autre. Déficience de la structuration sémantique ? Non, sans doute, car c'est avant tout une vision éminemment personnelle et intériorisée qu'évoque Genevoix dans les deux cas. Il ne peut s'agir d'une dichotomie entre la réalité décrite et l'écriture pour la simple raison que Genevoix décrit moins qu'il n'évoque ses souvenirs, s'attache moins à une fidélité photographique qu'à l'harmonie de la composition.

Structuration sémantique

C'est dans *Sémantique structurale* que Greimas développe sa méthode d'analyse sémantique[13]. De manière plus précise, Greimas élabore une procédure de description et de construction du modèle sémique d'un texte donné, fondée sur les procédés de réduction et de structuration, qui permettent de déterminer le degré de cohérence sémantique d'un texte[14]. Ainsi, dans l'œuvre «manitobaine» de Gabrielle Roy que nous citerons à titre d'exemple, le niveau de structuration sémantique est élevé, ce qui confère une profonde cohérence au texte régien[15].

Dans *La Petite Poule d'eau*, *La Montagne secrète*, *La Route d'Altamont* et *Un jardin au bout du monde*, l'évocation de l'Ouest canadien se résume à celle de la prairie (le terme *prairie* étant utilisé ici de manière générique). Cette prairie est au centre de tout et occupe tout l'espace thématique aussi bien que sémantique. C'est ainsi que dans les œuvres de Gabrielle Roy citées ci-dessus, les lexèmes *prairie* et *plaine* forment, dans leur relation textuelle avec les autres unités lexicales, un système de structuration d'une extrême rigueur. Par structuration, il faut entendre la récurrence systématique ou quasi systématique, tant au niveau dénotatif qu'au niveau connotatif, de lexèmes qui appartiennent aux micro-systèmes ou champs lexicaux des termes repères *plaine* et *prairie*.

Ainsi, en utilisant comme point de départ les définitions de *prairie* et de *plaine* données par le *Petit Robert*, un relevé des unités lexicales dans ces œuvres permet deux types de classification. Tout d'abord, une classification des unités sémiques en fonction de deux paradigmes de co-occurrence: l'un, à dominante métaphorique, de l'*absence*; l'autre de la *vastitude*. En second lieu, une classification des lexèmes *plaine* et *prairie* en fonction des opérateurs qui les gouvernent, l'article indéfini *une* d'une part, l'article défini *la* et l'adjectif démonstratif *cette* d'autre part. *Une* est un opérateur qui sélectionne le sens lexical de l'occurrence. *La* et *cette* sont par contre des opérateurs qui sélectionnent l'acception du lexème *plaine* qui, par là, adopte le sème *prairie* au sens de «steppes de l'Amérique du Nord». Une telle analyse permet de constater que le lexème *plaine* est utilisé systématiquement alors que le lexème *prairie* est réservé à des cas particuliers («poules de prairies», par exemple). Ce qui signifie, en d'autres termes, que la rigoureuse cohérence sémantique dont font montre les textes de Gabrielle Roy est atteinte en donnant au mot *plaine* un sémème supplémentaire, celui de *prairie* au sens de «steppes de l'Amérique du Nord». C'est cette structuration qui, d'une part, donne aux textes de Gabrielle Roy leur densité, leur précision et leur unité et, d'autre part, communique le plus efficacement au lecteur, l'amour de l'auteur pour les vastes étendues de l'Ouest canadien.

Fermons maintenant cette parenthèse néanmoins nécessaire et revenons à Maurice Genevoix et à *Éva Charlebois*. Le premier exemple sur lequel nous aimerions nous attarder concerne, comme dans l'œuvre de Gabrielle Roy précédemment citée, les lexèmes *prairie* et *plaine*. Soit les énoncés suivants (p. 41) : 1. Winnipeg, étalée tout à plat dans une plaine / 2. savanes immenses / 3. le ciel, la plaine étaient si vastes que les orages y semblaient perdus / 4. l'étendue / 5. surgie au hasard dans la plaine [...] une ville de planche et de tôle / 6. la prairie recommençait, immuable et verte dans l'immense cercle des horizons.

Le *Petit Robert* donne les définitions suivantes du mot *prairie* :

1. Surface couverte de plantes herbacées qui fournit du fourrage au bétail (synonyme : pré).
2. Les Prairies — vastes steppes de l'Amérique du Nord (Far West).

Et la définition suivante du mot *plaine* :

étendue de pays plat ou faiblement ondulé généralement assez vaste et moins élevé que les pays environnants (renvois : plaine steppique — v. steppe, pampa // plaine glacée — v. toundra).

L'examen de ces énoncés permet plusieurs constatations. Premièrement, les unités sémiques sont dominées par deux paradigmes de co-occurrence, le premier de la *vastitude*, le second de la *solitude*. Deuxièmement, les lexèmes *plaine* et *prairie* sont interchangeables, ce qui signifie que le texte donne au mot *plaine* le sémème supplémentaire de *prairie* au sens [2] de la définition du *Petit Robert*. Encore faut-il remarquer que la majuscule n'est jamais utilisée. Troisièmement, la présence du mot *savanes* (« association herbeuse des régions tropicales, vaste prairie pauvre en arbres et en fleurs, fréquentée par de nombreux animaux », selon le *Petit Robert*) pose un problème de classement et de cohérence. En effet, en acquérant le sémème supplémentaire de « vastes steppes de l'Amérique du Nord » qui est propre au mot *prairie*, le mot *plaine*, dont les renvois sont « plaine steppique » et « plaine glacée », contribue à l'établissement d'une structuration sémantique cohérente. Or si la définition de *savane* renvoie à une « vaste prairie », l'élément fondamental de la savane est sa spécificité tropicale. La cohérence sémantique se trouve donc détruite par l'intrusion de ce seul lexème.

Certes, Gabrielle Roy utilise, elle aussi, le terme *savane*. Mais encore ne l'emploie-t-elle que rarement (sept fois au singulier et quatre fois au pluriel dans toute son œuvre manitobaine) et, contrairement à Genevoix, que dans un contexte sémantique très particulier qui ne renvoie aucunement à la Prairie ou aux vastes plaines, mais à des « terres mauvaises » (*Rue Deschambault*, p. 142), à la « savane du Nord » manitobain (*Fragiles Lumières de la terre*, p. 112), correspondant à l'acception strictement canadienne du terme *savane* : « terrain marécageux humide » (*Dictionnaire du français plus*).

À ce troisième élément, nous pourrions en ajouter un quatrième qui, lui, concerne l'emploi des opérateurs. Dans l'exemple 1, l'utilisation de l'article indéfini *une* confère au mot *plaine* un sens différent de *plaine* tel qu'utilisé avec un article défini, dans les exemples 3 et 5. Dans le premier cas (exemple 1), *plaine* correspond à la définition du *Petit Robert*, alors que dans l'autre cas (exemples 3 et 5), *plaine* est nanti d'un sémème supplémentaire, celui de *prairie* au sens [2] de la définition du *Petit Robert*.

Le deuxième et dernier exemple que nous voudrions citer concerne la description des Rocheuses. Soit les énoncés suivants :

1. roches colossales
2. l'énormité de ces murailles
3. la façon dont elles se haussaient, grandissaient
4. les dentelures des cimes immaculées
5. une frange aiguë, éblouissante, qui déroulait dans la lumière sa pureté blanche
6. le déroulement des chaînes enneigées
7. splendeurs sauvages
8. le sortilège des Rocheuses
9. la magie des Rocheuses
10. la ronde calotte neigeuse dont le dôme, dès quatre heures du soir, allongeait son ombre énorme sur la station et la rivière
11. les grands monts debout dans le ciel
12. la dent aiguë de Field et son épaule immaculée
13. les dominant tous de son dôme blanc [...] le « vieux Stephen », souverain de la vallée
14. les monts énormes
15. leurs flancs
16. [le] flanc des murailles rocheuses
17. mur monstrueux
18. une chaîne de monts entièrement neigeux soulevait ses dômes et ses pointes
19. [les] grands monts [...] leurs silhouettes énormes, la dent aiguë de Field, le dôme du vieux Stephen

Contrairement au précédent (*plaine/prairie*), ce relevé montre une indéniable structuration sémantique. Plusieurs paradigmes de co-occurrence se distinguent immédiatement : la *verticalité* (1, 2, 3, 4, 5, 11, 13, 17, 18, 19), le *monumental* et le *gigantesque* (1, 2, 10, 11, 14, 17, 19), la *blancheur* (4, 5, 6, 10, 12, 13, 18), la *personnification* (3, 10, 11, 12, 13, 15, 16, 18, 19) et, enfin, la *magie* (7, 8, 9). Dans la caractérisation des Rocheuses, contrairement à celle des prairies, le texte de Genevoix fait montre d'une structuration rigoureuse. Est-ce à dire que l'auteur a été plus frappé par les montagnes ? Ou bien est-ce parce qu'il y a passé davantage de temps ? Ou est-ce parce que les montagnes ne peuvent en aucun cas rappeler la Sologne contrairement à une rivière, par exemple ?

Conclusion

Genevoix lui-même, dans *Trente mille jours*, laisserait entendre que la facture des évocations et des descriptions pour lesquelles il fut célébré, à juste titre, découlerait d'un choix esthétique plutôt que d'un attachement à la réalité décrite. Afin d'illustrer son propos, Genevoix raconte une anecdote au sujet des peintres Vlaminck et Derain :

> Au temps de leur jeune amitié, Derain et lui [Vlaminck] peignaient côte à côte, jugeaient réciproquement leurs toiles et ne ménageaient pas leurs mots. Ainsi lors d'un voyage commun dans le Midi : « C'est bien, très bien, dit Vlaminck devant un Derain frais éclos. Mais curieusement, mon vieux, on dirait que tu peins pour les futurs musées de province. » Et Derain, juge à son tour devant un fulgurant Vlaminck : « C'est bien, très bien, mon bonhomme. Mais c'est curieux : tu viens travailler dans le Midi, et tu attends pour peindre que ça ressemble à Chaton [près de Paris où les deux peintres habitaient][16] ».

Et Genevoix d'ajouter alors :

> Grand voyageur sur le tard, ma quarantième année révolue, d'Israël au Mexique, du Canada au Nigéria, ai-je attendu pour écrire « que ça ressemble aux Vernelles [en Sologne] » ? J'espère que oui, au sens où l'entendait Derain[17].

L'écriture de Genevoix participerait donc d'un choix esthétique. La représentation, l'effet de sens « réalité » seraient moins sa préoccupation fondamentale que la conscience d'une esthétique qui transcenderait les frontières, les spécificités d'un paysage, les particularismes régionaux pour tendre vers l'universalisme. Pour Genevoix, l'évocation d'un paysage est avant tout symbolique, symbolique d'une certaine idée du monde, d'un monde avant que l'homme ne le pollue, ne l'endommage, ne le détruise. C'est ainsi que Gérard Spiteri a pu qualifier Genevoix de « romancier écologique[18] ».

Par conséquent, si Maurice Genevoix tend parfois à sombrer dans les lieux communs lorsqu'il évoque les vastes espaces de l'Ouest canadien, ses descriptions des Rocheuses attestent de sa vision universelle d'une planète où la nature est, en fin de compte, ce qui sauvegarde l'authenticité humaine.

BIBLIOGRAPHIE

BONNEFOY, C., T. CARTANO et D. OSTER, *Dictionnaire de la littérature française contemporaine*, Paris, Éditions universitaires Jean-Pierre Delarge, 1977.

GENEVOIX, Maurice, *Canada*, Paris, Flammarion, 1943.

———, *Éva Charlebois*, Québec, Flammarion, édition spéciale, 1981.

———, *Laframboise et Bellehumeur*, Montréal, Éditions de l'Arbre, 1943.

———, *Raboliot*, Paris, Grasset, 1925 (Livre de Poche, 1971).

———, *Trente mille jours*, Paris, Seuil, 1980.

GREIMAS, A.J., *Sémantique structurale*, Paris, Larousse, 1966.

GREIMAS, A.J. et J. COURTÉS, *Sémiotique — Dictionnaire raisonné de la théorie du langage*, Paris, Hachette, 1979.

GROULX, Lionel, *L'Appel de la race*, Montréal, Fides, 1956.

MOCQUAIS, Pierre-Yves, «La Prairie et son traitement dans les œuvres de Gabrielle Roy et Sinclair Ross», dans *La langue, la culture et la société des francophones de l'Ouest*, Regina, Centre d'études bilingues, Université de Regina, 1984, p. 151-168.

———, «Structuration sémantique dans l'œuvre de Gabrielle Roy — l'exemple des lexèmes "prairie" et "plaine"» (article à paraître).

ROY, Gabrielle, *Fragiles Lumières de la terre*, Montréal, Quinze, 1978.

———, *La Montagne secrète*, Montréal, Beauchemin, 1962.

———, *La Petite Poule d'eau*, Montréal, Beauchemin, 1960.

———, *La Route d'Altamont*, Montréal, HMH, coll. «l'Arbre», 1969.

———, *Rue Deschambault*, Montréal, Stanké, coll. «10/10», 1980.

———, *Un Jardin au bout du monde et autres nouvelles*, Montréal, Beauchemin, 1975.

NOTES

1. *Trente mille jours*, p. 242.

2. *Canada*, p. 5.

3. *Canada*, p. 191-193.

4. Gérard Spiteri, article sur Maurice Genevoix, *Dictionnaire de littérature française contemporaine*, p. 156.

5. *Ibid.*

6. «On entend par ancrage historique la mise en place, lors de l'instance de la figurativisation du discours, d'un ensemble d'indices spatio-temporels et, plus particulièrement, de toponymes et de chrononymes, visant à constituer le simulacre d'un référent externe et à produire l'effet de sens "réalité"» (Greimas et Courtés, *Sémiotique — Dictionnaire raisonné de la théorie du langage*, p. 15).

7. Si la catégorie des embrayeurs nous intéresse ici, c'est parce que, «à l'inverse du débrayage qui est l'expulsion hors de l'instance de l'énonciation, des termes catégoriels servant de support à l'énoncé, l'embrayage désigne l'effet de retour à l'énonciation, produit par la suspension de l'opposition entre certains termes des catégories de la personne et/ou de l'espace et/ou du temps, ainsi que par la dénégation de l'instance de l'énoncé» (*ibid.* p. 119). En d'autres termes, si le «débrayage [...] a pour effet de référentialiser l'instance à partir de laquelle il est opéré» (*ibid.* p. 121), l'embrayage représente une tension vers «l'effacement de toute trace du discours» (*ibid.*, p. 119), l'embrayage «produit une dé-référentialisation de l'énoncé qu'il affecte: ainsi la description de la nature se transforme en "état d'âme" [...] cesse d'être une suite d'"événements" pour devenir une organisation figurative de "souvenirs"...» (*ibid.*, p. 121).

8. «Les toponymes, comme désignation des espaces par des noms propres, font partie de la sous-composante onomastique de la figurativisation. Joints aux anthroponymes et aux chrononymes, ils permettent un ancrage historique visant à constituer le simulacre d'un référent

externe et à produire l'effet de sens "réalité". » (*Ibid.*, p. 397)

9. «... le terme de chrononyme [désigne] les durées dénommées (telles que "journée", "printemps", "promenade", etc.)... » (*Ibid.*, p. 37)

10. « Les anthroponymes — en tant que dénominations d'acteurs par des noms propres — font partie de la sous-composante onomastique de la figurativisation. » (*Ibid.*, p. 16)

11. La pagination entre parenthèses renvoie à *Éva Charlebois*.

12. Les renvois aux deux ouvrages se distinguent par les initiales soulignées des deux romans, suivies du numéro de la page : *É.C.* pour *Éva Charlebois* et *R.R.* pour *Rémi des Rauches*.

13. Voir *Sémantique structurale*, p. 141-171.

14. *Ibid.*, p. 158-171.

15. Voir Mocquais, « La prairie et son traitement dans les œuvres de Gabrielle Roy et Sinclair Ross » et « Structuration sémantique dans l'œuvre de Gabrielle Roy — l'exemple des lexèmes "prairie" et "plaine" ».

16. *Trente mille jours*, p. 242.

17. *Id.*

18. *Dictionnaire de la littérature française contemporaine*, p. 156.

DANS *LA DÉTRESSE ET L'ENCHANTEMENT* DE GABRIELLE ROY, LA CHAMBRE EST UN ESPACE D'INTÉGRATION PSYCHIQUE

Marie-Linda Lord
Université de Moncton[1]

Dans *La Détresse et l'Enchantement*, Gabrielle Roy trace le cheminement initiatique qui l'a menée à la carrière d'écrivaine. Le lecteur de *La Détresse et l'Enchantement* devient ainsi un témoin d'une double quête d'identité : Gabrielle Roy autobiographe qui fouille et dévoile son passé par bribes pour dire le vécu qui a prédestiné Gabrielle Roy, jeune fille et jeune femme, vers la réalisation de son identité par l'écriture. D'une part, le lecteur fait connaissance avec Gabrielle Roy, pendant la période de sa jeunesse, à travers les souvenirs évoqués par celle qui est devenue l'écrivaine. D'autre part, le lecteur fait connaissance avec Gabrielle Roy autobiographe à travers le texte écrit pour lui[2].

Or c'est justement ce texte écrit pour le lecteur qui nous intéresse. Pour réaliser notre lecture herméneutique, nous nous appuierons sur le principe élaboré par Philippe Lejeune, à savoir que «l'autobiographie se présente d'abord comme un texte littéraire[3]» destiné à la lecture, puisque le but de l'autobiographie est «non de dire ce qu'on sait déjà — mais d'inventer, de trouver la vérité sur soi, — ce qui est moins simple que d'égrener de gentils souvenirs[4]». Étant donné que le texte autobiographique est destiné au lecteur, c'est à lui que revient la tâche d'achever ce que Lejeune appelle «l'acte de connaissance[5]» de l'auteure afin de voir clair au-delà de la vérité historique et de capter la vérité intérieure transmise par la narratrice-personnage.

Il importe que le lecteur reconnaisse le caractère paradoxal de l'autobiographie en ce sens que «l'autobiographie doit exécuter ce projet d'une impossible sincérité en se servant de tous les instruments de la fiction[6]». Ainsi pour voir clair au-delà de la vérité historique et détecter la vérité intérieure du texte, le lecteur doit identifier des matériaux d'interprétation analytique que lui fournit l'écrivain autobiographe. Parmi ces matériaux, il dispose de ceux que privilégie la mémoire : «l'autobiographie comporte d'abord une très empirique phénoménologie de la mémoire[7].»

Au sujet de la mémoire, Françoise Van Roey-Roux explique qu'elle «interprète le souvenir qui lui est fourni, lui donne un rôle à jouer dans le fil de l'existence[8]». À la lumière d'un tel énoncé, nous jugeons intéressant et pertinent de regarder de plus près la récurrence de la chambre dans *La Détresse et l'Enchantement* et de voir quel rôle cet espace intime joue dans l'autobiographie de Gabrielle Roy. En nous attardant à la chambre en tant que matériau d'interprétation analytique fourni par l'autobiographe, il nous sera possible de déterminer les fonctions sémantiques de ce matériau à l'intérieur du texte et d'explorer l'apport de cet espace qu'est la chambre dans le récit. Nous verrons ainsi comment la chambre en tant qu'espace possède des fonctions sémantiques différentes selon les trois points de vue de l'autobiographe: l'auteure, la narratrice et le personnage.

Gabrielle Roy, l'auteure: ses chambres et la découverte d'elle-même

Dans *La Détresse et l'Enchantement*, Gabrielle Roy, jeune fille et jeune femme, est à la recherche d'elle-même. À la lumière de ce que l'auteure dévoile, il est facile de constater que plusieurs événements marquants de cette époque de sa vie sont survenus dans une chambre. Cette époque couvre deux périodes temporellement inégales: ses années d'enseignement au Manitoba et ses «vacances» européennes qui se terminent avec son installation à Montréal. Tout en racontant ces deux périodes, Gabrielle Roy évoque le souvenir de dix-sept chambres qu'elle a appelées «ma chambre». À chacune d'elles, il est possible de rattacher une pensée ou une expérience déterminante pour l'auteure.

Lorsque Gabrielle Roy fait allusion aux chambres qu'elle a occupées, elle réalise deux choses. D'une part, elle concrétise l'existence des chambres en donnant leur emplacement géographique soit par le nom de la localité, de la rue ou encore du propriétaire («Au début de septembre, j'étais de retour à Saint-Boniface où j'avais pris chambre et pension pour quelques jours chez des demoiselles Muller[9]»). Gabrielle Roy, en tant qu'auteure, accorde ainsi de l'importance à la connotation de «réel» et de «véracité» attribuée à son récit autobiographique.

D'autre part, elle évoque un souvenir qui correspond à un moment marquant ou à une étape de sa vie; plus d'une fois, il s'agit d'une étape psychologique qui s'est imprégnée dans sa mémoire. La chambre de l'hôtel à Marchand est liée à son premier poste d'enseignante qu'elle avait obtenu sitôt son diplôme obtenu. Le grenier de la maison familiale, rue Deschambault, est le «refuge» qu'elle avait réintégré à l'âge de 22 ans; là, elle griffonne des pages et dactylographie ses textes pour la première fois. La chambre de la Lily Road à Londres lui rappelle son premier amour. La chambre à Matravers Cottage a été pour elle, une oasis heureuse: «Nous arrivâmes au plus charmant cottage que je pense avoir vu en Angleterre. C'est une des rares habitations [...] où je m'imaginai, dès que je les aperçus, que je pourrais y vivre toute ma vie sans désirer aller jamais chercher mieux ailleurs» (p. 441). C'est dans la chambre à Perpignan, en France, qu'elle écrit ses premières pages dictées par l'indignation. Enfin, c'est dans la chambre de la rue Stanley, à Montréal, que Gabrielle Roy décide de ne pas retourner au Manitoba, de ne pas aller retrouver sa mère, et qu'elle choisit plutôt d'écrire pour vivre. Les dix-sept chambres dont elle parle contribuent à confirmer le cheminement initiatique qui a été le sien. L'évocation des chambres permet la reconstitution ni plus ni moins de son itinéraire de Saint-Boniface à Montréal.

Un point commun ressort de toutes ses chambres; Gabrielle Roy est alors en quête de bonheur. Or ce n'est pas toujours des moments heureux qu'elle vit dans ses chambres; mais peu importe ce qui lui arrive, tout est inédit et cela se répercute sur son être et atteint sa conscience, la rapprochant toujours de son être fondamental. Ainsi, la jeune femme que fait revivre Gabrielle Roy éprouve des mouvements intérieurs, et elle les double d'une évocation spatiale qui correspond à une réalité qu'elle a connue : ses chambres. De plus, les changements de lieux dont elle nous fait part coïncident généralement avec des temps forts de son évolution psychologique. Dans ce contexte, il est possible d'affirmer, comme l'ont fait Roland Bourneuf et Réal Ouellet au sujet de l'espace dans le roman, que dans *La Détresse et l'Enchantement*, « l'espace est solidaire des autres éléments constitutifs[10]» de l'autobiographie.

Gabrielle Roy, la narratrice : ses chambres et le discours descriptif phénoménologique

Dans *La Détresse et l'Enchantement*, les brèves allusions aux chambres ne sont que des fragments dans l'ensemble du récit. Les quelques énoncés descriptifs relatifs aux chambres viennent plutôt ajouter des détails pertinents pour matérialiser un état d'âme du personnage que pour décrire simplement un espace physique. Ainsi, par le discours descriptif de la narratrice, les chambres deviennent ni plus ni moins un objet phénoménologique du personnage parce qu'il y a « interaction entre objet et sujet, qui [...] implique une certaine forme d'échange entre intérieur et extérieur[11] ». En d'autres termes, pour mieux saisir le sens de la description des chambres de Gabrielle Roy, il est approprié de porter notre attention sur le contexte des fragments descriptifs des chambres.

Dans le cas de la chambre à Marchand, il y a justement tout un contexte qui donne une plus grande portée à la description de la pièce. Un seul paragraphe est consacré à la chambre, alors que la narration de l'épisode de Marchand remplit un peu plus de deux pages dans le livre. Dans l'énoncé descriptif de la chambre, cette dernière est qualifiée de « petite, presque nue, mais propre ». « Une nette petite cellule de prison. » Le lit de fer est « étroit ». Le couvre-pied est « blanc ennuyeux ». De l'autre côté de la fenêtre, le paysage est « mort ». Les arbres sont « isolés ou en minces groupes mais tous sont pétrifiés comme par une inexplicable attente ». Le vent semble ne pas oser « franchir une mystérieuse frontière invisible » entourant le village. « Et à l'intérieur, tout [est] comme sous le coup d'un affreux malaise » (p. 109).

Avant de décrire sa chambre, Gabrielle Roy raconte son arrivée à Marchand de façon à préparer le lecteur à la description de la chambre d'hôtel. Les cabanes en bois sont «misérables», les touffes d'épinettes sont «maigriottes», le décor est «abandonné», le *je* narrateur affirme être loin, «saisie d'effroi et s'ennuyant déjà de la maison». De plus, à la suite du contact plutôt froid avec l'hôtelière, «la terrible femme», elle se sent encore plus seule. Après avoir parcouru l'énoncé descriptif de la chambre, le lecteur apprend que sauf dans la «grande cuisine claire» de «ce bizarre hôtel», les stores sont «tristement abaissés», et que l'hôtel est ainsi «tenu dans une ombre épaisse». La patronne et ses enfants «ne font pas plus de cas d'[elle] que d'une inconnue dont on ignorait et ignorerait toujours pourquoi elle était ici» (p. 108). Gabrielle Roy écrit: «Le silence autour de moi était d'une pesanteur qui m'étreignit lourdement le cœur. Il s'en prenait, me sembla-t-il, jusqu'à mes pensées qu'il effrayait et empêchait de se former» (p. 110). Dans cet exemple, il y a certes ce que Philippe Hamon appelle un sens anthropologique au discours descriptif, c'est-à-dire que «le milieu influe sur le personnage», le «motive dans son action, le pousse à agir. Décrire le milieu, c'est décrire l'avenir du personnage[12].» Avenir du personnage, faut-il le préciser, qui est devenu le passé de l'auteure dans le cas qui nous intéresse.

Le discours descriptif phénoménologique est également observable dans le cas de la chambre de la rue Wickendon à Londres. Avant de parler de la chambre, la narratrice nous dit qu'elle est «encore toute secouée par un mal de mer atroce» et que «Londres est envahi par le pire fog qui s'était vu depuis des années» (p. 301). Une fois rendue dans «sa» chambre, Gabrielle Roy se sent «séquestrée». L'«unique fenêtre» est bouchée par un «monstrueux brouillard» qui «arrête complètement la vue». Elle se sent «transie» et le feu de gaz ne réussit pas à la réchauffer. Autour d'elle, «le silence est affolant». «Ai-je jamais connu maison plus affreusement silencieuse? Rien en dehors!» (p. 303) Quelques phrases plus loin, Gabrielle Roy raconte qu'elle se prépare du thé et qu'elle espère «que la bouilloire chante, signe en ce pays de bonheur à venir» (p. 303). La narration de cet épisode se termine avec des propos similaires à ceux de l'exemple précédent:

> Mes pensées n'allaient pas plus loin. Bientôt il cessa complètement, je pense, de m'en venir. Car il m'est arrivé dans un isolement trop complet, cernée de trop de silence, de n'avoir même plus le sentiment de penser, comme si le pauvre mécanisme de la pensée — qui est quand même toujours un appel aux autres — s'était bloqué quelque part en moi. (p. 304)

Mais pour dire ce silence, Gabrielle Roy a recours à ce que Béatrice Didier appelle des «procédés mêmes de l'écriture [soit] le recours à l'image. La comparaison pourra donner une idée de ce qui ne peut être dit[13].» Alors seule dans sa chambre, entourée de silence, elle s'imagine sur une île. «Je me fis l'effet d'un être humain seul dans sa petite île au milieu d'une mer blanche, qui n'avait elle-même plus aucun souvenir de rivages connus»

(p. 303). Le silence qu'elle veut nous communiquer prend, avec cette métaphore, une autre densité que peut saisir le lecteur.

Gabrielle Roy reconnaît l'influence que sa vie intérieure et son habitat ont l'un sur l'autre. Au sujet de sa chambre de Lily Road, elle écrit : « J'avais fini par prendre en grippe ma petite chambre que j'avais trouvée apaisante au moment où j'étais moi-même à peu près paisible » (p. 363). Après avoir goûté aux douceurs de l'amour dans cette chambre, elle y vit difficilement les moments douloureux. Sa chambre devient ni plus ni moins ce que Gilbert Durand appelle un espace psychologique dont la mémoire de l'autobiographe « arrange esthétiquement le souvenir[14] ».

Lorsque Gabrielle Roy revient à Londres vivre dans le quartier de Chiswick, elle tombe malade. Dans la narration de cet épisode, elle se pose d'abord une question avant d'émettre un commentaire sur sa chambre : « Était-ce de vraie maladie ou de renoncement à tant d'efforts qui semblaient ne me mener nulle part? Sans doute les deux à la fois » (p. 453). Même si elle affirme dans le même énoncé qu'elle « aurait pu rire parfois au spectacle de sa propre vie », elle conclut en se qualifiant d'« abandonnée à elle-même dans une chambre glaciale ». Le discours descriptif phénoménologique correspond à ce que Jean-Pierre Richard appelle « l'expression d'une certaine manière personnelle d'être au monde[15] ». Gabrielle Roy répond à une motivation plus ou moins consciente de projection/introjection en combinant son état d'âme à ce que Richard nomme « l'éprouvé sensoriel ». Or comme le « corps écrivant est à la fois corps percevant et corps désirant[16] », il en résulte une autre motivation à laquelle n'échappe pas Gabrielle Roy ; il s'agit de « l'épreuve pulsionnelle » qui rejoint l'inconscient. Il revient donc au lecteur de s'approprier le texte et de l'explorer pour y déceler un contenu refoulé.

Gabrielle Roy, le personnage : au-delà de ses chambres

Devant la récurrence des chambres dans *La Détresse et l'Enchantement*, il est possible de repérer des symptômes répétés et de dévoiler un sens caché au texte. Selon Lejeune, la psychanalyse peut s'avérer utile pour le lecteur : « [...] ce n'est point parce qu'elle explique l'individu à la lumière de son histoire et de son enfance, mais parce qu'elle saisit cette histoire dans son discours et qu'elle fait de l'*énonciation* le lieu de sa recherche[17]. »

Dans le récit de Gabrielle Roy, les chambres où elle loge représentent une miniaturisation de la maison puisque toutes ses chambres deviennent son chez-elle. Il est donc opportun de transposer la signification symbolique de la maison à la chambre, sans négliger la nature plus intime de cette dernière d'après le fonctionnement de l'emboîtement. Toutes deux, maison et chambre, sont d'essence féminine et rejoignent « le sens de refuge, de mère, de protection, de sein maternel[18] ». Dans toutes les maisons que Gabrielle Roy habite, y compris celle de ses parents, sa chambre devient rien de moins que SON espace intime.

C'est dans la solitude apaisante que lui procurent certaines chambres que Gabrielle Roy écrit. Sans en prendre pleinement conscience peut-être, elle se révèle elle-même. «Dans la petite chambre de façade au troisième» (p. 136), rue Deschambault, elle s'isole soir après soir dans son «refuge tant aimé lorsqu'[elle] était enfant» (p. 136), «ma petite chambre du grenier où m'avaient visitée mes premiers songes — dont je sais maintenant qu'ils étaient assez riches et flous pour alimenter une vie entière» (p. 136). Là, elle griffonne des pages — activité qui faisait peut-être un peu peur à sa mère. Gabrielle Roy s'interroge aussi sur cette écriture :

> Provenait-elle d'un moi non encore né, à qui je n'aurais accès de long-temps encore, qui, de très loin dans l'avenir, consentait seulement de temps à autre à m'indiquer brièvement la route par un signe fugitif? Je perdais patience. Je descendais de mon perchoir. Maman, soulagée, me voyait partir, ma raquette de tennis sous le bras, ou gagner la ruelle où j'enfour-chais ma bicyclette pour m'en aller toujours — n'était-ce pas en soi un curieux indice? (p. 137)

Gabrielle Roy doit s'éloigner de sa mère pour faire éclore le grain qui germe en elle, pour permettre la réalisation de son identité par l'écriture. La première fois qu'elle part seule pour aller enseigner à Marchand, elle est consciente de la douleur que ressent sa mère de la voir partir de la maison. Même scénario au moment de son départ pour l'Europe. Sur le quai de la gare, elle voit «le petit visage défait de [sa] mère» qui est empreint de chagrin :

> Elle me suivait de ses yeux éteints comme s'ils n'allaient cependant jamais me perdre — où j'irais — au bout de leur regard. L'expression m'en devient insoutenable. J'y voyais trop bien qu'elle voyait que je ne reviendrais pas. Que le sort aujourd'hui me happait pour une tout autre vie. Le cœur me manqua. Car j'y saisis, tout au fond, que je ne partais pas pour la venger, comme j'avais tellement aimé le croire, mais mon Dieu, n'était-ce pas plutôt pour la perdre enfin de vue? Elle et ses malheurs pressés autour d'elle, sous sa garde! (p. 242)

Même si Gabrielle Roy s'éloigne physiquement de sa mère, mentalement, elle ne peut la chasser de sa pensée.

Lorsqu'elle est chez des étrangers, Gabrielle Roy se sent bien quand elle y ressent de la chaleur humaine, un sentiment de sécurité et même de l'affec-tion «maternelle». Toutes ces qualités sont intrinsèques à l'image de la mère: «La mère, c'est la sécurité de l'abri, de la chaleur, de la tendresse et de la nourriture, c'est aussi, en revanche, le risque d'oppression par l'étroitesse du milieu et d'étouffement par une prolongation excessive de la fonction de nourrice et de guide[19].»

Le premier matin à Century Cottage, Gabrielle Roy s'éveille l'âme en paix parce qu'elle ressent le calme et la sérénité des lieux. Dans sa chambre, elle goûte aux douceurs maternelles tout en «naissant à sa destination», à son identité propre; elle découvre en elle le vif désir d'écrire. L'énoncé descriptif qui relate la première fois qu'elle se rend à sa chambre regorge de signifiants symboliques. Pour atteindre sa chambre, elle monte un «escalier un peu raide»; elle effectue une ascension vers le savoir. «La porte s'ouvrit» concrétise son passage entre deux états. «Ah! l'avenante chambre de campagne», avenante est aussi le qualificatif qu'elle utilise pour désigner la maison familiale de la rue Deschambault. «Son grand lit de cuivre» évoque un lieu ouvert dans lequel la parole, représentée par le cuivre, sera régénérée. «L'âtre, sous un manteau de cheminée garni de petites photos anciennes [...] puis d'innombrables keepsakes» (p. 380) confirme la chaleur familiale qu'y trouve Gabrielle Roy. Le feu brûle dans l'âtre; la cheminée est la voie par où s'échappe la fumée des flammes, à l'image d'une élévation de l'esprit. Les fenêtres du Century Cottage s'ouvrent sur un paysage qui l'inspire: «Deux hautes et grandes fenêtres qui donnaient sur les downs» (p. 380). Elle écrit ailleurs que la fenêtre est un «symbole d'ouverture et de libération» (p. 159). Ce décor bienfaisant est complété par la présence toute maternelle d'Esther et toute paternelle de Father Perfect. Tout comme une mère, Esther, qui interprète les variations dans le visage de Gabrielle Roy, l'entoure de ses bons soins, notamment en lui préparant de bons déjeuners et en lui prodiguant de bonnes paroles. Gabrielle Roy se sent bien à Century Cottage parce qu'elle est traitée et aimée comme si elle était de la famille. Elle s'y sent en sécurité et en paix...

Un scénario semblable se répète à la pension de Mouans-Sartou chez madame Viscardi. Gabrielle Roy en parle en termes de «nid douillet» sans oublier de mentionner la bonne table. Elle est «si heureuse». Dans l'énoncé descriptif de la chambre, des éléments symboliques reviennent: «un lit douillet, la chaleur d'un gros poêle et la sympathie aimable d'une demi-douzaine de pensionnaires sur-le-champ devenus pour nous une sorte de famille» (p. 474). Toujours cette chaleur humaine, la sécurité, la paix...

Dans la chambre de la rue Wickendon à Londres, c'est vraisemblablement le contraire qui lui arrive. Elle ne retrouve pas ces conditions favorables; elle est plutôt aux prises avec des sensations et des sentiments négatifs qui s'apparentent à ceux de l'oppression et de l'étouffement ressentis auprès de sa mère. Dans l'énoncé descriptif de la chambre, Gabrielle Roy y apparaît séquestrée; «la porte refermée» confine à l'isolation. «L'unique fenêtre» couverte de buée est bouchée à l'extérieur par le «monstrueux brouillard [qui] arrête complètement la vue» (p. 303). Le feu de gaz ne la réchauffe pas; pour en recevoir quelque chaleur, elle se brûle les mollets «alors que le dos [lui] gèle». Elle n'a pas d'interaction avec les autres locataires et sa relation avec la logeuse qui lui sert des déjeuners — qui lui «tournent le cœur rien qu'à l'odeur» — est distante et froide. Elle souffre de l'ennui et d'une «peine étrange sans nom qu'[elle] puisse lui donner.»

La chambre de la rue Stanley à Montréal est présentée négativement: «la plus misérable petite chambre qui se puisse trouver en dehors des prisons.

Elle est si étroite» (p. 500). Ce fragment d'énoncé descriptif de la chambre contient des similitudes avec la scène où sa mère lui dit au revoir : «la petite silhouette seule au milieu des êtres heureux. Je la vis serrer sur elle son manteau un peu étroit» (p. 242). «Le lit de fer et la commode de tôle grise» donnent à la chambre un caractère rébarbatif qui prédispose à vivre dans une sorte de demi-deuil. La fenêtre offre un spectacle qui n'invite pas nécessairement à la rêverie, mais qui convient à son état d'âme. Elle doit répondre à deux lettres dont une de sa mère qui attend son retour en promettant de ne pas être «trop possessive» et d'«apprendre à [la] laisser vivre à [sa] guise». Le miroir dont il est question pour une fois dans son histoire joue un rôle déterminant. En levant ses yeux sur le miroir, elle rencontre son double qui met à nu sa vérité. Ce n'est plus l'image de sa mère qui domine, mais la sienne. Elle y voit un «visage défiguré» qui est en fait son *moi* intime partiellement dénudé qu'elle regarde en face. Encore une fois, c'est installée sur son lit qu'elle rédige une lettre que sa mère lira avec appréhension. Elle écrit dans une chambre privée de tout attribut de douceur maternelle mais où son intimité la plus profonde occupe tout l'espace.

La chambre : espace d'intégration psychique

À l'instar du livre, la chambre est autobiographique. Elle est partie intégrante du récit avec toutes ses fonctions réelles et littéraires. Avec les renseignements et les clés que nous fournit Gabrielle Roy, tout à la fois auteure, narratrice et personnage, le lecteur peut transcender la chambre qui, de simple espace physique, devient espace psychique. Dès lors, on découvre, par le biais des chambres, des traits intérieurs de la personnalité de l'auteure. Ce qui ressort notamment, c'est l'image de la mère. La mère protectrice, la mère oppressive. Le contenu subliminal de son récit laisse filtrer fréquemment la culpabilité qu'elle ressent envers sa mère.

Gabrielle Roy parvient tout de même, grâce à son écriture, à surmonter la difficulté qu'elle éprouve à assumer son identité propre. Elle réussit à exprimer inconsciemment l'inavouable et l'ineffable. La chambre devient un espace d'intégration psychique où se loge son mythe personnel.

NOTES

1.   C'est avec une sincère gratitude que je tiens à remercier à titre posthume la professeure Lise Ouellet d'avoir lu et commenté le présent article avant qu'il ne soit soumis au comité de rédaction de cette revue. Son apport fut certes grandement apprécié.

2.   Philippe Lejeune écrit dans *L'Autobiographie en France* (Paris, Armand Colin, 1971) : «Auteur, l'autobiographe écrit pour un lecteur : il ne s'agit pas seulement de communiquer avec son passé, mais de se dévoiler à autrui» (p. 78).

3.   Philippe Lejeune, *Le Pacte autobiographique*, Paris, Seuil, 1975, p. 7.

4.   Philippe Lejeune, *L'Autobiographie en France, op. cit.*, p. 8.

5.   *Ibid.*, p. 85.

6.   *Ibid.*, p. 28.

7.   *Ibid.*, p. 76.

8.   Françoise Van Roey-Roux, *La Littérature intime du Québec*, Montréal, Boréal Express, 1983, p. 10.

9.   Gabrielle Roy, *La Détresse et l'Enchantement*, Montréal, Boréal compact, 1988, p. 231.

10.   Roland Bourneuf et Réal Ouellet, *L'Univers du roman*, Paris, PUF, 1972, p. 100.

11.   Michel Collot, «Thématique et psychanalyse», dans *Territoires de l'imaginaire*, textes réunis par Jean-Claude Mathieu, Paris, Seuil, 1986, p. 217.

12.   Philippe Hamon, *Introduction à l'analyse du descriptif*, Paris, Hachette, 1981, p. 113.

13.   Béatrice Didier, «Les blancs de l'autobiographie», dans *Territoires de l'imaginaire, op. cit.*, p. 152.

14.   Gilbert Durand, *Les Structures anthropologiques de l'imaginaire*, Paris, Bordas, 1969, p. 466.

15.   Michel Collot, *loc. cit.*, p. 217.

16.   *Ibid.*, p. 219.

17.   Philippe Lejeune, *Le Pacte autobiographique, op. cit.*, p. 9.

18.   Jean Chevalier et Alain Gheerbrant, *Dictionnaire des symboles*, Paris, Robert Laffont, 1982, p. 604.

19.   *Ibid.*, p. 625.

LES PROBLÈMES DE LA TRADUCTION
EN MILIEU MINORITAIRE:
LE CAS DU MANITOBA

Louise Larivière
Université de Montréal

Le fait qu'il existe un lien nécessaire entre la langue et la communication nous permet-il de conclure que la langue est le lieu privilégié de la communication? Pas nécessairement; car, sous certains aspects, elle ne l'est pas. D'après Pergnier (1980, p. 282-284)[1], la multiplicité des langues, d'une part, et le fait qu'il n'y ait aucune langue qui ne soit totalement universelle, d'autre part, nuisent à la communication entre les personnes. Il s'ensuit que la langue, tout en voulant servir à la communication, paradoxalement, lui fait obstacle. C'est sur cette « non-communication » que se fonde alors « toute la problématique de la traduction » qui sert d'interface entre un message donné et deux (ou plusieurs) systèmes linguistiques. La traduction devient ainsi l'*instrument privilégié de la communication linguistique* parce qu'elle nous permet d'*accéder à de l'information* inaccessible autrement et d'*échanger* avec des gens de langue(s) et de culture(s) différentes.

En médiatisant ainsi la communication, la traduction se voit investie d'un certain rôle social défini par la sociolinguistique[2], science dont le but est d'étudier la langue comme moyen de communication entre les personnes et les communautés (Pergnier, 1977, p. 202)[3]. Ce rôle peut se manifester sous diverses formes selon le milieu dans lequel s'exerce la traduction et même acquérir de nouvelles dimensions. Qu'en est-il, justement, des rôles dévolus à la traduction en milieu minoritaire, en l'occurrence dans les provinces canadiennes où l'anglais, langue de départ, est la langue de la majorité et le français, langue d'arrivée, la langue de la minorité (non dominante, il va sans dire, ce qui exclut d'emblée le Québec)?

Cette question ne peut qu'en soulever d'autres (de « mauvaises langues » diront qu'elle « adresse d'autres *issues* »), par exemple : Quel est l'impact réel de la traduction sur la langue d'arrivée? Contribue-t-elle vraiment à sa qualité, à son évolution? Que nous révèle-t-elle de cette langue? Par ailleurs, quels écueils la traduction rencontre-t-elle? Quel degré de résistance lui oppose-t-on? Ce sont ces questions auxquelles nous tenterons de répondre dans cet article en décrivant, d'abord, quels sont les rôles que la traduction est appelée à jouer, en précisant, ensuite, les raisons pour lesquelles l'absence de certains modèles linguistiques, au sein des communautés minoritaires francophones, accentue « le caractère éminemment sociolinguistique de la traduction au Canada » (Juhel, 1984, p. 198) et en remettant, finalement, en question la pratique de la traduction à la lumière des effets qu'elle peut avoir sur ses adeptes et du maniement qu'en font ceux et celles qui ont à en assumer la tâche : les traducteurs et les traductrices.

Les rôles de la traduction en milieu minoritaire

Dans un pays comme le Canada où règne le bilinguisme institutionnel, la traduction, selon Juhel (1982, p. 60, et 1984, p. 199), se distingue par son caractère fonctionnel qui se subdivise en trois composantes : la fonction utilitaire (pour suppléer au manque de textes originaux écrits en français), la fonction politique et institutionnelle (pour suppléer au petit nombre de rédacteurs francophones chez les cadres supérieurs) ainsi que la fonction dissimilatrice (pour promouvoir l'usage et la qualité du français au sein de la population francophone). Cette triple fonction de la traduction est surtout envisagée, par l'auteur, d'un point de vue québécois et ne s'applique qu'en partie à la francophonie minoritaire hors Québec.

Le rôle de la traduction en milieu minoritaire, comme au Manitoba[4], n'est pas tant de faire accéder les francophones à une information donnée puisque ces derniers ont accès à cette information en anglais, une langue qu'ils comprennent en général. D'ailleurs, il arrive que certains de ces francophones préfèrent lire le texte anglais plutôt que de recourir à sa traduction française qui leur fait problème car, souvent, ils ignorent le vocabulaire qui y est utilisé, ayant toujours été mis, par la force des choses, en contact avec l'anglais.

Ainsi la traduction n'a donc pas pour rôle premier d'assurer la communication, mais de garantir aux francophones le *droit* à une information dans leur langue. Ce droit, au Manitoba, découle d'une obligation constitutionnelle, tout comme au palier fédéral, à la suite de divers jugements rendus par la Cour suprême du Canada[5]. Elle découle aussi d'une certaine obligation « morale » depuis que le gouvernement conservateur a déposé, à la législature du Manitoba, le 6 novembre 1989, un énoncé de politique en matière de services en langue française (Manitoba [Province], 1989).

On ne pourrait, toutefois, aller jusqu'à dire que la traduction au Manitoba, tout comme au niveau fédéral, est un « outil de promotion » des langues officielles (Landry, 1989, p. 19). On peut affirmer, cependant, qu'en plus de son rôle politique et institutionnel, la traduction a un rôle sociolinguistique à jouer auprès des minorités francophones en intervenant dans leurs habitudes langagières pour maintenir ou instaurer un français hautement compromis. Son action ne s'exerce donc pas au niveau du message, mais à l'ensemble de toute la langue afin de « redonner au français une qualité et un caractère authentique essentiels à la survie de la francophonie nord-américaine » (Juhel, 1984, p. 198).

Plus concrètement, c'est un rôle didactique (pour ne pas dire missionnaire!) qui est dévolu aux traducteurs et aux traductrices dans l'exercice de leurs fonctions. Ce rôle de francisation consiste non seulement à « convertir » les anglicismes et les structures fautives, mais aussi à implanter une terminologie française propre aux différents secteurs d'activité, donc à « créer un usage », afin d'apprendre aux francophones « à énoncer en français ce qu'ils n'ont jamais dit qu'en anglais » (Juhel, 1984, p. 200). Bref, il s'agit de rendre la langue plus française en la débarrassant « des interférences linguistiques qui sont le lot des minorités bilingues » (Juhel, 1984, p. 197).

L'absence de modèles

Pourquoi ce rôle didactique de suppléance que sont appelés à jouer, en milieu minoritaire, les traducteurs et les traductrices est-il à ce point nécessaire? Il l'est, surtout, à cause de l'absence d'un milieu de vie entièrement francophone avec lequel les gens seraient en contact quotidien, soit un milieu dans lequel toutes les activités humaines (travail, études, loisirs, sports, bénévolat) s'exerceraient en français et dans lequel l'environnement linguistique (affichage commercial, médias écrits et électroniques) aurait un caractère français de même que l'environnement social (institutions, commerces et entreprises de services de tout genre)[6]. Donc, à moins de s'isoler, les francophones doivent assumer presque tout leur vécu quotidien en anglais, se trouvant, de ce fait, privés de modèles linguistiques français nécessaires à l'apprentissage et au maintien de leur langue.

L'*environnement visuel* constitue l'un de ces modèles linguistiques importants pour l'apprentissage de la langue maternelle (Salerno, 1990), en particulier tout type d'affichage, commercial ou autre, intérieur ou extérieur. Ainsi, lorsqu'on a l'habitude de passer tous les jours devant un magasin qui affiche LIBRAIRIE, on n'est pas tenté, par la suite, d'identifier ce commerce par *bookstore*. Le mot LIBRAIRIE s'impose d'emblée. De même, lorsque, dans la vitrine d'une charcuterie, on vous annonce des PÂTÉS DE SANGLIER et des CRETONS, ou lorsqu'à la cafétéria de l'université, on tente d'allécher la clientèle en inscrivant au menu POULET RÔTI AVEC SAUCE AIGRE-DOUCE, on assimile inconsciemment ces termes, facilement réutilisables, par la suite, au moment opportun.

Toutefois, lorsque l'environnement visuel est uniquement en anglais, il est impossible d'acquérir et de conserver une terminologie française appropriée. Des « trous » s'installent alors dans le bagage linguistique des sujets parlants qui sont obligés, bien souvent, pour combler ces manques, de recourir à l'emprunt direct, c'est-à-dire d'utiliser le terme anglais avec lequel ils ont l'habitude d'être en contact et qui s'impose tout naturellement.

L'absence de modèles ou de supports langagiers se manifeste également dans les *médias* (Larivière, 1991). Par exemple, en milieu minoritaire, les médias écrits sont quasi inexistants. Bien souvent, comme au Manitoba, il n'y a ni journaux quotidiens ni magazines grand public francophones, mais uniquement des hebdomadaires. Les quotidiens, comme leur nom l'indique, sont pourtant des véhicules par excellence du vécu linguistique d'un peuple, tant par ses manchettes, par ses reportages, par ses éditoriaux que par ses réclames publicitaires. Leur existence permettrait de maintenir le contact avec le français dans ce qu'il a de plus actualisé[7].

Quant à la radio et à la télévision, elles ont aussi leur rôle à jouer dans le maintien du français. Encore faut-il que, d'une part, le français y soit impeccable et que, d'autre part, les francophones soient des adeptes de la radio et de la télévision françaises. Ce qui est loin d'être toujours le cas[8]. On rétorque que les médias électroniques radio-canadiens (Radio-Canada est, la plupart du temps, le seul diffuseur en milieu minoritaire) n'offrent pas suffisamment de contenu régional ou que les émissions que l'on y présente rendent compte de valeurs et de réalités québécoises auxquelles les autres francophones n'adhèrent pas[9]. Il est, en effet, frustrant d'entendre commenter un film qui passe au cinéma Berri à Montréal alors que l'on habite Maillardville (Colombie-Britannique), Saint-Paul (Alberta), Gravelbourg (Saskatchewan) ou Lorette (Manitoba) et que l'on n'a ni la possibilité d'aller voir ce film ni de le voir venir chez soi; ou encore de se voir offrir les aubaines des Galeries d'Anjou ou des Habits Dorion (commerces situés dans la région de Montréal), ou d'autres produits et services auxquels on ne peut avoir accès. En revanche, l'argument d'identification en faveur de la préférence pour les émissions américaines ne tient pas, croyons-nous. En effet, que peuvent avoir en commun, par exemple, les magnats du pétrole de l'émission *Dallas* et la population franco-manitobaine? Le manque d'intérêt pour les émissions québécoises tient donc à d'autres facteurs dont nous laissons l'analyse aux sociologues.

Par ailleurs, il arrive que les médias accusent des lacunes d'un autre ordre : le français écrit et parlé n'est pas toujours impeccable. Il est délicat, cependant, de reprocher aux journalistes francophones certains écarts linguistiques, car ces derniers ont à travailler dans des conditions difficiles : échéances très brèves à respecter, accès à du matériel presque uniquement de langue anglaise (par exemple, les dépêches en provenance des agences de presse, les bulletins de météo et les informations régionales en provenance des médias écrits et électroniques). Comme ces gens des médias ne sont pas nécessairement des traducteurs, qu'ils n'ont pas le temps ni la formation pour effectuer de longues recherches terminologiques et qu'ils n'ont pas, quoi qu'il en soit, les outils nécessaires pour le faire (comme le recours à des banques de données terminologiques), ils se débrouillent du mieux qu'ils peuvent et commettent parfois certains calques contre lesquels ne sont pas prémunis, d'ailleurs, les journalistes vivant en milieu majoritaire même si, eux, ont les outils nécessaires à leur disposition. Parmi ces calques, citons : « député d'arrière-banc » calqué sur *backbencher* alors qu'il faut dire « simple député »[10]; « paye/prime de séparation » calqué sur *separation leave* alors qu'il faut dire « indemnité de cessation d'emploi ».

Si les calques ne sont pas toujours inévitables, les fautes de grammaire et les prononciations relâchées sont, par contre, inexcusables. Il importe alors, pour les dirigeants des médias, de bien choisir leur personnel et d'exiger une grande compétence linguistique de la part de leurs journalistes et de leurs annonceurs. D'un autre point de vue, sans minimiser toutefois les lacunes qu'accusent les médias électroniques quant à leur contenu régional, le recours à des émissions venant, à l'occasion, du réseau de Radio-Canada, c'est-à-dire venant d'un milieu majoritairement francophone, ne peut être que bénéfique pour éviter que le français ne se régionalise et dégénère en un patois compréhensible des seuls gens du milieu. Comme le mentionnait Lysiane Gagnon, chroniqueuse au journal *La Presse*, lors du colloque du Centre d'études franco-canadiennes de l'Ouest (CEFCO, Winnipeg, octobre 1989), il est indispensable que tous les médias, écrits et électroniques, soient axés sur la norme de la majorité pour éviter justement la créolisation de la langue, ce qui aurait pour effet d'entraver la communication et de marginaliser encore davantage les minorités francophones.

C'est toutefois dans « le langage de tous les jours » que l'absence de modèles linguistiques se manifeste le plus. L'écrivaine et poète québécoise Anne Hébert (1960) n'a-t-elle pas déjà déploré le fait, au début des années 60, que : « Quand il est question de nommer la vie tout court [...] nous ne pouvons que balbutier », soulignant par là l'ignorance qui affligeait le Canada français quant au vocabulaire le plus élémentaire pour décrire les activités les plus quotidiennes et les plus banales. En milieu minoritaire, cette ignorance du vocabulaire courant se traduira largement par des *emprunts directs* : « les *diapers* en papier du bébé », « s'acheter un *poppy* pour le Jour du souvenir », « le plan *basic* (du câble) est décrit sur la *slip* » ; ou par des *emprunts naturalisés* : « être contre l'*abortion* » (prononcé à la française), « la maison a besoin d'être *insulée* » ; ou encore par les deux : « il va falloir *fighter* pour avoir des *signs* bilingues sur les *trucks* », « tu iras *checker* la *schedule* sur le *board* pour savoir si tu es *in* ou *out* samedi prochain ». L'emprunt n'est pas uniquement le lot des minorités francophones (les majorités empruntent également) ; ce qui les distingue, cependant, des groupes majoritaires, c'est qu'elles empruntent davantage, que leurs emprunts ne viennent pas suppléer un manque de termes en français mais *dédoubler* des termes qui existent déjà dans le vocabulaire courant, mais qui ne sont pas connus[11]. Il est inutile alors d'insister sur l'ampleur que revêt le phénomène de l'emprunt quand il s'agit du vocabulaire spécialisé.

L'utilisation de certains *calques lexicaux*, *faux amis* et *calques structuraux* propres aux minorités témoignent, encore une fois, de l'absence de modèles français ou plutôt de la présence de faux modèles français qui se propagent à l'intérieur de la communauté sans que les sujets parlants aient conscience, bien souvent, qu'ils tiennent leur origine de l'anglais tant cette langue s'est infiltrée insidieusement, par osmose, au français. Signalons à titre d'exemples : « habiter dans une *suite* » (faux ami au sens d'« appartement ») ; « avoir l'as de *diamant* dans son jeu » (calque lexical de *diamond* au sens de « carreau » aux cartes) ; « *chien de soleil* » (calque de *sun dog* qui se rend, en français, soit par «parhélie», terme savant, ou «œil-de-bouc», terme populaire attesté dans Bélisle [1986] et qui est connu au Manitoba). Parmi les calques structuraux, soulignons ceux qui sont liés à l'absence de préposition en français alors qu'il devrait y en avoir une : «Elle a enseigné ma fille durant un an» (au lieu de «a enseigné *à*»); «Elle joue le piano depuis 10 ans» (au lieu de «*du* piano»); «Elle a répondu la question» (au lieu de «*à* la question»), ou ceux qui sont liés à la présence d'une mauvaise préposition : «Vérifie *avec* la présidente» (au lieu de «auprès de»); «Je parle *avec* Denis au téléphone» (au lieu de «à»); «L'île a été nommée *après* Gabrielle Roy» (au lieu de «en l'honneur de» ou «en souvenir de»); «L'archevêché *en conjonction* avec Pluri-elles» (au lieu de «de concert avec»); «*Regarder à* ça *avec* le doyen» (au lieu de «vérifier ça auprès de»).

Face à tous ces manquements à la langue, attribuables à l'absence de modèles linguistiques en français dans les milieux minoritaires, la traduction a, dans une certaine mesure, un rôle de suppléance à jouer; mais la traduction n'est qu'un palliatif, lequel, par ailleurs, comporte également des lacunes marquantes.

Les écueils de la traduction

En effet, si la traduction constitue un moyen de suppléer à un manque de visibilité française, il n'en demeure pas moins que les artisans et les artisanes de ces traductions sont des gens du milieu qui peuvent, à l'occasion, souffrir de ces mêmes absences de modèles. Comme les traducteurs et les traductrices se doivent d'avoir une excellente connaissance du français, ils tomberont moins facilement dans le piège des emprunts directs ou naturalisés, mais ne seront pas nécessairement à l'abri des calques, des faux amis, ni des termes impropres couramment utilisés dans ce milieu : «faire partie *intégrale* de» au lieu de «partie *intégrante* de», «*stages* de développement» au lieu de «stades», «présidente *sortant* de charge» au lieu de «présidente sortante», «un centre à la *disponibilité* des élèves» au lieu de «à la disposition de».

Tous ces manquements dus à une méconnaissance de la langue maternelle, même s'ils sont faciles à dépister et à corriger, nuisent à l'intelligibilité des textes et entachent la qualité des traductions. Le problème majeur réside, néanmoins, dans la difficulté de s'exprimer de façon idiomatique avec des termes justes, ce qui oblige à recourir à des périphrases et à des redondances qui ne font qu'alourdir et allonger indûment le discours[12] et en obscurcir le sens : au lieu de parler de «rotation de la cheville» (en danse aérobique), on dira «tourner le pied en faisant un rond[13]». On n'utilisera pas, non plus, certains termes français qui sont d'usage courant dans la communauté francophone majoritaire du pays, c'est-à-dire le Québec, parce que ces termes ne font pas partie du quotidien (anglophone) des minorités; on recourra alors à un usage livresque, puisé dans une source documentaire quelconque qui, sans être faux, ne rend pas compte de la réalité d'ici : par exemple, nous avons relevé, dans un journal de quartier et dans des copies d'étudiants en traduction, le terme «chiropraxie» (en usage en France et attesté dans les dictionnaires français) au lieu de «chiropratique» (terme en usage au Canada) pour traduire *chiropractic.*

Par ailleurs, nous sommes d'avis, avec Juhel (1984, p. 199), qu'une traduction non idiomatique ne témoigne pas nécessairement d'un manque de compétence de la part de son auteur, mais d'un souci de trop grande fidélité à l'original par peur, bien souvent, de ne pas rendre tout le message[14]. C'est aussi la peur et même la hantise du calque qui conduira à utiliser, en abondance, des locutions prépositives au lieu de la préposition simple (en particulier «sur»): «J'ai trouvé un livre AU SUJET DE (sur) la natation»; «l'avantage des Russes PAR RAPPORT AUX (sur les) Américains»; «nous n'avons rien dit POUR CE QUI EST DE (sur) cette question». Toutefois, «comme le français des traductions sert de modèle rédactionnel et stylistique au public francophone, il est important que la traduction soit idiomatique, c'est-à-dire qu'elle utilise pleinement les ressources stylistiques et expressives de la langue d'arrivée» (Juhel, 1984, p. 200). Si elle ne le fait pas, elle s'en éloigne et, dans un contexte minoritaire, s'éloigner du français, c'est se rapprocher de l'anglais.

C'est précisément parce qu'elle affecte la langue d'arrivée, en l'occurrence le français pour ce qui nous occupe, que la traduction est loin d'être la meilleure solution pour garantir aux francophones l'exercice de leurs droits linguistiques. Au contraire, elle risque, selon Brisset (1985, p. 10), «d'ouvrir toutes grandes les portes de l'assimilation [...] d'autant plus [...] que la communauté qui parle la langue d'arrivée subit la domination socio-économique de celle qui s'exprime dans la langue de départ».

En effet, en recourant continuellement à la traduction, il ne se développe pas de pensée originale dans la langue d'arrivée qui ne fait qu'exprimer, avec des mots français, des réalités qui ont été conçues dans la langue de départ, ce qui, à la longue, altère le français de façon à le rendre de plus en plus semblable à l'anglais: les notions anglaises de *no sugar/no salt added* que l'on retrouve sur l'emballage de certaines denrées alimentaires et que l'on a cru nécessaire de transposer en français («sans sucre/sans sel ajouté») même s'ils ne correspondent à aucune réalité dans cette langue (ce qu'on n'ajoute pas à une préparation n'a pas besoin d'être mentionné). *De traductions en traductions, la pensée française s'appauvrit et on finit par croire que le français n'est qu'une simple transposition de l'anglais comme si tout, en français, devait nécessairement nous venir de l'anglais et qu'il fallait, pour dénommer une réalité, obligatoirement traduire.*

C'est donc dans la nature même de la traduction que réside son plus grand danger puisqu'elle privilégie la langue de départ, dominante (l'anglais), au détriment de la langue d'arrivée, soumise (le français). De plus, elle donne bonne conscience aux gouvernements qui n'ont à franciser ni leurs cadres ni leurs institutions, ni à promouvoir l'utilisation du français. Par conséquent, la traduction risque de créer des ghettos qui tiendraient les francophones, toujours selon Brisset (1985, p. 14), « perpétuellement à une distance respectable des centres de décision [...] et de servir de paravent aux pouvoirs publics qui se sentiront dispensés d'accorder l'essentiel, à savoir le droit à la communication directe et spontanée ».

En résumé, la traduction ne semble exister, au Manitoba, que pour permettre aux francophones d'exercer leur *droit à l'information* en français et pour veiller à la *qualité d'une langue* qui s'appauvrit de plus en plus, faute de modèles linguistiques suffisants. Mais en réalité, elle risque de n'être qu'un *facteur de plus d'aliénation et d'assimilation* en introduisant, en français, une façon de penser propre à une autre culture et de n'être qu'*un moyen détourné d'éloigner les francophones du pouvoir*. Pour éviter, toutefois, que ces considérations apparaissent par trop théoriques, il faudrait les voir confirmer, avec mesures à l'appui, par une vaste enquête sociolinguistique qui déterminerait l'impact réel de la traduction sur les habitudes langagières des minorités francophones.

BIBLIOGRAPHIE

BARIL, Paul, «Dominance linguistique et maintien de la langue chez la jeunesse franco-manitobaine», dans *Bulletin du Centre d'études franco-canadiennes de l'Ouest*, n° 24 (octobre 1986), p. 14-29.

BÉLISLE, Louis-Alexandre, *Dictionnaire nord-américain de la langue française*, Montréal, Beau-chemin, 1979, 1 196 p.

BLAY, Jacqueline, «Les Droits linguistiques au Manitoba: un accident ou une volonté politique», *Écriture et politique: actes du septième colloque du Centre d'études franco-canadiennes de l'Ouest, Faculté Saint-Jean, Université de l'Alberta, 16-17 octobre 1987*, sous la direction de Gratien Allaire, Gilles Cadrin et Paul Dubé, Edmonton, Institut de recherche de la Faculté Saint-Jean, 1989, p. 185-201.

BRISSET, Annie, «Du droit à la traduction: le lieu problématique du français au Manitoba», *La Langue, la culture et la société des francophones de l'Ouest: actes du quatrième colloque du Centre d'études franco-canadiennes de l'Ouest, Collège universitaire de Saint-Boniface, 23-24 novembre 1984*, textes établis par Annette Saint-Pierre et Liliane Rodri-guez, Saint-Boniface, Centre d'études franco-canadiennes de l'Ouest, 1985, p. 7-22.

DELISLE, Lucie M., «La traduction juridique au Manitoba: perspectives du gouvernement» [Exposé présenté à l'occasion du premier colloque manitobain sur la traduction et l'interprétation, Collège univer-sitaire de Saint-Boniface, 10 mars 1989], dans *Télé-CLEF*, n° 2, 1989, p. 29 et 31.

DORÉ, Fernand, «La radio de pays», dans *Langue et société*, n° 22, printemps 1988, p. 22.

HÉBERT, Anne, «Quand il est question de nommer la vie tout court, nous ne pouvons que balbutier», dans *Le Devoir*, 22 octobre 1960.

JUHEL, Denis, *Bilinguisme et traduction au Canada : rôle sociolin-guistique du traducteur*, Publica-tion B-107, Québec, Centre de recherche sur le bilinguisme, 1982, 116 p.

JUHEL, Denis, «Traduction et qualité de la langue dans un pays bilingue : une analyse de la problématique sociolinguistique du Canada», dans *Multilingua*, n° 3-4, 1984, p. 197-201.

KOPESEC, Michael F., «Socio-linguistics and Translation», dans *Research Papers of the Texas SIL [Summer Institute of Linguis-tics] at Dallas*, No. 8, Winter 1979, p. 42-61.

LANDRY, Alain, «Le Secréta-riat d'État et la traduction au Canada» [Extrait de l'allocution présentée lors du premier colloque manitobain sur la traduction et l'interprétation, Collège universitaire de Saint-Boniface, 10 mars 1989], dans *Télé-CLEF*, n° 2, 1989, p. 19.

LARIVIÈRE, Louise, «Premier Colloque manitobain sur la traduction et l'interprétation» [Compte rendu], dans *Télé-CLEF*, n° 2, 1989, p. 27-28.

LARIVIÈRE, Louise, «Une langue à la mesure du pays : l'influence des médias», dans *À la mesure du pays : actes du dixième colloque du Centre d'études franco-canadiennes de l'Ouest, Collège Saint-Thomas More, Université de la Saskatchewan, 12-13 octobre 1990*, sous la direction de Jean-Guy Quenneville, textes établis par Monique Genuist, Paul Genuist et Jacques Julien, Saska-toon, Unité de recherches pour les études canadiennes-fran-çaises; Département de français,

Université de la Saskatchewan, 1991, p. 87-97.

MANITOBA (Province), «Énoncé de politique déposé à la législature du Manitoba le 6 novembre 1989/Statement of Policy Tabled in the Manitoba Legislature on November 6, 1989», Winnipeg, Palais légis-latif, Secrétariat des services en langue française, 1989.

PERGNIER, Maurice, «Traduc-tion et sociolinguistique», dans *Langages*, n° 28, 1972, p. 70-74.

PERGNIER, Maurice (1977). «Language-Meaning and Message-Meaning : Towards a Sociolinguistic Approach to Translation», dans Gerver, David et H. Wallace Sinaiko, *Language Interpretation and Communication*, New York, Londres, Plenum Press, 1977.

PERGNIER, Maurice, *Les Fondements sociolinguistiques de la traduction*, 2e éd., Paris, Librairie Honoré Champion, 1980 (1er éd. 1978), 491 p.

SABOURIN, Réal, «Réparer le passé en préparant l'avenir», dans *Langue et société*, n° 16, septembre 1985, p. 17-20.

SALERNO, Roberte, «Effets négatifs de l'environnement anglais sur la scolarité de l'enfant francophone minori-taire. Une solution? La mater-nelle d'immersion dans un bain d'écrit en français», *Langue et communication : actes du neuvième colloque du Centre d'études franco-canadiennes de l'Ouest, Collège universitaire de Saint-Boniface, 12-14 octobre 1989*, sous la direction d'André Fauchon, Saint-Boni-face, Centre d'études franco-canadiennes de l'Ouest, 1990, p. 225-238.

NOTES

1. « Dire que la langue est un instrument de communication est une banalité; cependant, les rapports entre la langue et la communication sont loin d'être clairs et méritent qu'on s'y arrête : de même que la langue, du point de vue de la représentation, n'est pas un simple reflet du réel, une "nomenclature", de même elle n'est pas un simple "support" de la communication [...] ne serait-ce que parce que — étant *structure* et non simple reflet de l'univers réel — , elle communique des concepts médiatisés à un premier niveau. La langue s'insère dans le circuit de la communication avec ses caractères propres, et la communication, en retour, la constitue comme outil de communication c'est-à-dire comme "code" [...]. Si nous envisageons le phénomène langue sous cet angle, le caractère qui devrait frapper l'esprit de la manière la plus immédiate n'est pas le fait que la langue serve à la communication, mais bien le fait qu'elle *empêche* la communication, qu'elle lui fasse obstacle. Cela est manifeste si l'on regarde la totalité de l'espèce humaine dans l'exercice de son langage : l'échange direct de messages à l'échelle universelle y est empêché par la multiplicité des idiomes [...]. Il n'est, par ailleurs, aucune langue [...] qui ne fasse obstacle à la communication entre un plus grand nombre d'hommes qu'il n'y en a entre lesquels elle s'établit. C'est cette "non-communication" qui fonde toute la problématique de la traduction. Dès lors qu'on traite du langage sous l'angle de la communication, on doit donc prendre en compte le pendant indissociable de celle-ci qui est la non-communication, donnée première du langage, qui permet de dissocier [...] ce qui, dans le langage est social, de ce qui est universel. Du même coup, nous verrons apparaître que c'est le même caractère d'institution sociale de la langue qui, à la fois, la fonde comme instrument de communication et comme barrière à la communication. »

2. Selon Pergnier (1972, p. 74), « la science sociolinguistique se doit [...] d'observer et d'expliquer les contraintes qui pèsent sur le message dans l'activité traduisante, ainsi que les conséquences de cette activité sur le message, sur les langues de départ et d'arrivée, le bilinguisme, l'évolution des idées et des sociétés, et éventuellement [...] sur les traducteurs eux-mêmes. »

3. Kopesec (1979, p. 42-43) définit, par ailleurs, la sociolinguistique comme suit : « The discipline [...] sociolinguistics [...] is concerned with the users of a language and the way different factors relating to those users affect the form of their language. If we think of language as a communication event involving a situation and a speech activity, then sociolinguistics could be said to deal with the correlation between facets of the communication situation and speech varieties (ways or patterns of speaking within a language). »

4. Au Manitoba, la traduction officielle, c'est-à-dire celle qui émane des instances gouvernementales, relève de deux organismes distincts : la traduction de nature juridique est assumée par les Services juridiques du ministère du Procureur général et celle de nature générale par le Service de traduction rattaché au ministère de la Culture, du Patrimoine et des Loisirs.

5. À la suite d'une banale affaire de contravention (l'affaire Forest), la Cour suprême du Canada, le 13 décembre 1979, déclare inconstitutionnel *The Official Language Act* de 1890 et rétablit, le 9 juillet 1980, l'article 23 de la *Loi de 1870 sur le Manitoba* qui garantit l'usage du français et de l'anglais dans les débats de la législature, dans les textes de lois et devant les tribunaux. Le 13 juin 1985, à la suite de l'affaire Bilodeau, elle rend obligatoire et rétroactive l'application de cet article. Ainsi, toutes les lois manitobaines (passées et présentes) de la codification permanente ainsi que les règlements et les procès-verbaux doivent être traduits (Larivière, 1989, p. 27, et Delisle, 1989, p. 29 et 31). On consultera également avec beaucoup de profit l'exposé plus détaillé de Jacqueline Blay (1989).

6. « Idéalement, une communauté qui se dit "francophone" au Manitoba devrait pouvoir fonctionner entièrement en français [...] devrait avoir une école française, selon les termes de la loi scolaire du Manitoba. Tous les services sociaux fournis par les autorités fédérales, provinciales et municipales devraient y être offerts en français [...] les institutions qui sont dirigées par la population locale (hôpitaux, foyers pour personnes âgées, conseils scolaires, conseils municipaux, centres récréatifs) [...] pouvoir fonctionner en français. Idéalement aussi, les institutions économiques de la localité (commerces, usines, etc.) fonctionneraient également en français. Tout cela se ferait sans nuire aux droits des anglophones ou des membres d'autres groupes ethniques » (Sabourin, 1985, p. 19).

7. En soulignant le rôle important qu'exercent les médias sur la langue, Brisset (1985, p. 17) va jusqu'à dire que « l'absence d'une presse quotidienne en français est sans aucun doute un des principaux facteurs d'assimilation des francophones de l'Ouest, [que] cette lacune est d'autant plus redoutable qu'elle se conjugue à une distribution inefficace, voire inexistante, de la presse francophone produite ailleurs, qu'il s'agisse de la presse quotidienne, hebdomadaire ou mensuelle [et que, par conséquent,] dans notre société de communication, on ne saurait imaginer de moyen plus sûr pour rendre une langue inapte à nommer et à exprimer les réalités sociales, politiques ou économiques, en bref pour la réduire définitivement au silence. »

8. Dans une étude effectuée auprès de la jeunesse étudiante manitobaine, Baril (1986, p. 21-22) note que les jeunes, qui « sont le produit de leur milieu » et qui « sont fortement influencés par la publicité qui les entoure », ont une préférence marquée pour les médias de langue anglaise (radio, télévision et cinéma) parce que ces derniers satisfont leurs goûts qui s'apparentent davantage « aux produits de la culture américaine qu'aux produits de la culture québécoise ». Par ailleurs, ces mêmes jeunes lisent plus de journaux et de revues de langue anglaise parce que ces derniers, encore ici, sont plus conformes à leurs goûts et à leurs intérêts et reflètent davantage leur milieu.

9. Selon Doré (1988, p. 22), « manifestement, les francophones et les anglophones qui vivent en situation minoritaire, loin des centres populeux, sont dans trop de cas fort mal servis dans leur langue par les médias électroniques. Laissés pour compte par le secteur privé — rentabilité obligeant —, ces minorités ne s'estiment pas très choyées par Radio-Canada en ce qui a trait surtout à l'information régionale et locale; et cela malgré des efforts méritoires de la part de la Société. »

10. Le calque *député d'arrière-banc* n'est pas, à notre avis, un terme très heureux en ce qu'il évoque l'idée d'un député en punition au fond de la salle...

11. Ce type d'anglicismes s'apparente à ceux qui « chassent de l'usage les mots français authentiques » [Darbelnet, Jean, « La responsabilité du traducteur : quel est son objet ? », dans *Informatio* XIII, 2-3 (avril-juin 1984), p. 20, cité par Brisset (1985)].

12. « Au nom de quel principe ce qui se conçoit bien en anglais devrait-il toujours s'énoncer longuement en français ? » (Juhel, 1984, p. 1).

13. Juhel (1984, p. 199) attribue les lourdeurs et le manque de clarté des traductions utilitaires à une pensée de départ qui ne serait ni originale, ni particulièrement riche, ni nuancée et ajoute que « c'est bien de la maladresse, du manque d'idiotismes des textes traduits qu'il s'agit vraiment lorsqu'on se préoccupe de qualité de langue, car les *fautes de français* sont relativement faciles à repérer et à corriger, et n'entravent guère la compréhension immédiate ».

14. « Le traducteur inexpérimenté ou qui n'a pas reçu la formation voulue craint de déroger à l'original et se laisse hypnotiser par lui. Il confond "dire la même chose" et "dire de la même façon". Croyant être fidèle au texte original, il oublie de l'être envers sa propre langue et perd totalement de vue le lecteur francophone, destinataire de sa version. Les traductions calquées sur l'anglais ont une incidence grave puisqu'elles dépossèdent peu à peu les locuteurs francophones des ressources de leur propre langue » (Brisset, 1985, p. 11).

117

L'OUEST LITTÉRAIRE : VISIONS D'ICI ET D'AILLEURS
de ROBERT VIAU
(Montréal, Éditions du Méridien, 1992, 163 p.)

Paul Dubé
Université de l'Alberta (Edmonton)

Avec un titre d'anthologie comme *L'Ouest littéraire* et avec, sur la couverture, la reproduction d'une peinture représentant l'immensité caractéristique de l'espace — plaine et ciel — manitobain, les lecteurs pourraient se croire d'entrée de jeu conviés à une étude ou à un survol critique des nombreux auteurs qui peuplent et ont peuplé ce territoire. Or un rapide coup d'œil à la table des matières révèle un choix plutôt éclectique dans la composition de ce modeste panthéon littéraire de l'Ouest. Dans son introduction, Robert Viau précise qu'il publie ce livre afin de « susciter un intérêt renouvelé pour la littérature francophone de l'Ouest », et souhaite qu'il soit « le point de départ pour d'autres études littéraires portant sur le même sujet ». Le pari est lancé.

Premier livre à l'étude : *Les Engagés du grand portage* (1938) de Léo-Paul Desrosiers dont l'histoire, comme on le sait, se déroule dans l'Ouest. Mais l'Ouest a si peu d'importance ici (« toute l'action est centrée sur Nicolas Montour et son ascension sociale ») que même Viau l'exclut de son analyse, préférant, avec raison, soulever la problématique de la subversion et d'autres questions d'ordre générique. À la fin, il se demande s'il ne faudrait pas y voir un « roman de l'impuissance du juste » ou un « roman janséniste ».

Le deuxième chapitre, intitulé « Discours révolutionnaire et discours romanesque : Louis Riel et les révoltes des métis », nous propose une analyse de trois romans liés de quelque façon au mythique et légendaire héros des plaines et aux métis. *Nipsya* (1924) de Georges Bugnet, *D'un océan à l'autre* (1924) de Robert de Roquebrune et *La Bourrasque* (1925) de Maurice Constantin-Weyer se situent mal encore, outre le lieu de l'intrigue, dans la configuration critique proposée au départ par Viau. Encore une fois, la particularité « ouestern » de l'espace a son importance dans ces textes, mais le critique la passe sous silence pour se pencher sur la difficile intégration de « l'arrière-plan historique [...] au premier plan romanesque ». Cela l'amène à découvrir que l'histoire est bafouée — « l'intelligibilité des faits historiques » — au profit d'un discours véhiculant une idéologie particulière que Viau a peut-être tort de trop rattacher, vu les antécédents des auteurs en question, à ce qu'il appelle « le point de vue idéologique, propagandiste ou didactique de l'élite de l'époque, qu'elle soit anglophone ou cléricale ». Il ne faudrait peut-être pas s'étonner à la fin que ces trois écrivains réactionnaires n'aient pu « entretenir un discours révolutionnaire » en passant par l'histoire de Riel et des métis.

Au chapitre 3, qui met en scène le premier Goncourt « canadien », *Un homme se penche sur son passé* (1928) du même Constantin-Weyer, Robert Viau pose enfin la question qu'on croyait en quelque sorte à l'origine de son étude de l'Ouest littéraire, à savoir, « la représentation de l'Ouest » dans les romans, et en particulier « l'importance de la spatialité » dans la texture romanesque. Viau nous présente une excellente réflexion sur cette spatialité thématisée dans le chef-d'œuvre des textes composant « l'épopée canadienne » de Constantin-Weyer qui est devenu, grâce à ce livre surtout, un des plus grands chantres et poètes de la prairie canadienne. Guidé par Viau, on retrouve ici une grande partie des thèmes chers à Constantin-Weyer : anthropomorphisme, exotisme, théorie racialiste inspirée de Darwin et de Gobineau, l'amour/la mort, — mais surtout toute une poétique de l'espace —, l'opposition binaire entre l'ouvert et le clos (et la symbolique correspondante), le grand espace (y compris le Grand Nord) comme lieu de liberté, d'aventures, lieu qui mobilise les meilleurs éléments de l'homme, qui éprouve le besoin de se mesurer aux obstacles d'une Nature ayant ses propres lois, le besoin de combattre et de vaincre. En somme, comme le dit Viau, l'espace devient ici « sujet actif de narration ». Il est temps de se laisser interpeller par cette œuvre, nous rappelle Robert Viau.

Le dernier chapitre, et le plus important cela va de soi, est consacré aux « Personnages et paysages de l'Ouest dans les romans de Gabrielle Roy ». Comme on le sait, le critique ne manque pas de matériel puisque l'auteure s'est inspirée de son Manitoba natal pour la plus grande partie de son œuvre. On est loin ici de l'espace et de l'imaginaire propres à l'esthétique weyérienne. Mais il s'agit ici d'esthétique dont l'étude a pour but, selon Viau, de « jeter une lumière nouvelle sur la question de l'espace, et sur le rôle et la fonction des Prairies » dans l'œuvre régienne. Avec *La Petite Poule d'eau* (1950) apparaît la « première manifestation de l'imagination paradisiaque » de l'auteure. Ce premier roman « manitobain » naît en quelque sorte au milieu des cendres d'une Europe ravagée par la guerre, une expérience qui donne à Gabrielle Roy un coup de nostalgie pour un univers « intact, comme à peine sorti des songes du Créateur » (Roy). Ainsi commence le cycle de la re-création de ces espaces manitobains où sont possibles « innocence et amour », où se développe cet « espace mythique régien », repris dans les autres œuvres, qui montre comment « l'homme vit en communion avec la nature, le seul univers où il connaît un bonheur qui n'est pas uniquement d'occasion ». Gabrielle Roy transforme dans ses romans cet espace en lieu idyllique « où se forme, par la réalisation d'une innocence et d'une fraternité parfaites, le "cercle enfin uni des hommes" ». Même espace en quelque sorte que chez Constantin-Weyer, mais ramené à la mesure de l'être humain, humanisé, métamorphosé par un autre regard, une autre expérience, un autre temps, et encore plus de talent.

Robert Viau a-t-il gagné son pari, c'est-à-dire celui de « susciter un intérêt renouvelé pour la littérature francophone de l'Ouest » ? Certainement pour le Goncourt canadien de Constantin-Weyer qu'on avait depuis trop longtemps relégué aux oubliettes. Quant à Gabrielle Roy, on sait que l'intérêt pour son œuvre ne cesse de croître, et la contribution de Robert Viau ne vient que le confirmer en nous rappelant comment le lieu de son enfance est déterminant dans sa poétique et sa production.

Cela n'est pas sûr quant aux autres, cependant. D'abord l'Ouest n'est plus ou moins qu'accessoire et anecdote dans ces textes, comme Viau l'a montré lui-même en excluant cette dimension d'une analyse qui est censée la valoriser. Ensuite, parce que ce sont des textes à l'idéologie « éculée » et dépassée, participant du même souffle que *Pour la patrie* de Tardivel, ou illustrant la pensée de Mgr Bourget. Cela n'a pas de quoi inspirer ! En plus, à proprement parler, ce ne sont pas des écrivains de l'Ouest : en fait, il est à se demander ce que pourraient penser des lecteurs non avertis du panthéon de « l'Ouest littéraire » d'un ouvrage composé de cinq auteurs dont quatre viennent d'ailleurs et dont l'autre a été « récupéré » par le Québec. Sans compter que les œuvres des quatre premiers ont été publiées entre 1924 et 1938, donnant l'impression, contrairement aux vœux de Robert Viau qui souhaite que cette société et cette littérature « distinctes » ne « disparaissent » pas, qu'il est déjà trop tard.

L'Ouest littéraire ne compte pas seulement Gabrielle Roy et les autres : en fait, depuis la création de quelques maisons d'édition, depuis la revalorisation des droits des minorités francophones, entre autres choses, la littérature canadienne-française de l'Ouest connaît un nouvel essor, dans tous les genres — poésie, théâtre, roman. Par rapport à la problématique de Riel et des métis, par exemple, je signale le très beau livre de Ronald Lavallée, *Tchipayuk ou le Chemin du loup*, publié chez Albin Michel en 1987, dont l'auteur, avec Marguerite Primeau, Roger Léveillé et nombre d'autres, siège à côté de Gabrielle Roy au modeste (mais très vivant) panthéon de l'Ouest littéraire.

Ce rajustement effectué, l'étude de Robert Viau mérite quand même notre faveur, car dans l'ensemble, elle apporte une autre perspective à nos lectures passées.

LE CYCLE MANITOBAIN DE GABRIELLE ROY
de CAROL J. HARVEY
(Saint-Boniface, Éditions des Plaines, 1993, 273 p.)

Réjean Robidoux
Université d'Ottawa

Il faut comprendre l'agacement que peuvent ressentir les Manitobains devant l'annexion, qu'ils jugent à raison carrément abusive, de Gabrielle Roy à une littérature strictement (et je dirais : mesquinement) québécoise, au sens étroit et centralisateur du terme. Or en vertu de son identité même, à travers une part imposante et substantielle (anecdotique et chargée de sens) de son œuvre, comme (surtout) par le dessein fondamental de recréation du temps perdu qui l'anime et la motive, Gabrielle Roy est foncièrement et primordialement (je pèse bien mes mots) : un écrivain femme, expressément identifié et engagé dans la réalité tellurique, sociale, politique, religieuse, spirituelle et poétique de l'Ouest canadien.

J'ai le net sentiment que la proclamation revendicatrice, la démonstration et l'analyse d'un tel constat ont dû au départ correspondre à l'intention ferme de Carol J. Harvey, selon l'annonce du titre et de l'avant-propos de son livre, même si le but final ne s'en trouve qu'assez imparfaitement atteint.

Malgré un nombre impressionnant d'observations pertinentes produites par Mme Harvey elle-même ou bien colligées et commentées ou discutées à partir d'une critique antérieure relativement étendue, l'exposé fait un peu long feu. Pour des raisons qui tiennent, tout ensemble :

1. à l'exploration inadéquate d'un corpus d'ailleurs jamais complètement défini et, en tout cas, non exhaustivement exploité (car en se confinant, somme toute, dans trois « romans », combien de textes de toutes sortes passe-t-on sous silence, du type, L'Enfant morte ou Un vagabond frappe à notre porte, etc. ?;

2. à l'allure de pot-pourri thématique, féministe, narratologique, etc., que maintient dialectiquement, tout au long, la démonstration;

3. et, peut-être par-dessus tout, à la gaucherie et à la faiblesse de l'écriture critique;

la présente étude n'accomplit qu'en partie, à la façon, pourrais-je dire, d'une intéressante ébauche, son programme et ses promesses. Il serait hautement souhaitable qu'elle fût mise au point.

LES CARICATURES DE CAYOUCHE
de Réal Bérard, sélection des dessins de Bernard Bocquel
(Saint-Boniface, Les Éditions du Blé, 1992, 136 p.)

DES CASTORS GROS COMME DES BISONS
de René Ammann, avec des illustrations de Denis Savoie
(Saint-Boniface, Les Éditions du Blé, 1993, 57 p.)

Gilles Labelle
Université de Moncton[1]

Le pouvoir, c'est connu, se prend au sérieux. C'est pourquoi, pour Réal Bérard, alias Cayouche, caricaturiste régulier depuis septembre 1982 au journal *La Liberté*, hebdomadaire de langue française au Manitoba, «la bonne santé de la caricature est un juste baromètre de la bonne santé démocratique d'un pays» (p. 7). Le caricaturiste est celui qui, par un trait de plume, met à nu ce que plusieurs pensent du monde politique, même s'ils sont incapables de l'exprimer en mots. Lui-même «handicapé des mots» (p. 129), le caricaturiste Cayouche (c'est ainsi que les métis désignaient le petit cheval sauvage des Prairies, disparu de nos jours) fait plus, à une époque «saturée d'images», que simplement «retenir l'attention» du lecteur (p. 6). Il réussit, comme le souhaite le caricaturiste lui-même, à susciter tantôt son rire, son indignation ou sa colère.

L'ouvrage est divisé en cinq parties, respectivement intitulées: «Le menton», «La politique», «La vie», «Le monde» et «Le joual». Chacune est précédée d'une courte introduction.

Brian Mulroney a beaucoup de défauts selon Cayouche, mais au moins un élément de sa physionomie semble plaire au caricaturiste: son menton pour le moins proéminent. Le menton de l'ex-premier ministre devient tantôt un menton-girouette indiquant le vent soufflant des États-Unis (dont Cayouche se méfie des volontés hégémoniques) (p.22), un menton-jambon, que Brian tranche lui-même pour le servir à l'oncle Sam (p. 24), ou encore un menton-canon monté sur un char pendant la guerre du Golfe (p. 34). Comme ses modèles Margaret Thatcher, Ronald Reagan ou George Bush avec la guerre des Malouines et les invasions de la Grenade ou du Panama, il ne restait, croit Cayouche, à un Brian Mulroney impopulaire et en fin de mandat, qu'à tenter un coup d'éclat: «Pi moé», déclare Brian, peut-être que je pourrais «attaquer Saint-Pierre et Miquelon?» (p. 20).

Dans «La politique», Cayouche réserve les meilleures de ses flèches aux adversaires du français au Manitoba et dans l'Ouest. Il ne craint pas de peindre ces derniers sous les traits du KKK (p. 41). Cayouche rencontrant Preston Manning qui porte dans sa valise ce qui est visiblement un masque du KKK, lui demande : « Coudonc Prestin ! C'est ti la capuche de ta jaquette de nuite qui sort ? » (p. 64) Quant à Robert Bourassa et Brian Mulroney, le caricaturiste les imagine, seuls, dans une chaloupe posée à plat au fond du lac Meech asséché (p. 59). Dans « Le monde », ce sont les Reagan, Pinochet et autres qui sont les cibles de l'auteur.

« La vie » regroupe des caricatures qui abordent des questions plus philosophiques et moins immédiatement liées à l'actualité. Cayouche y dénonce, notamment, la guerre et le pouvoir de l'argent. Adversaire de l'avortement, le caricaturiste peint le docteur Henry Morgentaler sous des traits que certains ont considérés antisémites (p. 72). Cayouche s'en défend, mais admet que certains éléments d'une caricature de Morgentaler ont pu prêter à controverse ; aussi peut-on s'interroger sur la pertinence d'inclure cette caricature dans le recueil.

Dans « Le joual », Cayouche est des plus incisifs. Aux politiciens, aux fonctionnaires ou à l'Église, le petit cheval oppose un humour populaire qui les désarçonne : Êtes-vous « soujet britannique ? », lui demande un juge anglophone. Non, répond Cayouche, je suis plutôt « suja au rhumatisme » (p. 110). Au curé qu'il rencontre dans la rue et qui est intrigué de ce que Cayouche ne le salue pas, celui-ci lui répond : Mais c'est que vous avez dit dans votre sermon : « En dehors d'l'Église, pas d'saluts. » À un partisan du parti Rhinocéros qui s'étonne de ce que Cayouche refuse de voter pour son parti, celui-ci répond : « Ça vaut pas la peine, y sont d'jà au pouvouère... pis dans l'opposition itou ! »

Signalons que la présentation des *Caricatures de Cayouche* est très soignée : la reproduction des caricatures est excellente et les textes de présentation, à point et fort bien écrits. Précisons, enfin, que le « joual » que Cayouche fait parler à ses personnages n'a rien à voir avec le « joual anglicisé », mais tient plutôt du « vieux canayen » ou du « vieux français » (p. 17).

Des castors gros comme des bisons (en fait, ces deux animaux sont présentés, dans le titre même, par des dessins plutôt que par des mots) porte, en première de couverture, l'étiquette quelque peu trompeuse de « roman », alors que « conte pour tous » eût été plus conforme au contenu et à la présentation de ce livre d'une cinquantaine de pages.

En effet, Louis et sa sœur Mélanie, guidés par leur grand-père, refont en imagination le long périple en canot qui menait autrefois les voyageurs de la vallée du Saint-Laurent jusqu'aux Pays-d'en-haut, les vrais, ceux qui commencent à la tête des Grands Lacs, plutôt qu'à Saint-Jérôme, ainsi que nous a habitués à le penser l'auteur des *Belles Histoires*... C'est le fameux festival du Voyageur, tenu chaque hiver à Saint-Boniface, qui sert de point d'envol pour cette odyssée dans le temps. Aussi ne faut-il pas s'étonner si on emprunte le boulevard Provencher ou la rue Saint-Jean-Baptiste pour se rendre au fort Michilimakinac, à la jonction des lacs Huron et Michigan, ou encore au fort Fort-la-Reine, sur les rives de la rivière Assiniboine. Ce mélange d'odonymes contemporains et de toponymes rappelant l'époque héroïque des grands explorateurs fera sans doute rêver les aînés encore plus que les jeunes. D'ailleurs, les passages oniriques ne sont pas toujours balisés de façon évidente, et les jeunes lecteurs risquent de se sentir quelque peu perdus dans ce va-et-vient entre l'actualité et l'histoire.

Le texte, composé par René Ammann, est découpé en sept courts récits de deux pages chacun, correspondant aux sept jours de la semaine, et accompagnés d'illustrations exécutées par Denis Savoie, en camaïeu, dans des tons de bleu. Les dessins des pages 2 et 20 sont particulièrement réussis.

Au fait, existe-t-il des castors gros comme des bisons? À n'en pas douter, mais pour découvrir l'astuce, révélée à l'avant-dernière page, il faut lire ce sympathique petit livre...

NOTE

1.   N.D.É. : Au moment où la recension a été faite, Gilles Labelle était rattaché à l'Université de Moncton. Il est maintenant professeur à l'Université d'Ottawa.

LE FRANÇAIS LOUISIANAIS : UN APERÇU GÉNÉRAL

Richard Guidry et Amanda LaFleur
Université Southwestern (Lafayette, Louisiane)

Le français tel qu'il est parlé en Louisiane aujourd'hui est désigné sous l'appellation de français *cadien*. Ce terme, dérivé du gentilé *Acadien*, rappelle l'histoire des milliers d'exilés de cette colonie française, l'Acadie (ou la Cadie), qui s'établirent en Louisiane à la fin du XVIIIe siècle. Cependant, il ne faut pas oublier que le français se parlait déjà en Louisiane bien avant l'arrivée des Acadiens et que d'autres vagues d'immigration française en Louisiane précédèrent et suivirent celle des Acadiens.

Voyons d'abord les origines historiques et économiques des Louisianais d'expression française. Les Louisianais francophones sont les descendants de quatre groupes principaux : les créoles blancs, les Cadiens, les créoles de couleur et les Amérindiens. Les créoles blancs descendent des planteurs français, allemands et espagnols qui, autrefois, formaient la classe sociale supérieure. Les Cadiens sont les descendants des Acadiens déportés des provinces maritimes actuelles entre 1755 et 1758, qui se sont établis, petit à petit, le long des bayous et des rivières, dans les marécages et dans les prairies de la basse Louisiane. Ce groupe comprend également les « petits créoles » ou « petits Blancs » qui formaient la classe moyenne et ouvrière d'avant la guerre de Sécession et qui ont fusionné avec les Cadiens. Les créoles de couleur sont les descendants des esclaves noirs amenés d'Afrique et de Saint-Domingue (Haïti), souvent métissés aux autres groupes. Les Amérindiens francophones descendent de tribus autochtones converties par les missionnaires français au XVIIIe siècle. Il existe encore aujourd'hui deux tribus chez qui le français est une langue vivante : les Houmas des paroisses Terrebonne et La Fourche, et les Tunica-Biloxis de la paroisse Avoyelles.

Traditionnellement, le français louisianais se répartit en trois grandes catégories : le français colonial (le parler des créoles blancs), le français cadien et le créole (le parler « nègre »). Ces catégories reflètent une structure sociale en voie de disparition sinon déjà disparue ; néanmoins elles sont utiles pour situer le contexte historique dans lequel le français louisianais a évolué.

De nos jours, dans la parlance populaire, le terme *cadien* a pris un sens très large, se référant souvent à tous ceux qui ont un héritage français ou qui ont été influencés par le fait français/acadien en Louisiane, y compris les assimilés d'autres groupes ethniques. Il y a donc en Louisiane de nombreuses familles qui portent des noms acadiens traditionnels comme LeBlanc, Landry, Thibeaux, Sonnier et Broussard, mais il y a également des Romero, Smith, McGee, Schexnayder et Balfour qui se disent Cadiens (ou *Cajuns* en anglais). Cette fusion d'identités ethniques va de pair avec une fusion d'identités linguistiques. Alors, pour la plupart des Louisianais d'aujourd'hui, le français *cadien* est devenu plus ou moins synonyme de *français louisianais*.

Cela dit, les Louisianais n'ignorent pas l'existence de dialectes régionaux en Louisiane, ni celle d'un parler créole ayant un statut à part. Aujourd'hui, les dialectes se définissent plutôt selon leur région. On parle du français du Bayou La Fourche, par exemple, qui se distingue de celui de la paroisse Vermillon ou de la paroisse Évangéline. Les créolophones de la paroisse Saint-Martin reconnaissent également une différence entre leur dialecte et celui de Pointe-Coupée. Quoique les Louisianais francophones en général se comprennent sans difficulté, il leur arrive de temps en temps des quiproquos occasionnés par la polysémie de certains termes et par certaines variantes lexicales, syntaxiques et phonologiques.

Étant donné les moyens financiers et le statut social supérieur dont jouissaient les créoles blancs avant la guerre de Sécession, ainsi que leurs contacts fréquents avec le continent européen et leur volonté de faire instruire leurs enfants en langue française, souvent en France même, il n'est pas étonnant que le français colonial ait été une langue dont la syntaxe, le lexique et la phonologie étaient très proches de ceux du français international. Les quelques différences qui existaient étaient dues sans doute à l'isolement, à la situation géographique et aux influences des autres groupes ethniques. D'une part, c'est probablement ce dialecte qui emprunta le moins de mots modernes à l'anglais américain, mais, par ailleurs, c'est probablement le dialecte franco-louisianais le plus proche de l'extinction.

Le créole ou le « parler nègre » se parle dans plusieurs paroisses de l'est et du centre de la Louisiane, c'est-à-dire le pays des bayous. À l'exception de certains habitants blancs des paroisses Saint-Martin, Saint-Jacques, Pointe-Coupée et La Fourche, les créolophones sont en majorité de couleur. En général, le parler des créoles de couleur diffère nettement du cadien tant par la prononciation que par l'intonation. Ce créole reflète peut-être une influence acadienne dans la présence du /r/ roulé de son système phonologique, mais il ressemble en phonologie, en morphologie et en syntaxe au créole antillais. Néanmoins, l'évolution du créole est d'une complexité accrue par son interaction avec le français cadien. Créole et cadien ont de nombreux éléments lexicaux en commun, surtout dans des régions comme la paroisse Saint-Martin, où se produit un contact régulier entre les deux parlers. Le créole semble avoir assimilé aussi certains traits syntaxiques, mais ce phénomène n'est point à sens unique; dans les communautés telles que la paroisse Saint-Martin, une certaine influence morphosyntaxique créole sur le français cadien est reflétée par des éléments isolés. Par contre, les créolophones de Pointe-Coupée, restés relativement isolés du parler cadien, ont un créole assez distinct du cadien de l'ouest, malgré quelques éléments communs.

Les créoles de couleur des prairies du sud-ouest de la Louisiane, où ils sont en minorité, ne parlent plus créole. Ils parlent le cadien avec essentiellement la même syntaxe et le même lexique que les Blancs. La seule influence créole évidente de nos jours se trouve dans la prononciation et l'intonation qui sont les mêmes que pour les créolophones de l'est.

Pour ce qui est du créole des Blancs, il diffère du cadien surtout par la syntaxe et par la morphologie, tandis que son vocabulaire et sa phonologie demeurent semblables à celles du cadien. En général, un grand nombre de ces locuteurs blancs sont capables de modifier leur registre en glissant vers un parler plus ou moins semblable au cadien. Cette capacité diglossique chez les personnes de couleur existe aussi, peut-être à un degré moindre.

Le français cadien dans toutes ses variantes régionales est basé sur les parlers paysans de l'ouest de la France d'où provenaient les premiers colons acadiens. Ces dialectes ou patois fusionnèrent peu à peu lors du contact des nouveaux colons au début de l'établissement de l'Acadie. Son évolution continua après l'arrivée des Acadiens en Louisiane, en raison de l'assimilation d'immigrants français, antillais, espagnols et américains qui s'établissaient à côté de ces Acadiens devenus Louisianais.

En ce qui concerne le parler dit cadien, sa syntaxe et sa morphologie ont été simplifiées dans certains cas par rapport au français «colonial» des créoles blancs. Cette simplification est attribuable à une évolution normale de la langue; le manque d'instruction et donc d'effet stabilisateur de la langue écrite chez ses locuteurs auraient accéléré cette évolution. Ce phénomène présente, entre autres caractéristiques, la réduction des conjugaisons (*vous-autres vas* au pluriel, *vous vas, vous veux, vous fais* au singulier), la simplification des formes pronominales (*nous voulons* —> *on veut, ils dansent* —> *ça danse*) et la disparition du subjonctif dans certaines locutions (*Il faut je fais à souper pour ma femme*). Cependant, on souligne que ces caractéristiques représentent des tendances et non pas des phénomènes globaux. Par exemple, certains verbes gardent leur forme subjonctive plus facilement que d'autres : Il faut (que) t'*aies* /ɛj/ assez d'argent pour acheter un nouveau char; elle sera grande avant (que) je la *voie* /wɛj/; je te donne ces pacanes pour (que) tu te *faises* /fɛz/ des pralines.

Remarquons également que la simplification des formes mentionnées, surtout des pronominales, est plus répandue chez les semi-locuteurs que chez les gens dont le français est vraiment la langue maternelle et usuelle.

D'autre part, on trouve parmi les verbes cadiens certains éléments particuliers, considérés archaïques en français standard moderne. Par exemple, les subordonnées de condition prennent généralement le conditionnel : *Si j'aurais quinze mille piastres, je m'achèterais un char neuf.* Sans vouloir traiter en détail du système phonétique, on devrait mentionner néanmoins la préservation de l'inflexion nasalisée de la troisième personne du pluriel, surtout dans les communautés de souche acadienne : *Ils dansent* est prononcé /i dãsã/ ou /i dɔ̃sɔ̃/, /ã/ et /ɔ̃/ étant deux valeurs d'une seule variable pour un grand nombre de locuteurs. Par ailleurs, l'ancienne prononciation disyllabique de l'imparfait *aient* /eã/ se réduit chez les Cadiens à /jã/ ou /jɔ̃/, et donc *ils avaient* devient /izavjã/ ou /izavjɔ̃/.

En ce qui concerne la fréquence d'usage des formes verbales, il semble que les francophones de Louisiane ont une préférence marquée pour les structures avec une locution auxiliaire + infinitif :

> *avoir pour* (« être obligé de ») — *Mom peut pas venir tout de suite parce qu'elle a pour balayer* /balje/ *le plancher.*
>
> *être après* (« être en train de ») — *Quoi t'après faire? Je suis* /šy/ après finir mon ouvrage.
>
> *aller* (futur proche) — *Equand tu vas laver ton char? Quand ça va arrêter de mouiller.*
>
> *allons* (impératif) — *Allons danser!* pour « Dansons! »; *Allons aller au village!* pour « Allons au village! »
>
> *sortir (de)* (« venir de ») — *T'as faim? Non, je sors (de) manger.*
>
> *être parti* (anticipatoire) — *E-où tu vas? Je suis parti au bal.*
>
> *être en train de* (« être sur le point de ») — *Quoi tu vas faire avec ce linge et ce savon? Je suis en train de laver mon char.*

Pour ce qui est du lexique louisianais, on entend un assez grand nombre de mots venant de la France occidentale, tels que *rouain* (ornière), *besson* (jumeau), *chaintre* (un lieu réservé à l'extrémité d'un champ; « turn row »), *clayon* (une porte de clôture en claie), *clos* (champ) et *graffigner* (égratigner). D'autre part, de nombreux mots devenus archaïques en France s'utilisent encore actuellement dans leur sens original, tels *espérer* (attendre), *postillon* (facteur), *taure* (génisse), *nyc* (nid) et *catin* (poupée). En revanche, d'autres mots subirent une restriction de sens en Louisiane. Parmi eux, on trouve *toilette* (commode), *commode* (toilette), *chaudière* (chaudron) et *habitant* (fermier).

De plus, le besoin de décrire une réalité louisianaise distincte de celles de France et du Canada exigea une adaptation des termes existants et, parfois même, une invention de nouveaux mots. En particulier, on trouve dans le lexique de la nature *cipre* (« baldcypress »), *barbue* (« catfish »), *avalasse* (« cloudburst »).

Puisque les colons français et acadiens s'établirent dans les Amériques par la voie des eaux, tout d'abord le long des bayous et d'autres cours d'eau qui servirent également de voie de communication entre ces établissements, il n'est pas étonnant de constater que la migration des Acadiens vers les prairies de l'Ouest louisianais a été suivie d'un transfert du langage marin à la description topologique des prairies. Dans ce système-ci, la prairie correspond à l'eau et le bois correspond à la terre. Alors, quand on va *au large* dans le sud-ouest de la Louisiane, on s'éloigne du bois; une *anse*, c'est une région où la prairie est entourée de trois côtés par le bois; de même, les termes *île* et *pointe* décrivent des régions de bois entourées entièrement ou partiellement de prairie. Comme ailleurs en Amérique, le français louisianais comprend aussi un corpus de termes marins dont on a élargi l'aire sémantique. Parmi ces termes marins auxquels on a greffé des applications terrestres, mentionnons *paré* (prêt), *larguer* (fatiguer), *naviguer* (voyager), *embarquer* (monter, entrer), *amarrer* (attacher), *virer de bord* (changer de côté) et *haler* (tirer).

Là où le lexique diffère de celui du français européen, que ce soit par des restrictions, des élargissements ou des glissements de sens (et nous n'ignorons pas que ces phénomènes font partie de l'évolution naturelle du français continental aussi!), on constate souvent que des termes dits « standard » restent toujours dans le lexique, mais avec des changements sémantiques correspondant à d'autres besoins lexicaux. En créole, par exemple, où le sens du mot /kuri/ (de *courir*) s'est élargi pour signifier la notion générale d'*aller*, c'est *galoper* qui prend alors le sens usuel de *courir*. Par ailleurs, on trouve *espérer* pour attendre, alors qu'*attendre* veut dire *entendre*, et qu'*espérer* se dit *avoir espoir de*. Le *gaz* ou la *gasoline*, c'est de l'essence, alors qu'*essence* en Louisiane signifie *parfum*. Chez les Cadiens, *voiture* se dit *char*, parce que *voiture* a gardé son sens original de *boghei*. On ne fait pas du *bruit*, mais du *train*, et un *train* est appelé un *gros char*. Le verbe *haler* est préféré à *tirer*, qui généralement s'utilise pour *lancer*, *tirer sur* ou *traire*.

Le français louisianais a été également enrichi par des emprunts aux autres groupes ethniques. Il y a d'abord un certain nombre de mots indigènes, tels que *chaoui* (raton laveur), *chacta* (petit cheval amérindien), *bayou* (embranchement du Mississippi), *tactac* (« pop-corn »), *patassa* (espèce de petit poisson délicieux). Il est important de noter que plusieurs mots amérindiens provenant du Canada faisaient déjà partie du parler acadien au moment de la déportation, tels *micouenne* (« cuillère en bois » en Acadie, qui désigne en Louisiane une espèce de canard au bec en forme de cuillère), *ouaouaron* (espèce de grosse grenouille nord-américaine) et *sacamité* (« hominy », appelé aussi *gros gru*).

L'influence africaine ou antillaise sur le parler cadien est beaucoup moins importante que celles des autres peuples assimilés, mais elle touche néanmoins des aspects fondamentaux de la vie de tous les jours : *gombo* (sorte de soupe), *congo* (espèce de serpent venimeux) et *gombo-févi* (gombo, « okra »).

Parmi les mots espagnols, on trouve : *canica*, *pelota*, *chorizo*, *cocodrilo*, *bagazo* et *tasajo*. En entrant dans le parler cadien, ces mots ont subi une certaine francisation. Ils sont devenus : *canique* (bille), *pelote* (balle ou ballon), *tchourice* (grosse saucisse pour le gombo), *cocodri* (alligator), *bagasse* (résidu de la canne à sucre après l'extraction du jus) et *tasso* (viande de bœuf ou de porc, séchée ou fumée).

La langue autre que le français qui a eu le plus d'influence sur le parler louisianais est sans doute l'anglais américain, influence qui augmente tous les jours. Certains mots anglo-américains font partie du lexique cadien depuis plusieurs générations : *neckyoke, shovel, truck, stove, yard, purse* et *bluff* sont devenus /nekjuk/, /shœv/ ou /shɔv/, /trœk/, /stov/ ou /stɔv/, /jard/, /pœj/ et /blofe/. D'autres, empruntés plus récemment, gardent une prononciation plutôt anglaise, caractérisée typiquement par la même brièveté des sons des voyelles qu'on trouve dans le français : *television, radio, switch, plug, bumper, tire, antenna, tape recorder, can* et beaucoup d'autres. Ces traits de prononciation sont répandus d'ailleurs dans l'anglais que parlent les francophones louisianais.

L'inflexion des formes empruntées présente quelques phénomènes qui mériteraient d'être étudiés plus à fond. Pour ce qui est des formes verbales, il est intéressant de comparer l'assimilation des emprunts anglais chez les Acadiens du Canada, par exemple, avec celle des Louisianais. Les Acadiens canadiens tendent à intégrer leurs emprunts d'une autre façon que les Cadiens. Considérons les exemples suivants :

ACADIEN

> J'ai pas *watché* Scruples hier soir, mais je vas le *watcher* ce soir.
> As-tu *callé* ta mère?
> Cette fille est un peu *flyée*.

LOUISIANAIS

> Et puis, on a *gohead* aller aux courses.
> Il a *back* son char dessus le highway, puis il a *gone*.
> Mon sink est tout *stop up*.
> Je suis sûre peut-être Mom l'a *spank* pour ça.
> Je peux pas *stand* cette musique-là.

Ce qui est intéressant, du point de vue lexical dans les exemples cités ci-dessus, c'est que pour chacun des verbes empruntés, un équivalent français peut s'entendre dans une même communauté et dans l'idiolecte d'un locuteur. En entrant dans le lexique franco-louisianais, ces mots ont peut-être acquis un sens qui n'est plus exactement celui qu'ils avaient en anglais ou en français.

Par ailleurs, dans les emprunts nominaux, on entend rarement le marqueur de l'inflexion plurielle anglaise /s/-/z/, ce qui reflète peut-être le respect de la règle phonétique gouvernant le pluriel en français, c'est-à-dire une inflexion écrite mais non prononcée : «J'ai besoin d'acheter des nouveaux tires /tar/-/taj/ pour mon char»; «T'as vu donc tous les beaux televisions /tɛløvIzhn/ qui il y avait chez Wal-Mart?»

Certaines structures calquées de l'anglais commencent à pénétrer dans la syntaxe du français louisianais. Ce phénomène se voit surtout chez les locuteurs et semi-locuteurs ayant reçu une instruction totalement en anglais.

Ceux-ci parlent généralement mieux l'anglais que le français. On en trouve un parfait exemple dans la phrase suivante. Voulant dire *Va servir ton client*, ce qui aurait été compris par la majorité des Franco-Louisianais, un informateur a dit plutôt : *Va espérer sur ton customer*, un calque direct de l'anglais : *Go wait on your customer*. On compte parmi ce genre de structures :

prendre place	(to take place)	«avoir lieu»
espérer pour	(to wait for)	«attendre»
écouter à	(to listen to)	«écouter»

Un assez grand nombre de mots ont évolué grâce à des phonèmes naturels phonologiques documentés. D'une part, on note la métathèse : *chardron* (chardon), *frêmer* (fermer), *fromille* (fourmi), *frobir* (fourbir), *chesser* (sécher), *chousse* (souche); ce qui paraît être l'assimilation des phonèmes liquides : *carculer* (calculer), *caltron* (carton, quarteron), *rabourer* (labourer); et des formes innovatrices créées probablement par analogie morphologique : *vendre/vendais* —> *prendre/prendais*; *perdre/perdu* —> *moudre/moudu*; *peindrais/peindre* —> *tiendrais/tiendre* /tjɛ̃dr/.

D'autre part, on constate une tendance à affriquer certaines consonnes vélaires : /džœl/ (gueule), /tšø/ (queue), /tšy/ (cul) et /tšyis/ (cuisse). Plusieurs de ces formes, qui existaient déjà dans le parler de l'ouest de la France, ont été importées ici par les colons français.

Les exemples cités plus haut proviennent de régions différentes, mais malgré ces variantes régionales, il existe un français louisianais dont nous espérons avoir donné un aperçu général. Ainsi, malgré certaines divergences marquées, on peut parler d'un corpus linguistique commun aux Louisianais francophones. Comme pour toute langue vivante, les facteurs ayant contribué à son développement sont nombreux et divers, comprenant des influences historiques et socioculturelles ainsi que linguistiques. L'analyse plutôt globalisante que nous avons tentée devrait faire apparaître la nécessité d'études plus poussées sur les points communs et les disparités qui caractérisent le français en Louisiane.

RECHERCHES FRANCO-AMÉRICAINES À L'UNIVERSITÉ DU MAINE : ÉPHÉMÉRIDES D'UNE RENAISSANCE

Robert N. Rioux
Université du Maine (Orono)

Les Franco-Américains sont soit les petits-enfants et arrière-petits-enfants des Canadiens français venus s'installer, entre 1850 et 1920, dans les « Petits Canadas » des villes textiles de la Nouvelle-Angleterre et du nord de l'État de New York, soit les descendants des Acadiens. Dans le Maine, ces deux groupes se divisent plus ou moins géographiquement. Les francophones d'origine québécoise habitent la partie sud de l'État où se trouvent les « moulins » ; ceux d'origine acadienne travaillent la terre dans le nord de l'État, le long du fleuve Saint-Jean. La région de Bangor-Orono-Old Town, dans le centre-est de l'État, semble constituer la frontière entre les deux, car on y trouve des moulins et on y entend parler le franco-américain et l'acadien. Cette répartition géographique n'est pas absolue, car des études récentes montrent que de nombreux francophones d'ascendance québécoise habitent au nord, alors qu'on trouve des descendants d'Acadiens dans le sud du Maine, à Portland par exemple.

Les francophones âgés de 60 ans et plus ont connu des églises, des écoles paroissiales et des journaux français, mais peu après la Deuxième Guerre mondiale, ces journaux ont disparu, suivis de la plupart des écoles et des églises. Néanmoins, à l'Université du Maine, les étudiants francophones s'identifiaient par leur langue et leur religion. À partir de 1959, dans les cours de français, j'avais constaté qu'un grand nombre d'étudiants du sud de l'État n'avaient pas, pour certains phonèmes, la même prononciation que ceux du nord de l'État. De plus, les deux groupes se servaient d'une prononciation qui relevait de l'orthographe du Moyen Âge ou de la Renaissance. Cette constatation m'a amené pendant toute ma carrière à l'université à noter sur fiches leurs particularités de vocabulaire et de prononciation, ainsi que leurs expressions idiomatiques. J'ai relevé, à titre d'exemples, sept façons de prononcer « patate », deux pour « père », « mort » et « cœur ». La prononciation de ces trois derniers mots divisent les deux groupes linguistiquement.

Pendant les années 60, pour attirer l'attention du grand public et des administrateurs de l'Université du Maine sur la présence franco-américaine, je me suis adressé aux enseignants du niveau primaire et secondaire, aux associations des parents d'élèves et des professeurs, aux commissions scolaires, à des sociétés privées comme les Chevaliers de Colomb ou le Rotary Club. À la Faculté d'éducation, on discutait de bilinguisme et de biculturalisme. À la fin de cette décennie, les étudiants franco-américains n'avaient qu'une caractéristique qui les identifiait : leur langue parlée, car la religion avait cessé de représenter une influence majeure dans leur vie à cause des mariages mixtes et des conflits linguistiques.

En 1968, à l'instar des Afro-Américains, les étudiants qui parlaient français ont organisé à leur tour des réunions pour faire valoir leur présence à l'université et, plus tard, dans l'État. Au cours de ces rencontres, les Acadiens ont découvert les Franco-Américains qui avaient connu, comme eux, des professeurs qui les avaient sévèrement punis ou humiliés quand ils employaient un français qui n'était pas celui de la France, un français qu'ils écrivaient mal.

Armé de la liste de leurs revendications, je me suis présenté chez le directeur du Département de langues étrangères et classiques. Nous avons aussitôt décidé d'attaquer de front le problème, en proposant un cours sur la littérature québécoise au doyen de la Faculté des lettres. Cette première proposition acceptée, nous avons pu, par la suite, offrir toute une gamme de cours aux étudiants du baccalauréat ès arts et de la maîtrise en français.

Les devoirs écrits ont pris la forme de travaux pratiques, liés à l'évolution de l'âme franco-américaine.

C'est ainsi que les étudiants en littérature québécoise ont effectué la plupart des recherches qui ont servi de base au deuxième cours portant sur la civilisation franco-américaine. Ils ont relevé dans les bibliothèques municipales des grandes villes de l'État tout ce qui semblait être franco-américain; ils ont photocopié toutes les bibliographies susceptibles de contenir des renseignements portant sur la franco-américanie; ils ont visité *Bowdoin College* (à Brunswick, dans le Maine), où il y avait eu des instituts franco-américains, et l'Université de Virginie où l'on offrait un cours sur la littérature canadienne-française; ils se sont informés du contenu des bibliothèques appartenant aux sociétés catholiques (entre autres, l'Union Saint-Jean-Baptiste, l'Association canado-américaine, la Fédération féminine franco-américaine). Ces jeunes chercheurs ont découvert une véritable mine de documents (romans, poèmes, contes, articles, légendes, folklore, anecdotes, lettres, musique, photos, peintures, manuscrits, règlements scolaires, recensements, procès) et de ressources humaines (prêtres, maîtresses d'école, professeurs au niveau secondaire, religieuses, femmes de ménage, juges, médecins, généalogistes, Amérindiens), toutes gens de 35 ans et plus qui avaient à dire ou à raconter quelque chose qui pouvait aider les jeunes Francos à la recherche de leur identité. J'ai, quant à moi, passé trois semaines à la bibliothèque de l'Université Laval où j'ai pris note de tout ce qui expliquait la langue canadienne-française, en particulier de tout ce qui avait rapport à la langue franco-américaine.

En 1970, on a tenté de faire reconnaître par la cour fédérale à Washington les Franco-Américains comme groupe minoritaire ethnique, ce qui leur aurait donné droit, entre autres, à des subventions fédérales. Malheureusement, bien que la législation ait été préparée et présentée par le Département d'éducation de l'État du Maine, en collaboration avec le Bureau fédéral d'éducation, la requête a été rejetée par le Congrès.

L'année scolaire 1971-1972 à l'Université du Maine a marqué un point tournant : le vice-président aux affaires académiques a demandé que l'on fasse dans la vallée de la Saint-Jean une enquête sur les cours (traduction, stylistique, linguistique) essentiels aux professeurs de français du niveau secondaire. Ce même administrateur a aussi exigé que l'on prépare un programme d'études franco-américaines portant sur la question des Franco-Américains et comprenant la sociologie, l'histoire, l'économie, etc. En avril, le seul professeur d'origine franco-américaine le directeur provisoire du laboratoire des langues, et un étudiant franco-américain proposent que les jeunes Franco-Américains qui se réunissaient presque toutes les deux semaines adoptent le sigle de « F.A.R.O.G. », jolie façon de s'approprier l'épithète péjorative *frog* (grenouille), en lui donnant une nouvelle signification : *Franco-American Resource Opportunity Group*. Dans la section française du Département de langues, on a offert pour la première fois un séminaire sur la langue française du Maine et un autre sur la littérature canadienne-française, au niveau de la maîtrise. Nommé conseiller d'orientation professionnelle, je recevais les Franco-Américains dans mon bureau.

Pendant l'année scolaire 1972-1973, le mouvement franco-américain prend de l'ampleur : le *NEAPQ Center* (New England-Atlantic Provinces, Quebec Center/Centre Nouvelle-Angleterre, Provinces Atlantiques et Québec), situé à l'Université du Maine, organise un symposium sur les Français habitant ces trois régions ; au colloque sur le bilinguisme (chez les francophones) dans l'État du Connecticut (Nouvelle-Angleterre), on obtient l'autorisation de publier et de diffuser les nouvelles universitaires en français ; la Faculté d'éducation offre un cours de cinq semaines sur le bilinguisme et le biculturalisme ; la Commission de l'État du Maine pour les arts et les humanités octroie une subvention afin de présenter une série de communications publiques ; on prépare, pour la télévision, un vidéo sur « Les Franco-Américains du Maine » qui sera diffusé à Moncton ; et on réserve aux Franco-Américains une section française des cours « Français pratique » et « Lectures de littérature canadienne-française ». La « Méthodologie de l'enseignement des langues étrangères » et les « Contributions des groupes linguistiques européens à l'héritage culturel des Américains » ont consacré plusieurs conférences à la présence des francophones. Et, pour couronner le tout, le vice-président aux Affaires académiques m'a prié de préparer un budget afin de créer un centre franco-américain. À la demande des étudiants, le FAROG est passé sous la direction du vice-président des Affaires estudiantines.

L'année 1973 a vu la création de *CODOFINE (Council for the Development of French in New England*/Conseil pour le développement du français en

Nouvelle-Angleterre) dont le modèle est le *CODOFIL* (*Council for the Development of French in Louisiana* / Conseil pour le développement du français en Louisiane.) Son premier colloque a eu lieu à Manchester (New Hampshire). Les représentants des six États de la région ont été invités par le sénateur Edmund Muskie du Maine à une séance sur l'éducation bilingue, tenue à Washington (D. C.). Ce séjour m'a permis de prendre contact avec les directeurs des écoles dans les villes francophones. La même année, des étudiants ont traduit en français les nouvelles du jour qu'ils ont diffusées à la *Maine Public Broadcasting Network*. La section française du Département de langues accepte d'offrir un diplôme en études franco-américaines. Sept autres départements de la Faculté des lettres ajoutent un cours ou une partie d'un cours portant sur un aspect franco-américain qui les intéresse, soit la famille franco-américaine ou l'émigration des Canadiens français et la création des «Petits Canadas». En 1973 toujours, un candidat à la maîtrise en français défend une thèse — la première — sur la littérature canadienne-française. En stylistique française, on met au programme un texte québécois. Les Presses de l'Université du Maine publient *Vers l'évolution d'une culture* de Céleste Roberge, étudiante et membre du FAROG.

En 1974, les recherches en langue franco-américaine sont le sujet de communications présentées à Providence (Rhode Island), à Lewiston, à Portland et à Farmington (Maine). On réalise deux vidéos sur la langue franco-américaine dont l'un est diffusé à Providence et l'autre, à Manchester. Le Centre franco-américain commence la publication de son journal, le *Farog Forum*. « Irrévérencieux, frondeur, hyper-critique, abusant du sarcasme, le *Forum* agace par son intolérance à l'égard des valeurs traditionnelles, par son insistance obsessive sur le mauvais côté des choses, et par une audace qui n'évite pas toujours l'arrogance » (Armand Chartier, *Histoire des Franco-Américains de la Nouvelle-Angleterre, 1775-1990*, Sillery, Septentrion, 1991, p. 341). J'assiste au colloque sur «l'Histoire française nord-américaine» tenu à l'Université Laval. À ce colloque, je fais la connaissance de Gaston Dulong qui donne à mes travaux un pli scientifique.

Pour continuer mes recherches, j'ai eu recours à une société de pâtes et papiers dont l'aide financière m'a permis de former une équipe de huit étudiants qui, ces quatre dernières années, ont choisi dans 105 villes, villages et communes franco-américains, un témoin, âgé d'au moins 45 ans, né sur les lieux, qui parlait français. À ces témoins, l'équipe a posé les 84 questions sur le vocabulaire de l'intérieur et de l'extérieur de la maison, qui se trouvent dans le premier volume de l'œuvre de MM. Dulong et Bergeron. Puisqu'il s'agissait d'une enquête géo-linguistique, on s'intéressait moins à la réponse correcte enregistrée sur magnétophone (101 cassettes) qu'à la prononciation. À la même époque, une trentaine d'étudiants ont passé quinze jours à Québec pour se familiariser avec la langue et l'histoire québécoises.

En 1975, Jacqueline Delobel-Brimmer et moi-même traduisions le manuel des *Labor Laws of the State of Maine* à l'intention des travailleurs canadiens-français qui comprennent à peine l'américain et qui le parlent encore moins. Ce *Guide sur les lois du travail* a été publié par le Bureau de l'Éducation au Travail/*Office of Labor Education* situé à l'Université du Maine. La même année, «Survol de la littérature canadienne-française» devient obligatoire pour avoir accès aux cours de littérature française avancés.

Durant mes années de congé, j'ai passé quatre mois à l'Université Laval où j'ai poursuivi mes recherches sur l'émigration, la langue, la littérature et la civilisation, puis cinq semaines dans les États de la Nouvelle-Angleterre autres que le Maine, afin de faire le lien entre ces questions et l'actualité franco-américaine. J'ai ensuite passé deux années au Zaïre où, grâce à un horaire réduit, j'ai pu écouter une soixantaine de cassettes, transcrire les réponses au questionnaire en alphabet phonétique, puis traduire les réponses en français standard.

De retour d'Afrique, j'ai accepté le poste de professeur invité à l'Université Laval où, avec l'aide de M. Dulong, j'ai précisé le système phonétique franco-américain. Vers la fin de l'année scolaire, j'ai fait une communication sur «l'identité linguistique des Franco-Américains», avec cartes, statistiques et exemples du système phonétique. Le séjour à Laval m'a aussi permis d'assister aux cours de «Dialectologie franco-québécoise» et de «Phonétique du franco-québécois». Cette même année, à l'Université du Maine, la Faculté d'éducation a reçu, pour une période de trois ans, une subvention du *National Endowment for the Humanities* pour un *Canadian and Franco-American Studies Project*. Le directeur général du projet, le professeur Stanley Freeman Jr., a invité des chercheurs chevronnés à venir présenter leurs travaux à ses collègues et a encouragé ceux-ci à se lancer dans le domaine des recherches franco-américaines. M. Freeman a fait publier avec Raymond Pelletier un *Manuel du professeur pour introduire les études franco-américaines/ Initiating Franco-American Studies* (Presses de l'Université du Maine). Pour marquer la fin du projet, M. Pelletier, directeur adjoint, a organisé en août 1981, un colloque, «*The French Experience in North America/ Être français dans l'Amérique du Nord*», auquel a participé Antonine Maillet. L'année précédente, soit en février 1980, l'Université du Maine avait organisé *A Franco-American Faculty Seminar*. Au cours des années suivantes, trois thèses de maîtrise en pédagogie et une en lettres ont été soutenues.

Douze ans après les débuts du mouvement franco-américain à l'Université du Maine, le vice-président aux Affaires académiques nomme un comité franco-américain composé de représentants de toutes les facultés. Tom Skaggs du Bureau de Testing et de Recherches fait publier les résultats d'un sondage, *UMO Freshmen: 1981: Results of a National Survey*. La section française consent, pour le diplôme, à ce que les cours de «Civilisation québécoise» ou de «Civilisation franco-américaine» soient l'équivalent du cours de «Civilisation française» et ajoute au programme «Histoire de la langue française en Amérique du Nord» et «Romans du Québec». Grâce aux liens avec le gouvernement du Québec, deux Américaines, futures professeures de français, font un stage pédagogique dans une école secondaire québécoise.

Marcella Sorg, du Département d'anthropologie, publie un article dans le *Farog Forum*: « Franco-American Freshmen at UMO : A Preliminary Survey » (novembre, 1982, p. 1-7).

La Faculté d'éducation reçoit une subvention du gouvernement fédéral afin de gérer un institut destiné à l'entraînement des professeurs bilingues (français). L'Institut existe pendant trois ans et dispose de fonds qui ont permis à plusieurs professeurs d'entamer ou de continuer des recherches en vue de compléter une thèse de maîtrise. Cet institut m'accorde un octroi pour préparer un cours de conversation/composition destiné uniquement aux étudiants franco-américains.

Le cours se donne pour la première fois, au cours de l'année scolaire 1983-1984, à une quinzaine d'étudiants qui ont besoin d'apprendre comment passer de la langue orale à la langue écrite. Comme j'ai moi-même besoin de méthode, je me rends à l'Université du Québec à Chicoutimi où travaillent deux spécialistes de la question. Cette année-là, les communications se multiplient : au *Plymouth State College* dans le New Hampshire : « Origines historiques de quelques prononciations franco-américaines »; à l'*American Dialect Society at New York City*, « La langue franco-américaine »; à l'école secondaire de Gorham (Maine), « Le franco-américain ». Un Franco-Américain propose d'écrire sa thèse de doctorat sur l'éducation bilingue dans le Maine. Et avant la présentation de *La Sagouine*, je distribue dans les cours de français une liste de mots acadiens et j'initie les étudiants à la prononciation acadienne.

En 1984, je fais une seule communication, « Recherches linguistiques franco-américaines », lors d'un colloque sur le bilinguisme. Deux années d'absence de l'université m'ont donné le temps de compléter l'analyse des cassettes. De ce travail sont sorties non seulement les réponses aux questions et la transcription phonétique de ces réponses, mais aussi la récupération de matériaux divers : remarques, explications, anecdotes, chansons, critiques et histoire.

Je présente une communication intitulée « L'Amérique francophone » en juin 1985, au Centre culturel américain à Brazzaville, au Congo. Le professeur d'histoire C. Stewart Doty publie aux Presses de l'Université du Maine *The First Franco-Americans : New England Life Histories from the Federal Writers' Project, 1938-1939*.

À l'Université du Maine, en mai 1986, un Franco-Américain termine sa thèse sur le bilinguisme et reçoit son doctorat. Une équipe de trois professeurs se rend à Lewiston faire des enregistrements (une centaine de cassettes), monter une exposition de photographies et préparer un film fixe. Ces travaux ont été déposés dans les archives du Centre de folklore à l'Université du Maine.

De retour à l'université en janvier 1987, j'ai rédigé une liste de mots en indiquant leur prononciation d'origine picarde, normande ou poitevine.

Yves Frenette fait paraître «La genèse d'une communauté canadienne-française en Nouvelle-Angleterre, Lewiston, Maine, 1800-1880» dans *Historical Papers — 1989 — Communications historiques* (p. 75-99), article qui porte le même titre que sa thèse de doctorat soutenue à l'Université Laval. Pour moi, le grand événement de 1989 à l'université a été, en avril, les conférences, les causeries et les lectures d'Antonine Maillet.

En juin 1990, deux communications ont été présentées au premier colloque de la CEFAN (Chaire pour le développement de la recherche sur la culture d'expression française en Amérique du Nord) tenu à l'Université Laval sur le thème «Le Québec et les francophones de la Nouvelle-Angleterre»; la première, d'Yves Frenette et Yves Roby, s'intitule «Guide du chercheur en études franco-américaines: un projet»; la deuxième de M. Doty, *Franco-American History Projects in the State of Maine; Oral History, Historic Photographs, and Archival Surprises.*

En 1991, la CEFAN publie, sous la direction de Dean Louder, les actes du colloque aux Presses de l'Université Laval (*Le Québec et les francophones de la Nouvelle-Angleterre*, Québec, PUL, 1991). Le professeur Doty fait paraître un ensemble de photographies, *Acadian Hard Times: The Farm Security Administration in Maine's St. John Valley, 1940-1943*, publié aux Presses de l'Université du Maine. Maintes photographies de la collection ont été exposées à Fort Kent et à Orono (Maine), ainsi qu'à la *Boston Public Library.*

En 1992, un candidat à la maîtrise défend sa thèse en histoire. Seul le cours de «Civilisation franco-américaine» attire les professeurs anglophones. De plus en plus, les étudiants dont les parents emploient le français ne parlent qu'américain; il y en a même qui nient leur héritage linguistique: le mouvement des jeunes Franco-Américains paraît avoir vu ses meilleurs jours. En revanche, de temps à autre, un(e) Franco-Américain(e) demande qu'on lui enseigne la langue de ses parents ou de ses futurs beaux-parents.

Au niveau du premier cycle, on constate que les étudiants ne s'intéressent pas au fait franco-américain. Au deuxième cycle, où on n'enseigne ni la linguistique, ni l'histoire de la langue française, ni l'histoire du français en Amérique du Nord, ni la traduction, la section française accepte de plus en plus d'enseignants adjoints franco-américains qui enseignent à mi-temps, assistent aux cours et préparent une thèse.

Les recherches franco-américaines vont bon train, celles, entre autres, du professeur Doty qui ont suscité trois thèses de maîtrise. Mon enquête géolinguistique du français dans l'État du Maine touche à sa fin. À l'aide de l'ordinateur, d'autres recherches se poursuivent et devraient aboutir à la publication d'un glossaire (plus de 13 000 fiches) franco-américain avec précisions sur la prononciation locale, comparée à celle des provinces françaises et du français standard.

Le Centre franco-américain vient de passer à nouveau sous la juridiction du vice-président aux Affaires académiques. Le Département des langues étrangères et classiques change de nom pour prendre celui de Département des langues modernes et classiques. C'est ainsi que le français, dans le Maine, cesse d'être une langue étrangère!

PORTRAIT D'AUTEUR : DAVID MARCANTEL

Érik Charpentier
Université Southwestern (Lafayette, Louisiane)

> Dans les marécages de la Louisiane, il y a des terres si imbibées d'eau qu'elles tremblent quand on marche dessus... la «prairie tremblante». Lorsque le piégeur de bêtes à peau traverse la prairie tremblante, c'est en faisant grande attention, parce qu'il ne sait jamais à quel moment la couche d'herbes cédera et il tombera.
>
> David E. Marcantel, *Nathalie.*

David Marcantel est né en Louisiane il y a une quarantaine d'années. Avocat de profession, il pratique à Jennings — petite ville située entre Lafayette et Lake Charles, sur la «prairie tremblante» — où il vit, avec sa femme Simone Patenaude (d'origine québécoise), son fils Pierre (quinze ans) et sa fille Nathalie (treize ans). Comme beaucoup de ses contemporains, il redécouvre sa «francophonie» après une enfance et une adolescence passées presque exclusivement en anglais.

«Tout dans la vie officielle en Louisiane est en anglais. Quatre-vingt-quinze pour cent de ma vie se déroule en anglais, même si je suis capable de vivre en français. Ce sont les circonstances de la vie. Il y a des personnes qui peuvent travailler en français, mais ce sont des fermiers, des pêcheurs ou des charpentiers. Des personnes qui travaillent plutôt avec leurs mains. Mais dès qu'il s'agit de mettre des mots sur le papier, comme un avocat par exemple, là c'est en anglais.»

À ses débuts, comme la plupart des écrivains francophones louisianais, il adopte une série de pseudonymes pour exprimer ce qui ne se dit pas en anglais, ou ce qui ne doit pas se dire. Comme au mardi gras, il revêt un déguisement qui lui permet de s'effacer de la Louisiane anglophone de tous les jours.

David Marcantel lie son travail d'écriture à un groupe d'auteurs franco-louisianais, tous descendants d'une même tradition orale riche, complexe et métissée. Comme eux, il se fait porte-parole de l'oralité francophone louisianaise par l'écriture. Comme le griot chez les anciennes tribus africaines, il transmet la tradition; mais tout en la réinventant, tout en la pliant à son individualité d'écrivain.

* * *

FA – À qui est-ce que je parle ce matin? Est-ce à David Marcantel, à Émile DesMarais ou à Marc Untel? Qui est-ce qui est ici devant moi?

DM – C'est David Émile Marcantel qui est ici ce matin... J'ai écrit avec trois ou quatre noms de plume. J'ai commencé avec Pierre Cocodrie. Puis je suis devenu Émile DesMarais, parce que je passais beaucoup de temps dans les marécages : j'ai pris mon deuxième prénom « Émile » et pour « DesMarais »... je pensais vraiment « des marécages ». Ensuite, j'ai pris le nom de mon père, qui est « Marcantel », et le nom de ma mère, « de Gravel », et j'ai fait « Marc Untel de Gravel » : j'ai pensé au Frère Untel quand j'ai fait ça.

Et je pense qu'on [la plupart des auteurs de la renaissance de la littérature franco-louisianaise] a eu tous ces noms parce qu'au début nous étions gênés d'écrire sous nos vrais noms. Et aussi je pense que nous voulions donner l'impression d'être plus nombreux à écrire que nous l'étions en vérité.

FA – Jean Arceneaux avait donc raison dans *Schizophrénie linguistique*, quand il parlait d'un individu profondément divisé, avec une identité complètement anglophone, et l'autre francophone; sans possibilité de réconciliation entre les deux.

DM – Au début on le ressentait. Mais pour moi, ce n'est plus comme ça maintenant. J'ai complètement intégré l'anglais et le français dans ma vie, je suis moins gêné. Et je crois que c'est un peu général. Je ne pense pas que c'était au hasard que nous prenions ces noms de plume; c'était comme si nous avions deux vies : une vie d'écrivain et une vie américaine. Ainsi, presque tout le monde a pris des noms de plume, parce qu'on avait tous, plus ou moins, des prénoms anglais. Et ceux qui étaient voués à la cause française ne voulaient pas écrire sous un nom anglais.

FA – À quelle époque tout cela s'est-il déroulé?

DM – Dans les années soixante-dix à peu près. C'est Barry Ancelet qui a commencé à écrire, et c'est le Québec qui nous a lancés. Le Québec avait organisé un retour aux sources, et pas mal de Louisianais sont allés là-bas. Le Québec essayait de faire venir des Franco-Américains.

FA – Au Québec.

DM – Dans la ville de Québec. Et dans le cadre de ce retour aux sources, il y avait une soirée de « Paroles et Musique ». Mais ça faisait cinquante ans que les Louisianais n'avaient rien écrit sur papier, en français. On avait écrit beaucoup de chansons, on avait enregistré beaucoup de ces chansons qui étaient en fait de la poésie, mais qui n'étaient pas considérées comme de la poésie. Et franchement, je ne vois pas pourquoi il n'y a rien eu d'écrit entre 1917 et les années 1970. Pendant cette période, il n'y a eu tout simplement rien en Louisiane. Donc la Louisiane n'avait rien à présenter, du côté écriture. Et Barry Ancelet s'est dit : « Mais il faut écrire quelque chose! » Il s'est lancé avec cette idée et ç'a été le début de tout le mouvement qui existe maintenant. En plus, le livre *La Sagouine*, d'Antonine Maillet, a eu beaucoup d'influence en Louisiane. Parce que les gens qui étaient vraiment intéressés par la survivance acadienne voyaient dans ce livre qu'il est possible d'écrire en acadien. L'acadien en Louisiane, ou le cadien, n'est pas identique à l'acadien du Canada. Ici, la langue n'a pas exactement évolué de la même façon. Mais ça nous a inspirés d'aller parler aux vieux et d'écrire ce qu'ils disaient. D'inventer autres choses aussi, mais en utilisant ce parler cadien. Et depuis, il y a beaucoup de personnes qui écrivent en Louisiane.

FA — Avez-vous été élevé principalement en anglais ou en français?

DM — J'ai été élevé en anglais, comme tous les enfants de mon époque.

FA — Mais le son français existait.

DM — Oui, j'entendais le français autour de moi. Mais je ne le parlais pas.

FA — Quand avez-vous pris la décision de le parler?

DM — Quand j'entendais quelqu'un parler français autour de moi, je voulais comprendre. La plupart des autres enfants n'étaient pas intéressés, mais pour moi, c'était important. J'écoutais. J'avais seize ans la première année où j'ai pu suivre un cours de français. Je ne parlais pas français, à part quelques phrases. Je pratiquais avec les gens qui m'entouraient, et je n'ai jamais arrêté. À Jennings, d'où je viens, la station de radio a une émission en français depuis quarante-cinq ans. Cela a beaucoup aidé aussi. Le français, quand j'étais jeune, était complètement négligé. Les enfants ne savaient pas qu'ils étaient d'origine française, même s'ils avaient des noms comme « Hébert » ou « Leblanc », qui sont toujours prononcés à la française. Dans les écoles, le fait qu'il y avait du français en Louisiane n'était jamais mentionné. Du premier au douzième livre, il n'y avait qu'un paragraphe qui mentionnait qu'il y avait des Acadiens qui avaient été expulsés du Canada et qui étaient venus en Louisiane. On passait ce paragraphe en un jour. Si l'enfant était absent ce jour-là, il manquait toute l'histoire.

FA — Est-ce qu'on écrit beaucoup en Louisiane aujourd'hui?

DM — S'il y avait assez de public, il y aurait beaucoup plus d'écrits. Il est difficile d'écrire beaucoup quand on sait que l'on écrit pour un petit public. Le pourcentage des Cadiens capables de lire ce que nous écrivons est minime! Il y a beaucoup plus d'écrits sur la Louisiane par des auteurs de France, qu'il y en a en Louisiane. Les auteurs louisianais écrivent sur la Louisiane, mais nous n'avons pas eu de grands succès, comme Jean Vautrin, qui a gagné le prix Goncourt. Bien que les livres de poésie louisianaise aient été publiés ailleurs — en France et au Canada — nous n'avons jamais trouvé de public là-bas.

FA — Comment expliquez-vous les différentes orthographes du cadien?

DM — Ça dépend de chaque auteur. Ça dépend de combien de temps l'auteur a étudié le français standard. Dans le français standard, il y a beaucoup de sons qui s'écrivent de façons différentes. C'est le même son, mais ça peut s'écrire de façons différentes. Si on n'a pas mal étudié le français standard, on peut choisir l'orthographe qui convient à un son. Tandis que quelqu'un qui a peut-être suivi deux ans de français à l'école secondaire est moins capable. Alors, je pense que c'est cela qui explique les variations. Et aussi, il n'y a pas de «bureau de la langue française»; quelqu'un qui va dire comment ça devrait être écrit. Il y a eu beaucoup de disputes sur l'orthographe du mot «cadien». Et même là, ce n'est pas décidé. Mais tout le monde est d'accord que ce n'est pas «cajun». Comment écrire: «a m'a dit que'que chose»? Tout le monde peut avoir son opinion.

FA – De quoi traitez-vous dans votre poésie?

DM – Je ne pense pas vraiment que je suis poète. Je me considère comme «écrivain de circonstances». Si on a besoin d'un conte, j'écris un conte. Si on a besoin d'un discours, j'écris un discours. Si on a besoin d'un poème, j'écris un poème. Je ne suis pas poète. Il y a des poètes en Louisiane qui écrivent en français et qui sont beaucoup plus forts que moi. J'essaie d'écrire des choses que j'ai vécues. C'est plus ou moins ce que tous les auteurs du monde font pour être certains de dire la vérité. J'essaie de mettre dans mes textes les choses que les gens m'ont dites, plutôt que d'inventer une circonstance que je n'ai jamais vue. D'ailleurs, tous les écrivains d'ici sont vraiment enracinés dans la Louisiane.

FA – Vous vous dites «écrivain de circonstances». À quel rythme écrivez-vous?

DM – Pas très régulièrement, mais de temps à autre. Par exemple, j'ai écrit ce texte, *Nathalie* [sur sa fille handicapée], parce que je fais partie d'une association qui s'appelle «Toastmasters». Et dans notre club, nous faisons notre discours en français. Nous sommes les seuls «toastmasters» dans tous les États-Unis qui font les discours en français. Et j'avais besoin d'un discours, alors j'ai écrit ce texte comme un discours. Mais ça n'a jamais été publié. Ensuite, je t'ai remis une traduction de l'évangile de Matthieu.

FA – Pourquoi cette traduction?

DM – J'ai essayé ça parce que je me suis dit que beaucoup de langues se sont normalisées en traduisant la Bible. Et la Bible a été traduite dans 30 000 langues et dialectes, ou quelque chose comme ça.

Et ça n'a jamais été traduit en cadien. J'ai lu un article dans *L'Actualité* une fois, où on disait qu'il y avait un groupe au Québec qui voulait une traduction en joual. Ça m'a inspiré... «l'évangile selon ti-Jean ou quelque chose». Alors j'ai pris l'évangile de Matthieu et j'ai tout traduit en cadien. Pour chaque phrase je me disais, qu'est-ce qu'un cadien dirait véritablement? C'est assez long, et c'était juste pour le plaisir de l'avoir fait. Je voulais juste que ça existe. Toutes les traductions françaises de la Bible sont au passé simple, et le passé simple est inconnu en Louisiane : totalement incompris et pas utilisé du tout. Est-ce que les Français de France ont jamais parlé au passé simple ? Non, c'était une façon littéraire d'écrire. Et en Louisiane, puisque la langue a survécu seulement grâce aux mots que les gens utilisaient, personne ne l'a jamais appris. Le cadien est une variété du français, je voulais adapter l'évangile de Matthieu à cette variété.

FA — Et ce texte, *Noël en Louisiane*, dans quelles circonstances l'avez-vous composé ?

DM — Je voulais faire une chanson de Noël parce que tous les cantiques de Noël parlent de neige, de choses qui se passent ailleurs, dans d'autres pays « plus nordiques ». Alors j'ai commencé à écrire ce texte, et le poème était trop long pour une chanson. Ç'a fait qu'on a pris quelques paragraphes et on en a fait une chanson. Ç'a été enregistré par ma sœur, Nancy Tabb Marcantel, et ça passe à la radio au moment de Noël. Je pense que c'est à peu près la première chanson de Noël qui parle vraiment de ce que nous faisons à Noël, en Louisiane, et qui n'a rien à voir avec la neige, ni les traîneaux. Ça a plutôt rapport avec des feux de joie [sur les levées], des feux d'artifices et... la musique d'accordéon.

FA — Et l'avenir de la littérature franco-louisianaise ?

DM — Avec tous les programmes d'enseignement du français qui existent dans les écoles maintenant, nous allons former des gens qui savent lire et écrire le français. Alors je pense qu'on va avoir une littérature grandissante. De temps à autre, on fait encore des soirées « Paroles et Musique », et il y a des gens qui sortent des choses de leurs tiroirs. Des gens qui travaillent beaucoup d'heures, juste pour le plaisir d'avoir créé, d'avoir laissé des traces à l'effet que nous existons ici. La musique est tellement éphémère, ça s'oublie si vite. Il y a au moins une trentaine de personnes qui écrivent en français des textes de très bonne qualité. Il serait souhaitable que ça soit disponible à tous ces étudiants de français, pour créer chez eux un sens de l'ethnicité. Une prise de conscience que le français n'est pas une langue étrangère, qu'ils sont en train de rattraper le temps perdu. C'est un héritage qui est le leur et qui leur a été volé.

N.D.É : Étant donné que les textes des auteurs cadiens sont souvent difficiles à se procurer à l'extérieur de la Louisiane, nous avons fait une exception en reproduisant ci-après trois textes inédits composés par David Marcantel.

NATHALIE

« *Bon courage* », « *Tenez bien* », « *Lâche pas la patate* ». *Cette dernière expression, typiquement cadjine, est très utilisée en Louisiane, mais je n'ai jamais su au fond ce que cela voulait dire avant la naissance de notre fillette Nathalie.*

Quand Nathalie est née, elle semblait parfaite. C'était seulement au moment où les autres enfants de son âge commençaient à marcher et à courir que l'on s'est inquiété. Chaque fois que Nathalie essayait de se mettre debout, elle tombait. Elle ne tombait pas comme un bébé tombe, sur ses fesses, sans se faire mal. Non, elle tombait comme un arbre que l'on coupe dans la forêt, incapable d'arrêter sa chute. Et souvent elle se faisait mal. Après avoir visité bien des médecins, il a fallu se rendre à l'évidence. Nathalie avait une paralysie cérébrale. Elle n'allait pas marcher. Des crises d'épilepsie sont venues par la suite compliquer encore la situation.

Dans les marécages de la Louisiane, il y a des terres si imbibées d'eau qu'elles tremblent quand on marche dessus. On appelle ce phénomène la « prairie tremblante ». Lorsque le piégeur de bêtes à peau traverse la prairie tremblante, c'est en faisant grande attention, parce qu'il ne sait jamais à quel moment la couche d'herbe cédera et qu'il tombera. Pour Nathalie toute la terre est une prairie tremblante qui bouge et tremble en dessous de ses pieds. Elle vit un tremblement de terre continuel.

Ainsi Nathalie continuait à ramper pendant que les autres enfants de son âge couraient. Il faut dire qu'elle rampait très vite. Elle jouait à quatre pattes avec les autres enfants. Mais elle n'abandonnait jamais l'idée de marcher, elle aussi.

Nathalie est très petite. Elle est canaille, mais elle a bon caractère. Même si elle tombait 30, 40, 50 fois par jour, elle recommençait ses efforts de marcher. Souvent elle se frappait la tête ou la figure dans sa chute. Elle avait des bleus partout. Mais elle me disait à moi : « Lâche pas la patate, papa ! » Et elle tentait sa chance de nouveau.

Nathalie a une philosophie amusante de la vie. Elle dit a tout le monde qui veut l'écouter : « Tracasse-toi pas, sois heureux. »

Nathalie nous a appris à apprécier ce que nous avons plutôt que de regretter ce que nous n'avons pas. Pour y arriver, elle cite souvent un vieux sauvage qu'elle a vu dans un film western à la télévision. Elle dit sagement : « Un morceau de chien bouilli a assez bon goût quand on est à la crève de faim. » Notre chienne Muffy a toujours l'air inquiet quand elle dit cela.

Avec le temps, Nathalie a appris beaucoup de choses : comment se tenir debout toute seule, comment sauter de joie sans quitter la terre, comment danser sans bouger les pieds. Elle a même appris à marcher si je lui tenais la main d'un côté et sa mère de l'autre côté. C'était une grande victoire. Nathalie était en sécurité au sein de notre famille.

Mais le jour est arrivé où il fallait que Nathalie commence l'école. Elle avait six ans. Nous avions si peur car nous ne pouvions pas être là pour lui tenir les mains. Elle ne pouvait pas ramper d'une classe à l'autre. Qu'allions-nous faire ? J'ai bien discuté du problème avec le principal de l'école, mais, malgré ses assurances, je restais inquiet.

En arrivant à l'école avec Nathalie, le premier jour, j'avais la gorge serrée.

Mais Nathalie était attendue. À l'entrée de l'école primaire, il y avait une foule de petits enfants qui se disputaient le droit de lui tenir les mains. Noirs et blancs, garçons et filles, riches et pauvres, ils ont pris les mains de Nathalie et elle est partie à sa salle de classe marchant comme une princesse. Et tous les jours, c'était la même chose.

À la fin de la première semaine, j'ai demandé à Nathalie comment elle trouvait l'école. Elle m'a dit très sérieusement : « J'ai un gros problème. Stacie veut m'aider, et Heather veut m'aider et Tom et Suzanne et Meagan et beaucoup d'autres veulent m'aider. » J'ai demandé : « Mais alors, quel est le problème ? »

Nathalie m'a regardé tout exaspérée : « Je n'ai que deux mains ! »

Pour la fête de la veille de la Toussaint, tous les enfants se déguisaient pour aller à l'école en costume. Nathalie m'a dit qu'elle voulait y aller habillée en paillasse. Je lui ai dit : « C'est une bonne idée, Nathalie. Mais pourquoi habillée en paillasse ? » Elle m'a expliqué patiemment : « Parce que les paillasses, papa, ça tombe beaucoup. »

Maintenant Nathalie a dix ans et elle marche toute seule. Ces jours-ci c'est surtout lorsqu'elle court qu'elle tombe ! Si vous n'avez jamais vu Nathalie partir à travers un champ, courant à sa façon et traînant un cerf-volant derrière elle, vous n'avez jamais vu la joie incarnée. Elle vole de ses propres ailes. Oui, elle a fait beaucoup de progrès, et moi aussi.

J'ai appris beaucoup de Nathalie. J'ai appris sa danse où on ne bouge pas les pieds. On appelle cette danse « le grouillement ».

J'ai appris que pour traverser la prairie tremblante de la vie, il faut que tout le monde, noirs et blancs, garçons et filles, riches et pauvres se tiennent les mains et que nous marchions ensemble.

Et j'ai appris que, même si on tombe des centaines de fois, et que cela fait très mal, il ne faut jamais jamais lâcher la patate !

LA BONNE NOUVELLE DE MATTHIEU EN CADIEN, Chapitre 28

Jésus revient à la vie

28 1 *Après le sabbat, dimanche au lever du soleil, Marie de Magdala et l'autre Marie ont venu voir le tombeau.*

2 Soudain, y a eu ein fort tremblement de terre; ein ange du Seigneur a descendu du ciel, a venu rouler la pierre de côté et s'a assis dessus.

3 Il ressemblait pareil comme la lumière d'eine éloise et son linge était blanc comme la neige.

4 Les gardes en ont eu si peur que ça s'a mis à trembler et a devenu comme morts.

5 L'ange a pris la parole et a dit aux femmes : « Ayez pas peur. Je connais que vous autres cherche Jésus, cil-là que le monde a cloué dessus la croix;

6 « il est pas icitte. Il a revenu de la mort à la vie et il va asteur vous espérer en Galilée; c'est là que vous autres va le voir. C'est ça que j'avais à vous dire. »

8 Elles ont quitté vitement le tombeau, remplies tout à la fois de peur et d'eine grande joie, et ils ont couri porter la nouvelle aux disciples de Jésus.

9 Tout d'eine escousse, Jésus a venu à leur rencontre et a dit : « Je vous salue! » Ça s'a approché de lui, ils ont saisi ses pieds et l'ont adoré.

10 Ça fait que Jésus yeux a dit : « Ayez pas peur. Allez dire à mes frères de se rendre dedans Galilée : c'est là que ça va me voir. »

Le rapport des gardes

11 Durant que ça était dessus le chemin, quelques-uns des soldats qui gardiont le tombeau ont revenu à la ville et ils ont raconté aux chefs des prêtres tout ça qu'avait arrivé.

12 Les chefs des prêtres s'ont réuni avec les anciens : après de se mettre d'accord, ils ont donné eine grosse somme d'argent aux soldats

13 et ça yeux a dit : « Vous autres va déclarer que ses disciples ont venu durant la nuit et qu'ils ont volé son corps durant que vous autres dormaient.

14 « Et si le gouverneur l'apprend, nous autres, on va savoir le convaincre et vous éviter tout misère. »

15 Les gardes ont pris l'argent et ils ont suit les instructions qu'ils aviont reçues. Comme ça, cette histoire s'a répandu parmi les Juifs jusqu'à ce Jour.

16 Les onze disciples s'ont rendu dedans le Galilée sus le coteau que Jésus yeux avait dit.

Jésus apparaît devant ses disciples

17 Équand ça l'a vu, ça l'a adoré; certains d'eux autres, pourtant, ont eu des doutes.

18 Jésus s'a approché et yeux a dit : « Tout pouvoir m'a été donné dedans le ciel et sus la terre.

19 « Allez donc au-ras des hommes de tous les nations et faisez d'eux autres mes disciples; baptisez-les au nom du Père, du Garçon et du Saint-Esprit,

20 « et montrez à eusse à obéir à tout ça que je vous ai ordonné. Et savez-lé : je vas être avec vous autres tous les jours, jusqu'à la fin du monde. »

NOËL EN LOUISIANE

Loin de la terre où je suis né
Et de mon peuple si bien aimé
Mon cœur me dit qu'il faut rentrer
Pour Noël en Louisiane

Pas de neige sur les chênières
On passe toujours un Noël vert
Dans notre pays de fleurs d'hiver
C'est Noël en Louisiane

Crèche de mousse et latanier
Feux de joie sur les levées
Cantiques dans le Vieux Carré
C'est Noël en Louisiane

On rassemble la grande famille
Partout des églises remplies
Oies de neige dans les clos de riz
C'est Noël en Louisiane

Azalées et camélias
Arbres coupés dans le grand bois
On espère le Petit Roi
C'est Noël en Louisiane

Jambalaya aux saucisses
Chansons et feux d'artifices
Boudins, gombos, écrevisses
C'est Noël en Louisiane

Roulaison et sirop de canne
Pralines faites de noix de pacane
Couronnes tissées de lianes
C'est Noël en Louisiane

On prépare le réveillon
Musique joyeuse d'accordéon
Jouets cachés dans les chaussons
C'est Noël en Louisiane

Jours de pluie et du soleil
Beignets et café au lait
Joyeux Noël et Bonne Année!
C'est Noël en Louisiane

C'est Noël en Louisiane
Le pays de notre monde
Que Dieu protège cette terre bénie
Paix sur la terre aux hommes

BIBLIOGRAPHIE

Poèmes

DESMARAIS, Émile, « Les frères Balfas, Ambassadeurs extraordinaires », dans *Louisiane française*, octobre 1979, p. 2.

———, « En Louisiane », dans Mathé Allain et Barry Ancelet (dir.), *Littérature française de la Louisiane : Anthologie*, Balford (N.H.), National Materials Center for French, 1981, p. 335.

———, « Les faux-jetons », dans Barry Jean Ancelet (dir.), *Cris sur le Bayon*, Montréal, Éditions Intermède, 1980, p. 79 à 81.

———, « Fragment of Longer Work », *Ibid.*, p. 82 et 83.

UNTEL DE GRAVEL, Marc, « Joyeux Cadjins », dans *Louisiane française*, septembre-octobre 1981, p. 12. (Reproduit dans *Acadie tropicale*, p. 47.)

———, « Le mensonge », dans *Louisiane française*, novembre 1981, p. 9.

———, « Hors de l'anglais, point de salut », dans *Acadie tropicale*, Lafayette, Éditions de la Nouvelle Acadie, 1983, p. 44 et 45.

Nouvelles

DESMARAIS, Émile, « Le fou dans l'arbre », dans *Littérature française de la Louisiane, op. cit.*, p. 321 à 325.

Théâtre

DESMARAIS, Émile, « Mille misères : laissant le bon temps rouler en Louisiane », *ibid.*, p. 299 à 318.

LA LITTÉRATURE FRANCO-AMÉRICAINE : ÉCRIVAINS ET ÉCRITURES
de CLAIRE QUINTAL (dir.)
(Worcester, Éditions de l'Institut français, 1992, 185 p.)

Raymond Rouleau
Université du Québec à Montréal

C'est de l'Institut français du Collège de l'Assomption à Worcester, véritable petite enclave irréductible, que les actes d'un colloque regroupant écrivains et chercheurs nous parviennent. Signe des temps, les chercheurs exposent leurs études en français tandis que les écrivains, sauf un, rappellent leurs origines avec des textes de création en anglais.

Une biographie de Louis Dantin ouvre *La Littérature franco-américaine : écrivains et écritures*. Puis, les problèmes inhérents à la recherche sont évoqués à travers le cas de Rémi Tremblay. Par ailleurs, une biographie dépoussière les pérégrinations de Will James, un cow-boy célèbre qui maniait plume et pinceau plus vite que son ombre. Ensuite, les velléités féministes dans *Canuck*, le roman de Camille Lessard-Bissonnette, sont évaluées par Janet L. Shideler. Pour sa part, Ernest B. Guillet brosse le portrait de cinq écrivains qui ont séjourné à Holyoke. Claire Quintal nous convie à un survol thématique de trois générations de poètes. Sa conclusion? L'anglais est la seule issue pour le poète franco-américain. Fort bien outillé et documenté, Michel Lapierre jette un éclairage décapant sur l'œuvre de Rosaire Dion-Lévesque. Enfin, une réflexion sur la vie et l'œuvre de Kerouac clôt le volet théorique.

Le romancier David Plante ouvre la deuxième partie du recueil avec «Tsi Gars», un brassage de souvenirs d'enfance au bout duquel il exprime l'idée bouleversante que la culture «franco» est construite autour de Dieu! Moins décevant, Gérard Robichaud fait l'éloge d'une vilaine bête : la «maudite mouche-à-marde», c'est-à-dire l'écrivain qui, sans cesse, condamne le mensonge et la bêtise. Normand C. Dubé affirme d'une voix discordante et peu convaincante qu'il n'est pas le dernier à écrire en français. De son côté, Richard L. Belair nous fait part de la résistance des éditeurs à publier *The Fathers*, un roman dont la toile de fond est tissée par la crise sentinelliste. Bill Tremblay représente bien la jeune génération des poètes franco-américains qui, obéissant aux conseils familiaux, n'a pas appris le français. Enfin, «Remember», premier mot d'un *work in progress* de Jacquie Giasson Fuller, évoque bien l'idée qui taraude ce recueil.

Les prestations des critiques et des écrivains franco-américains sont inégales. Malgré l'intérêt de certaines démarches, les outils d'analyse sont émoussés, sinon absents. Mais une critique plus robuste, moins anecdotique et complaisante, est-elle souhaitable? Car, enveloppées d'un air de famille chaleureux, bourrées d'informations sympathiques et utiles, les communications des chercheurs s'avèrent plus accessibles que les produits habituels de la recherche pure et dure. Voilà, bien entendu, un paradoxe qui mérite réflexion. De fait, rien n'interdit de se demander ici: *Pour qui écrit-on?* Les auteurs répondent à cette question avec netteté: «You have to write for the world» (p. 123).

LE CANADA-FRANÇAIS[1]: UN PHARE ALLUMÉ SUR MILLE CITADELLES

Gaétan Gervais
Université Laurentienne (Sudbury)

Entre la baie Sainte-Marie, en Nouvelle-Écosse, et l'île de Vancouver, en Colombie-Britannique, des centaines de communautés françaises parsèment le territoire canadien. Sur les îles de cet archipel canadien-français, la situation culturelle varie beaucoup selon que les communautés font partie de grandes concentrations comme au Québec, en Ontario ou au Nouveau-Brunswick, ou selon qu'elles vivent plus isolées. Au Nouveau-Brunswick, la communauté française forme le tiers de la population alors que le demi-million de Franco-Ontariens, bien que ne représentant que le vingtième de la population ontarienne, constituent néanmoins la plus grande minorité française du Canada après le Québec.

En 1991, une occasion unique se présenta d'examiner les communautés françaises du Canada. La Fédération des jeunes Canadiens français, un regroupement des associations de jeunes de toutes les provinces canadiennes (sauf du Québec), devenue depuis la Fédération de la jeunesse canadienne-française, avait mis sur pied *Vision d'Avenir*, un grand projet dont l'objectif visait rien de moins que l'étude de l'énorme, du pérenne, du troublant problème de l'assimilation chez les jeunes. Dans un premier volet, réservé à la recherche, on s'était donné pour tâche de préparer des études statistiques décrivant, sans fard, le problème actuel de l'assimilation; le deuxième volet était consacré à l'établissement d'une commission nationale composée de huit personnes, quatre «jeunes» et quatre «moins jeunes», à qui on demandait de préparer un rapport[2]. Quatre volumes constituent aujourd'hui le résultat final de ce projet[3]. Provenant de régions et d'horizons différents, les membres de la Commission apportèrent chacun leur perception du problème de l'assimilation et leur expérience dans des milieux divers. Le mandat de la Commission était de proposer des «mesures précises pour contrer l'assimilation».

La Commission

Chéticamp, Moncton, Saint-Boniface, Willow-Bunch, Rivière-la-Paix, Maillardville, voilà autant de noms qui remuent dans notre mémoire collective le souvenir de luttes anciennes. Mais *Vision d'Avenir* allait obliger les membres de la Commission à confronter leur connaissance livresque, écho de leurs lectures de jeunesse, à la réalité des communautés minoritaires de langue française du Canada. Ainsi, au fil des mois, la lecture d'un grand nombre de mémoires, soumis par de nombreux organismes de toutes les provinces, la rencontre de plusieurs centaines de personnes, probablement les plus engagées dans leur communauté, tant jeunes qu'adultes, et surtout la visite de ces communautés françaises ont modifié l'image que chacun se faisait de la réalité française au Canada. La Commission s'est vite rendu compte que, s'il y a bien des raisons de pleurer sur le sort de ces minorités, il y en a davantage encore d'espérer. Le maintien de ces groupes culturels, envers et contre tout, nous donne raison de penser qu'ils vont continuer d'exister. Car visiter Cap-Saint-Georges, à Terre-Neuve, ou Gravelbourg en Saskatchewan, c'est acquérir du Canada-Français une connaissance plus nuancée et une compréhension plus sympathique des difficultés dans lesquelles évoluent les communautés minoritaires.

Dans un premier temps, la Commission s'est beaucoup interrogée sur ce qu'est la langue, la culture, le bilinguisme et sur divers autres concepts (acculturation, diglossie, semilinguisme, bilinguisme additif, bilinguisme soustractif, groupe ethnique). Tant de choses ont été écrites et dites à ces sujets! Trop peut-être. Car on éprouve vite le sentiment, quand on traite de ces questions, de se répéter ou de reprendre inconsciemment ce que tant d'autres ont dit ou écrit avant nous.

Les premières études qu'a produites Roger Bernard pour la Commission ont posé brutalement la question de l'assimilation. Un bilan de toutes les recherches effectuées depuis une décennie permettait de croire, comme le laissait entendre le titre provocateur de ce rapport, *Le Déclin d'une culture*, que la situation se détériorait. Cet ouvrage a suscité de fortes discussions, même à l'intérieur de la Commission, mais surtout à l'extérieur. Le deuxième tome de la recherche, *Le Choc des nombres*, brossait, de la question de l'assimilation, un portrait cru, chiffré, déprimant. Car il faut le dire sans ambages, l'assimilation continue de faire des ravages au Canada-Français, surtout dans les endroits les plus démunis. Certains peuvent se consoler en pensant que, dans l'Est ontarien ou dans le Nord-Est néo-brunswickois, l'assimilation ne cause pas encore un grand problème. Mais ailleurs, comme dans l'Ouest et à Terre-Neuve, on peut démontrer, chiffres à l'appui, que le taux de continuité linguistique (c'est-à-dire le nombre de personnes de langue maternelle française qui ont encore le français comme langue de communication à l'âge adulte) n'est que du tiers, ce qui donne un taux d'assimilation de l'ordre de 60 ou 70 %. Cette donnée désolante atteste que les gouvernements provinciaux, après un siècle d'incurie, d'insouciance, voire de persécution culturelle, récoltent aujourd'hui le fruit de leur méfait. Bien des facteurs sociaux, culturels et politiques permettent de comprendre pourquoi il en est ainsi, certes, mais la situation n'en est pas moins catastrophique. La Commission a d'abord voulu prendre la vraie mesure du problème avant de rencontrer les nombreux groupes qui avaient préparé des mémoires.

Il existait donc un problème de transmission de la langue, d'une génération à l'autre. La Commission espérait, à l'aide de ses études et grâce aux mémoires qu'elle recevrait, mieux cerner ce problème. L'assimilation, de toute évidence, était un phénomène complexe, un processus qui s'étalait sur plusieurs années et qui permettait à beaucoup de jeunes et d'adultes de passer ainsi d'une communauté linguistique à une autre. L'étape intermédiaire étant une phase de bilinguisme, plusieurs jeunes se définirent comme des « bilingues », certains croyant même posséder une « culture bilingue ». D'ailleurs, plusieurs jeunes nous dirent explicitement qu'ils arrivaient mieux à s'identifier à la majorité anglaise de leur province qu'à leur propre groupe culturel français.

Les problèmes de la langue

L'assimilation a déjà causé des dégâts graves au sein des communautés françaises du Canada. Environ 30 % des jeunes de langue maternelle française, dans les neuf provinces anglaises, n'ont plus le français comme langue de communication à l'âge adulte. Le taux, évidemment, varie énormément selon les provinces, mais aussi selon les régions à l'intérieur d'une même province. Les attitudes et les comportements des jeunes, bien révélés dans *Un avenir incertain*, le troisième tome du projet *Vision d'Avenir*, confirment l'envergure du problème de l'assimilation. L'incertitude évoquée dans le titre même de cette étude souligne le manque d'identité et d'appartenance qu'une grande partie de la jeunesse du Canada-Français ressent vis-à-vis sa langue et sa culture. Dans plusieurs secteurs importants de la vie (les affaires, le gouvernement, les sports), l'usage du français paraît secondaire ou inexistant. Partout, les jeunes ont répété que la musique et les sports constituaient deux activités importantes dans leur vie et partout, ils ont rapporté que ces activités se déroulaient surtout en anglais. Enfin, les mariages mixtes, dont 80 % des enfants deviendront anglophones, augmentent très rapidement dans toutes les parties du Canada, mais principalement dans les endroits où justement les groupes minoritaires sont faibles. On voit donc que la famille, l'église, les loisirs, les sports, la musique ne jouent plus aujourd'hui, comme ils l'ont fait autrefois, en faveur du français. Il reste, parfois, l'école ou les parents, ce qui est bien peu pour maintenir une langue chez un jeune.

Les pressions en faveur de l'assimilation jouent partout. Malgré le bilinguisme officiel instauré à travers le Canada après 1969, il faut être bien optimiste pour croire que le français jouit dans notre pays du même statut que l'anglais. Le statut inférieur de la langue française, reléguée au deuxième rang dans les activités importantes de la vie (dans les gouvernements provinciaux, même fédéral, dans le monde du travail, en éducation, dans l'affichage), contribue à son abandon par les jeunes qui fuient les équipes perdantes. L'hégémonie culturelle de l'anglais en Amérique du Nord vient renforcer ces pressions dans la vie quotidienne, dans les médias omniprésents, dans la musique populaire. En milieu minoritaire, la pression des pairs, l'exogamie, la joyeuse confusion entretenue entre l'école française et l'école d'immersion, tous ces facteurs contribuent à augmenter l'assimilation.

Pourquoi s'étonner ensuite si les jeunes choisissent l'anglais comme langue d'expression, langue perçue comme *cool*, moderne, prestigieuse? Le français ne s'utilisant plus qu'à l'école (et encore!), parfois à la maison et à l'église, on assiste à la fossilisation du français et à la diffusion de l'idée qu'il s'agit là d'une langue sclérosée, réfractaire au progrès, confinée aux tourtières et à la tarte au sucre. En plusieurs endroits, les jeunes entendent si peu de français qu'ils éprouvent de plus en plus de difficulté à le parler convenablement. Si, par surcroît, on leur crie sans cesse qu'ils «parlent mal», qu'ils «n'ont pas un bon français», qu'ils «sont anglicisés», «qu'ils ont un accent», on leur fournit encore d'autres raisons de passer à l'anglais. Pourquoi ne pas rappeler ici le commentaire d'un ministre provincial acadien nous expliquant que jeunes, ses copains et lui parlaient l'anglais à l'Université Sainte-Anne parce que leurs professeurs québécois et français «riaient de notre accent»? Ainsi, parler français, à la fin du compte, demande toujours, pour les jeunes, un effort supplémentaire. L'absence d'espaces français, la nécessité de se battre continuellement pour obtenir des services en français, la dégradation de la maîtrise de la langue comme moyen d'expression, voilà autant de facteurs qui permettent de mesurer l'ampleur du problème.

Ainsi s'installe, en milieu minoritaire, un monde diglossique où le français n'a de place qu'à l'école et à la maison (parfois à l'église), mais où tous les grands secteurs de la vie, la «vraie vie» comme on dit, utilisent l'anglais.

Ceux qui cherchent à valoriser l'usage du français se heurtent inévitablement à des problèmes d'attitudes et de perceptions. Pour le jeune, le français est une langue de contrainte, imposée par les autorités (les parents, les professeurs, les religieux). Pire, on leur impose une langue que beaucoup de jeunes estiment de deuxième ordre. Le statut socio-économique des personnes qui parlent le français renvoie souvent l'image que cette langue se parle entre démunis, entre pauvres, entre gens moins éduqués. Pour beaucoup, le français se caractérise par son aspect vétuste, dépassé. Toutes ces perceptions contribuent à faire du français une langue méprisée, contraignante, secondaire. Ajoutez à tout cela que le français semble n'être qu'une langue de revendication, cheval de bataille de tout ce qu'il y a de plus grouillant parmi les éternels revendicateurs regroupés dans toutes les associations canadiennes, depuis la Fédération des francophones hors Québec jusqu'aux mouvements de jeunes comme la Fédération des jeunes Canadiens français. En face de ces protestataires « plaignards », se dresse l'anglais, langue de prestige, langue de richesse, langue de pouvoir, langue de succès. Avec de telles attitudes, les comportements des jeunes n'ont rien pour nous étonner.

Qui défend l'usage du français? La famille d'abord, où se transmet la « langue maternelle ». Mais la famille pourra de moins en moins jouer ce rôle car plus un milieu est minoritaire, plus le nombre de mariages exogames est grand. Et les mariages exogames produisent des enfants de langue anglaise. En outre, le nombre de familles monoparentales augmente aussi beaucoup, ce qui pose le problème des garderies, qui ne sont pas toujours en mesure de fournir des services en français; de même, il faut noter dans les familles l'absence de plus en plus fréquente des grands-parents, autrefois instrument important de continuité linguistique et culturelle. Enfin, l'analphabétisme atteint des taux très élevés dans les populations françaises du Canada, ce qui augmente aussi les difficultés des familles à transmettre la langue.

Les écoles peuvent jouer un rôle important dans la transmission de la connaissance de la langue, mais elles deviennent elles-mêmes, en certains endroits, des foyers d'assimilation si elles se transforment en milieux mixtes ou bilingues. D'un bout à l'autre du pays, tout le monde a répété que les institutions bilingues sont des « nics » d'assimilation. Les écoles françaises sont souvent obligées, suite à l'article 23 de la Charte ou à cause de politiques gouvernementales, d'accueillir dans des écoles françaises des enfants ne parlant pas la langue française. De plus, beaucoup de parents anglophones, les « ayants droit », se servent des écoles françaises pour faire apprendre le français à leurs enfants, ce qui retarde le progrès des enfants de langue maternelle française. Ainsi, la présence de ces petits anglophones assurent à l'anglais un rôle de langue de communication dans la cour de l'école, quand ce n'est pas dans la classe même. C'est un autre aspect de la « berlitzification » du Canada-Français, processus par lequel les institutions culturelles du Canada-Français deviennent, dans certaines circonstances, des écoles de langue au service de la majorité anglaise.

Pour rendre les écoles plus aptes à jouer leur rôle dans la transmission de la langue, elles doivent être linguistiquement homogènes et assurer de nombreuses activités parascolaires en français (sports, arts, théâtre, musique, loisirs et autres). L'animation culturelle, réclamée souvent, représente donc un besoin criant dans les écoles minoritaires. En certains endroits, la formule des écoles sociales et communautaires a permis d'apporter une plus grande vitalité à l'institution en intégrant dans un même édifice plusieurs activités (enseignement, garderie, bibliothèque et autres). En fait, beaucoup de jeunes ont dit que l'école ne leur fournissait pas un accès adéquat aux produits culturels et ils ont reproché aux écoles de ne pas leur faire connaître les héros ou les modèles appartenant à leur propre communauté. On ne les initie pas suffisamment aux succès (économiques, sportifs, culturels) des membres de la communauté française au Canada. Partout, la Commission a entendu répéter qu'il manque d'outils pour faire connaître l'histoire, le patrimoine, la culture et les arts et la vie économique des diverses parties du Canada-Français. Il appert donc que les écoles ont deux grands défis à relever, le premier étant de proposer aux élèves un environnement en français, le second, d'initier les élèves à leur culture.

La question des loisirs est revenue partout. Si les centres culturels ont connu un certain développement dans les communautés plus nombreuses, il reste que c'est généralement en anglais que se déroulent les activités sportives. On a parlé très élogieusement des Jeux d'Acadie, au point où la Commission a proposé qu'on organise les Jeux du Canada-Français afin de favoriser la création d'infrastructures sportives de langue française à travers le pays. Les lauréats de ces jeux pourraient ensuite représenter le Canada aux compétitions internationales de la francophonie.

Quant à la musique anglaise, elle règne partout, mais surtout parce que c'est la seule disponible. Dans les communautés minoritaires, les disquaires sont aussi rares que les libraires. Pour entendre de la musique en français, il reste la radio et la télévision. Dans les deux cas, nous avons entendu énormément de plaintes contre les services disponibles. Les radios communautaires, encore rares au pays, ont commencé à s'installer au Nouveau-Brunswick et en Ontario et permettent d'espérer beaucoup de succès. Quant à la radio d'État, elle est appelée à jouer un rôle important dans les communautés régionales, même si certaines régions sont encore mal desservies. Les stations régionales de la radio sont en général appréciées pour leur programmation locale, moins pour les émissions du réseau trop exclusivement centrées sur Montréal et le Québec. Quant à la télévision d'État, elle n'est pas disponible partout. Par exemple, il n'existe pas une seule station de télévision exclusivement franco-ontarienne. Dans le cas de la télévision, on a aussi décrié très vigoureusement le caractère «québécois» du réseau «national» de Radio-Canada. Beaucoup d'animateurs de Montréal s'adressent spontanément «aux Québécois» alors que Radio-Canada diffuse ses émissions de Halifax à Vancouver. Cette vision étroite du Canada-Français en a même poussé quelques-uns à réclamer une division de Radio-Canada, pour mieux distinguer les émissions qui s'adressent seulement au Québec et celles qu'on destine à l'ensemble du pays. Les jeunes ont reproché deux choses à cette télévision qui semble venir «d'ailleurs»: elle ne reflète pas leur communauté et elle ne renvoie pas une image à laquelle ils peuvent s'identifier.

Enfin, le monde du travail est sûrement un des secteurs les plus difficiles à pénétrer. Il existe ici et là des entreprises fonctionnant en français et avec succès, mais elles restent des cas d'espèce. Notons toutefois que le mouvement des Caisses populaires a percé presque partout au Canada-Français et que les diverses fédérations régionales, au Québec et ailleurs, semblent entretenir une collaboration avantageuse. Dans certaines industries primaires (la pêche en Acadie, le bois en Ontario, l'agriculture dans l'Ouest), le français a parfois une place, mais celle-ci reste modeste. Mais tout, ou presque, reste à faire dans le domaine économique.

Une partie de la solution dépendra des relations entre le Canada-Français et la majorité anglaise au Canada. Les commissaires ont été étonnés d'entendre aussi souvent des jeunes répéter qu'ils avaient été «intimidés», ou victimes de discrimination, ou «humiliés» en public parce qu'ils parlaient français. Nous n'avions pas prévu que ce sujet reviendrait si souvent. Presque partout, on s'est plaint que la majorité ne faisait pas preuve de compréhension vis-à-vis de sa minorité, encore moins de générosité. Il suffit de regarder la parcimonie avec laquelle les gouvernements provinciaux appliquent, grain de sable par grain de sable, les droits constitutionnels de leur minorité française (par exemple, l'article 23 de la Charte), pour comprendre d'où peut venir l'idée que les majorités anglaises ne sont ni sympathiques ni généreuses. Où, en dehors du Nouveau-Brunswick, le français jouit-il d'un véritable statut d'égalité? Les gouvernements provinciaux, partout, font preuve d'une absence de politiques d'aide ou de développement de leur minorité.

La culture

Il ne manquait ni de mémoires, ni de témoins, ni d'exemples pour mettre en évidence l'ampleur du problème de la langue. Est-il possible de surmonter cette situation?

La Commission a vite compris qu'on aurait tort de voir dans «l'assimilation» un simple problème de langue. L'usage du français n'a finalement de sens que comme moyen d'expression d'un ensemble de valeurs, de croyances, de pratiques, d'attitudes. C'est dire que la langue est un élément de la culture et que l'assimilation linguistique n'est que le symptôme d'un problème beaucoup plus fondamental. Car il faut examiner la question du français dans son contexte général. On ne sauvera pas le français tout seul, si l'on ne parvient pas à maintenir la culture qui en justifie l'emploi.

Or tout le monde parle, dans les ministères de l'Éducation et dans les associations d'éducateurs, de l'enseignement de la langue. Mais qui s'occupe de la culture? Partout, les jeunes ont répété qu'ils avaient le sentiment de ne pas connaître leurs origines, leur passé, leur communauté et ses héros, qu'ils souffraient de ne pouvoir s'identifier et participer à leur communauté culturelle. Ils se sentaient déracinés, déshérités. À juste titre d'ailleurs, puisque l'identité repose sur la mémoire, sur la connaissance de ses antécédents, sur la réconciliation de sa vie de tous les jours avec ses origines et l'expérience historique de la communauté à laquelle chacun appartient. La question qui se pose donc est de savoir comment une culture est transmise d'une génération à l'autre. Des douzaines et des douzaines de groupes de jeunes, dans toutes les régions du pays, ont exprimé les difficultés qu'ils éprouvent même à accéder à la connaissance de leur culture. Comment pourrait-on le faire s'il n'existe pas d'institutions (la famille, l'école, l'église, les loisirs, l'économie, etc.) aptes à transmettre la partie héritée de la culture, en même temps que les outils, les connaissances et les moyens de participer pleinement à la vie actuelle, contemporaine, moderne? Nous touchions là une question fondamentale, plus que la langue elle-même qui concerne l'identité, l'appartenance, les valeurs, la créativité, la mémoire.

En parlant de culture, il est vite apparu que la jeunesse semblait surtout détester le caractère vétuste de ce qu'on appelle généralement la «culture». Tous réclamaient une culture «moderne», résolument tournée vers l'avenir. Trop souvent, les jeunes gardent l'impression que tout ce qui touche à la science, à la technologie, aux communications de masse, au monde du travail, à la richesse, bref à tout ce qui compte et qui est moderne est anglais. Même dans le domaine des arts, on a l'impression que les vieilles traditions sont françaises (les ceintures fléchées et les danses carrées), alors que la création artistique, la peinture, la danse moderne, le cinéma, la télévision, que toutes ces activités se déroulent en anglais.

Or la culture doit justement comporter ces deux aspects à la fois. D'une part, elle est le reflet du passé, elle nous transmet ce que nous héritons du passé, le fruit des efforts des générations précédentes, notre patrimoine; d'autre part, elle doit faire place au changement, à l'avenir, ce qui est la part de l'adaptation, de la créativité, artistique ou autre. La culture doit faire partie d'un projet d'avenir auquel les jeunes (et les autres) peuvent se rallier. Ainsi, la culture est à la fois continuité et ouverture sur l'avenir.

Cette modernité, pour s'actualiser, suppose cependant un accès à la culture française. Pour participer pleinement à cette culture moderne, pour la partager et y accéder, il importe de pouvoir se brancher sur cette culture, ses productions, ses manifestations. Or les supports de la culture ne sont pas toujours disponibles. Dans les plus grandes communautés, les moyens d'action sont parfois nombreux, mais dans les petites, ils font défaut. Les médias électroniques manquent souvent et les câblodiffuseurs ne transmettent pas toujours les chaînes françaises dans les régions où la population française est moins nombreuse. De même, les autres supports culturels, les institutions d'enseignement, la presse, les centres culturels, les loisirs et autres, sont souvent inexistants.

Où un jeune pourra-t-il même voir des périodiques en français s'il vit à l'extérieur du Québec? Où pourra-t-il même acheter une cassette de musique française? Où connaîtra-t-il les auteurs, les inventeurs, les penseurs de la culture française ou même canadienne-française? Où achètera-t-il des livres en français? Il existe un grave problème d'accès aux produits culturels. Ceux qu'on consomme doivent refléter ce que nous sommes, mais en même temps nous relier aux autres personnes (créateurs, artistes de tout genre) qui partagent la même culture.

Les outils de la culture, comme reflet et comme miroir, posent finalement le problème fondamental. L'appartenance, peut-être le sentiment humain le plus fort, forme la base de l'identité de la personne. Toute connaissance, finalement, est-elle autre chose qu'une réflexion sur notre propre expérience humaine? La culture repose sur un passé, sur une histoire, sur une continuité, elle réunit une communauté qui possède une expérience commune, une vie collective, un projet d'avenir global. Sur quoi se fondent ces sentiments d'appartenance, sinon sur une connaissance collective de ce que la communauté a été et sur ce qu'elle veut être? La culture est héritage et projet d'avenir, mais l'identité repose sur un sentiment d'appartenance.

Or plusieurs facteurs compromettent l'affirmation d'une identité claire. On peut citer, en particulier, les pressions énormes qu'exercent sur les jeunes l'américanisation, un phénomène mondial, et les fortes pressions de l'anglicisation. Pour résister, que propose-t-on aux jeunes? Les institutions en place, avec des moyens plus ou moins considérables, tentent avec peine de transmettre la culture à la jeune génération.

Parmi les facteurs de désintégration, citons l'aliénante et l'invraisemblable culture «francophone». D'abord terme linguistique diffusé par le Secrétariat d'État, suite à la Loi sur les langues officielles, l'adjectif «francophone», qui ne décrivait au départ qu'une compétence linguistique, en est venu à définir, dans certains milieux, toute une communauté qui n'a plus rien de spécifique. Fini le Canada-Français. Finie l'Acadie. Fini l'Ontario français. On nage partout dans la «francophonie», terme si peu significatif qu'il peut à la fois décrire un Chinois parlant le français au Caire (c'est un «francophone» puisqu'il parle français) qu'un Indien parlant le français au Brésil. Réduire tout le Canada-Français à une «collection francophone», c'est lui proposer une image de lui-même aliénante, ancrée ni dans le temps ni dans l'espace, c'est en somme nier, dans sa spécificité même, l'existence de la communauté historique et française qui vit au Canada depuis quatre siècles. Assumée par les victimes elles-mêmes, cette dégradation représente une aliénation, traduit une honte de soi, constitue un reniement de son passé et de son existence comme communauté. L'opposition des Québécois au terme «Canadien-Français» explique la disparition de ce terme sur les ondes de Radio-Canada et dans la fonction publique fédérale. Ainsi naquit le désignation doublement aliénante de «francophones hors Québec».

Seule une culture peut forger une identité. Cette culture doit être moderne, vivante, ouverte sur l'avenir en proposant à ses jeunes générations une vision du monde, des modèles de comportement, des expressions contemporaines de la communauté. La continuité assure l'identité, l'appartenance. La Commission s'est donc interrogée sur la manière de transmettre la culture d'une génération à l'autre. Comment favoriser chez les jeunes l'acquisition de leur culture, l'émergence de leur identité, l'affirmation de leur appartenance, leur intégration à la communauté culturelle? Il est devenu de plus en plus évident que le succès de ces démarches dépend en très grande partie de l'existence d'institutions.

Les institutions

Les institutions représentent des relations permanentes entre les personnes. Elles englobent toutes les formes de relations, depuis celles que la famille entretient jusqu'aux activités les plus banales. C'est justement le rôle de ces institutions à la fois d'assurer le maintien de l'héritage commun tout en permettant une adaptation à la modernité. On a partout décrié le caractère vétuste, démodé, inanimé de ce qu'on présentait aux jeunes en guise de culture française. La ceinture fléchée et les tourtières, ça ne peut satisfaire personne, surtout pas les jeunes. Mais comment s'adapter aux conditions modernes de la vie et le faire en français?

C'est une question qui relève des institutions. Celles-ci prennent la forme d'organismes, d'activités, de relations, formant un tout cohérent. Ainsi se crée un ensemble de faits, de gestes, d'actions, de relations qui permettent aux personnes de participer pleinement à la vie en société. Les institutions assurent la continuité des valeurs et de la culture d'une part, et l'adaptation, par des emprunts ou des changements, aux conditions nouvelles d'autre part. Ainsi, il nous a semblé que l'assimilation des jeunes résultait en bonne partie de l'absence de moyens pour transmettre la culture puisqu'il est impossible de valoriser une langue qui n'a ni utilité ni valeur artistique. Quand on empêche les jeunes d'acquérir leur culture, on les prépare à perdre aussi leur langue. Une fois la culture disparue, la langue disparaît sans difficulté, rapidement.

De manière plus concrète, vouloir arrêter l'assimilation, c'est préconiser des moyens pour assurer la transmission de la culture, dans le cadre des institutions les plus fondamentales de la vie en société, c'est-à-dire la famille, l'école, la vie religieuse, les loisirs, le travail. Ce sont les institutions qui permettent l'affirmation de la culture et donc de la langue. Puisque la Commission voyait dans la culture la voie royale pour assurer la protection de la langue, il allait de soi que les institutions joueraient un rôle essentiel pour le maintien de la culture. Mais quelle culture? Le monde de l'éducation doit ici jouer un rôle critique, devenir le vecteur principal de la transmission de la culture. Cet héritage, il est français, il s'est adapté au Canada, enfin il a été enrichi, depuis quatre siècles, par tous les groupes qui en ont fait partie. La multiplicité des cultures peut nous inviter à un plus grand respect des gens d'autres origines qui viennent s'intégrer dans nos communautés en les enrichissant; il faut les accueillir, les intégrer, mettre à profit leurs expériences. Mais cet accueil ne doit pas transformer le Canada-Français en une Babel de la culture. Il serait suicidaire de favoriser un multiculturalisme qui, comme un cheval de Troie, traduirait la volonté de nier la communauté historique que constitue le Canada-Français. Certains souffrent d'une telle amnésie ou poussent l'inconscience à un point tel qu'ils s'imaginent que la «francophonie» a commencé avec l'arrivée de la dernière vague d'immigrants «francophones».

Il est apparu à la Commission que le problème de l'assimilation provenait d'un ensemble de facteurs, certains imposés par les conditions du milieu (disponibilité des services en français, possibilité de vivre en français dans sa famille, à l'école, à l'église, au travail, dans les loisirs, les sports, les arts). D'autres conditions dépendent d'actions que les communautés, localement, peuvent entreprendre pour se doter de moyens de conserver leur culture. De sorte que, chacun en convient, il n'y a pas de solution facile et il n'a pas fallu grand temps pour se rendre compte que, devant ce problème complexe, il n'y a pas de panacée ni de solution simple, mais un ensemble de mesures que la communauté peut prendre.

Les associations provinciales ont, chacune dans son milieu, mis en place diverses mesures. Beaucoup ont trait à l'éducation : la gestion scolaire, la création de garderies, d'écoles, de collèges et d'universités de langue française. Mais les communautés s'intéressent aussi aux services communautaires et sociaux, au secteur de la santé, à l'économie et au développement global de ces différentes minorités. La situation, en bien des endroits, n'est pas reluisante, mais des efforts se font. Il est important qu'une plus grande solidarité soutienne ces efforts, appui d'autant plus important que les communautés sont petites ou isolées. Trop de groupes ont le sentiment d'être oubliés, abandonnés et laissés pour compte. On a souvent rappelé qu'autrefois, par le biais du clergé et des élites, on avait le sentiment de faire partie d'une même nation, le Canada-Français, alors qu'aujourd'hui il y a hésitation sur l'identité qu'on désire arborer.

La remise en place d'un sentiment pancanadien d'appartenance, de complémentarité a donc semblé de toute première importance. Il faut résister aux replis identitaires qui, partout, minent les solidarités et augmentent les sentiments d'aliénation. Une visite, même brève, dans chaque province allait pourtant sensibiliser davantage les membres de la Commission à la réalité du Canada-Français. Le nouveau Canada-Français, de préférence avec le Québec comme participant majeur, doit proposer aux jeunes un projet d'avenir où ils pourront s'épanouir.

Ce dont les communautés doivent se doter, ce sont de plans stratégiques de développement. La Commission sait que les solutions doivent s'adapter aux différentes communautés dont les besoins varient, mais en identifiant les secteurs prioritaires, les plus sensibles stratégiquement, les communautés se donneront de meilleurs outils de développement. Dans le cas des jeunes, en tout cas, il semble bien qu'un réseau canadien de distribution des produits culturels, notamment pour la musique, s'impose de toute urgence. De même, le développement d'infrastructures sportives, peut-être par le biais des réseaux scolaires, semble prioritaire. Puisque le Canada-Français souffre d'injustices historiques perpétrées contre lui, la stratégie de développement doit reconnaître le besoin de rattrapage et de récupération car la communauté porte encore les marques de ses malheurs passés (sous-scolarisation, analphabétisme, salaires inférieurs, taux de décrochage élevé).

Conclusion

Le projet d'avenir du Canada-Français doit avoir comme moyen d'intervention, à court terme, la mise sur pied d'institutions françaises dans tous les secteurs d'activités, dans toutes les régions, partout où la chose est possible. Construire l'avenir du Canada-Français, c'est lui donner les structures dont il aura besoin pour se développer et participer pleinement à la vie du pays. La dualité linguistique est un principe qui reconnaît l'existence de deux communautés au Canada, de deux «nations» selon la terminologie d'autrefois. Le Canada-Français représente un des deux peuples fondateurs de 1867; il constitue une réalité culturelle enracinée dans quatre siècles d'histoire que les événements des deux dernières décennies ont ébranlée sans faire disparaître. Issue de la Nouvelle-France, partageant une même culture, une même langue avec des accents différents, un passé commun, une expérience historique ancienne, la communauté française du Canada existe aujourd'hui dans toutes les provinces canadiennes.

C'est avoir une courte vue des choses que de condamner à la disparition, à la mort culturelle, un million de personnes de culture française vivant à l'extérieur du Québec. Il existe un très grand nombre d'associations de jeunes ou d'adultes qui se comportent en sentinelles et luttent pour conserver leur culture, chez eux, partout à travers le Canada. En des milliers d'endroits, comme des phares allumés sur tout le pays, des communautés françaises marquent les lieux où s'épanouit la culture française. Ces communautés savent mieux que quiconque ce qu'il en coûte pour rester français et comme, en cette matière, elles ne donnent pas de leçon, il serait bien importun de prétendre leur en donner. Il est facile de condamner, statistiques en main, des communautés entières à la disparition culturelle, mais il est difficile de le faire quand on a vu, en chair et en os, les personnes qui connaissent quotidiennement les difficultés de continuer à vivre en français. Elles travaillent dans des conditions culturelles souvent héroïques, mais jamais avec le sentiment du désespoir. Ce ne sont pas des «cadavres encore chauds». Personne n'a le droit de décider pour elles que le combat est terminé. Après deux siècles, qui peut dire que le temps est venu de tout abandonner et de se replier sur le carré québécois?

L'Avenir devant nous, pour reprendre le titre du dernier volume de *Vision d'Avenir*, il est à la mesure de nos rêves, de ce que nous voulons devenir. Notre démarche s'inscrit dans une lutte séculaire pour maintenir notre communauté. Pour tout résumer, empruntons des images saisissantes de Baudelaire qui, en parlant des poètes, écrivit:

> C'est un cri répété par mille sentinelles,
> Un ordre renvoyé par mille porte-voix,
> C'est un phare allumé sur mille citadelles.

Ce dernier vers, surtout, me fournit l'image que j'ai rapportée de cette riche expérience à travers le Canada-Français. Les communautés françaises ont souvent l'allure de citadelles sur lesquelles les phares de la culture française illuminent les environs. Le grand projet historique du Canada-Français continue.

NOTES

1. Comme le veut l'histoire et conformément à la volonté de la Commission d'affirmer nettement et explicitement l'unité de cette aire culturelle, nous écrivons toujours le « Canada-Français » et les « Canadiens-Français » ou « Canadiennes-Françaises », avec majuscules et trait d'union. Notre nom nous appartient, il ne revient pas à d'autres de le réécrire.

2. La Commission se composait de Mmes Lyne Michaud (Ontario), Aline Bandet-Lafrenière (Saskatchewan), Denise Samson (de la Nouvelle-Écosse, décédée à l'été de 1991) et de MM. Kevin Barley (Nouveau-Brunswick), Daniel Dallaire (Alberta) et Rino Volpé (Nouveau-Brunswick). La coprésidence de la commission était assurée par Mme Aline Taillefer-McLaren (Manitoba) et par l'auteur. M. Roger Bernard était directeur de la recherche à *Vision d'Avenir*. Au cours de ses travaux, la Commission reçut l'appui logistique et matériel de Mmes Jacinthe Morin et Danielle Benoît ainsi que de M. Mathieu Brennan.

3. Le rapport de la Commission, *L'Avenir devant nous. La jeunesse, le problème de l'assimilation et le développement des communautés canadiennes-françaises. Rapport de la Commission nationale d'étude sur l'assimilation* (Ottawa, Fédération des jeunes Canadiens français, « Vision d'Avenir » IV, [1992], 161 p., fait suite aux trois études préparées par M. Roger Bernard, le directeur de la recherche à « Vision d'Avenir » : *Le Déclin d'une culture. Recherche, analyse et bibliographie. Francophonie hors Québec 1980-1989* (Ottawa, Fédération des jeunes Canadiens français, « Vision d'Avenir » I, [1990], 198 p.), *Le Choc des nombres. Dossier statistique sur la francophonie canadienne 1951-1986* (Ottawa, Fédération des jeunes Canadiens français, « Vision d'Avenir » II, [1990], 311 p.) et *Un avenir incertain. Comportements linguistiques et conscience culturelle des jeunes Canadiens français* (Ottawa, Fédération des jeunes Canadiens français, « Vision d'Avenir » III, [1991], 279 p.). Ces quatre volumes tracent une image détaillée de la question de l'assimilation chez les jeunes du Canada-Français.

LA FRANCOPHONIE : HISTOIRE, PROBLÉMATIQUE, PERSPECTIVES

de MICHEL TÉTU
(préface de L.S. Senghor, 3ᵉ édition revue et corrigée, Montréal, Guérin, 1992, 426 p.)

Jacques Michon
Université de Sherbrooke

Michel Tétu, infatigable ambassadeur de la francophonie, nous livre ici une édition revue et corrigée de son ouvrage qui est devenu un outil indispensable. Il s'agit avant tout d'un instrument de référence qui établit les données de base du projet politique de la francophonie. L'auteur accorde une grande place à l'histoire des organismes internationaux fondés sur la promotion de la culture française dans le monde : Alliance française, Conseil de la vie française et toutes ces associations dont les sigles et acronymes sont plus ou moins connus, ACCT, AIMF, AIPLF, AUPELF, CILF, FIPF, CIRTEF, etc.

On ne trouvera pas ici de renseignements sur les associations internationales spécialisées dans la promotion et la diffusion des arts, de la culture ou des littératures de l'espace francophone. Il faudrait un autre volume pour couvrir ce vaste chapitre. La francophonie culturelle est ici réduite à la portion congrue. La francophonie est aussi largement une affaire de politiciens et de diplomates comme on peut le constater à la lecture de cet ouvrage, particulièrement dans la troisième partie consacrée aux sommets francophones, avec organigrammes, listes de chefs d'État et dossiers de presse à l'appui. De larges extraits de discours officiels viennent de plus alourdir le propos et briser le rythme de la présentation qui se veut pourtant dynamique et aérée.

Un leitmotiv revient sans cesse sous la plume de l'auteur : comment libérer la francophonie de ses vieux démons coloniaux? La francophonie est-elle encore « cette machine de guerre montée par l'impérialisme français »?

« Le vrai problème c'est que la francophonie est aux mains de Paris », déclare Marie Cardinal (p. 223). Chose certaine, elle est encore à la recherche d'une culture commune non hexagonale. M. Tétu semble trouver un élément de solution dans ce qu'il appelle la « francophonie populaire ». Mais cet aspect est encore trop peu développé pour dépasser le niveau des vœux pieux. Une réflexion en profondeur s'impose hors des voies (voix) officielles. Ce n'est certes pas la sainte trinité placée en tête de cet ouvrage, De Gaulle-

Senghor-Bourguiba, qui pourra inspirer de nouvelles directions et amoindrir les arguments des « franco-sceptiques ».

Depuis l'apparition des premiers organismes internationaux à la fin du XIXe siècle, la francophonie semble surtout faite pour réagir à des menaces extérieures. Hier, il fallait contrer le péril allemand, on créait l'Alliance française; aujourd'hui, on multiplie les initiatives pour contrecarrer le péril anglo-saxon. Comment dépasser cette démarche uniquement défensive? Cet ouvrage reconnaît et identifie d'emblée les disparités culturelles, sociales, économiques et politiques qui divisent les forces et multiplient les irritants. Devant les obstacles, l'auteur ne perd pas son optimisme et conclut sur « un des plus étonnants et paradoxaux constats : issus d'une forme de civilisation française aujourd'hui disparue [la France coloniale], ces nombreux descendants et collatéraux s'interrogent aujourd'hui sur l'étrange héritage qu'ils détiennent et ne peuvent renier, non plus que leur désir — encore confus mais résolu — d'en faire un nouveau et vaste champ d'expression et d'action ».

LES LITTÉRATURES DE L'EXIGUÏTÉ
de FRANÇOIS PARÉ[1]
(Hearst, Le Nordir, 1992, 175 p.)

Jules Tessier
Université d'Ottawa

Alimenté par les riches sédiments propres aux intellectuels dotés d'une vaste culture, l'ouvrage *Les Littératures de l'exiguïté* compte parmi les publications les plus denses qui aient paru en Ontario français dans les domaines de l'essai et de la critique. Influencé par le modèle discursif tel que pratiqué avec brio par Roland Barthes et par Jean-François Lyotard, François Paré nous livre sa réflexion sur les «*petites* littératures» (les italiques sont de lui, afin de conjurer le jugement de valeur) sans plan explicite, avec un texte ininterrompu de quelque 160 pages balisé par les seuls titres de paragraphes ou de développements.

Cheminement sinueux en apparence seulement puisque l'auteur a articulé son étude selon une dialectique à deux temps : un mouvement récurrent entre les littératures ontaroise et québécoise, et, en contrepoint, des coups de sonde tous azimuts vers les littératures minoritaires, non seulement de l'Amérique mais aussi des autres continents. En somme, François Paré, après avoir établi sa base d'opérations en Ontaroisie, avec un poste d'observation affecté exclusivement au Québec, a dressé une carte d'état-major constituée d'une mappemonde où sont identifiés de nombreux îlots de production littéraire en situation d'isolat. En un second temps, il a relié entre elles ces enclaves avec différents traits fins correspondant à des problématiques communes, pour ensuite tracer de grands axes convergeant des régions plus ou moins reculées de l'univers sur l'Ontario français, ainsi placé au centre d'un épi de réseaux.

La stratégie est d'une efficacité remarquable. On est ainsi en mesure de mieux cerner et d'évaluer les misères et les vicissitudes subies par tous ces minoritaires du monde qui s'acharnent, contre vents et marées, à édifier des littératures analysées ici principalement sous l'angle de la production poétique, puisque les poètes semblent aujourd'hui être «les garants de la marginalité» (p. 8). Perspectives éclairantes mais aussi confortantes, puisqu'il résulte de ces multiples comparaisons et rapprochements un ensemble de données qui s'appliquent à toutes les «*petites* littératures», d'où qu'elles soient; ainsi, l'écrivain qui se sent parfois atrocement seul, culturellement et linguistiquement, doit prendre conscience qu'il souffre d'un mal commun à tous les littéraires qui exercent leur activité en situation d'isolat. Enfin, pour l'Ontario français, la démarche s'avère tonifiante, du seul fait de se voir ainsi placé au cœur des marginalisés du monde des lettres. D'ailleurs, François Paré utilise avec astuce le coude-à-coude valorisant; ainsi, lorsqu'il dresse ses listes d'auteurs, il prend soin de placer stratégiquement les écrivains franco-ontariens au milieu d'une galerie cosmopolite, en installant Jean Marc Dalpé, par exemple, entre une Togolaise et un Suisse romand (p. 34). Les représentants de l'Ontario sont également présentés sous forme de théorie, en tandem avec des auteurs du Québec, à l'occasion, en utilisant, au point d'arrimage, un personnage susceptible de revendiquer la double allégeance, québécoise et ontaroise, comme Jean Éthier-Blais (p. 107).

S'il ressort de cette approche universelle un effet motivateur, l'analyse n'en est pas moins lucide, sans complaisance. Le ton est donné dans la préface de l'ouvrage. À propos de l'émergence de ces « littératures minoritaires embryonnaires de langue française » qui ont surgi au Canada, depuis une trentaine d'années, la vitalité et l'originalité qui les caractérisent ne doivent pas faire oublier « l'enlisement *inéluctable* [nous soulignons] des communautés culturelles et ethniques dont elles émanent » (p. 7). « Parmi les cultures de l'exiguïté, les minoritaires sont celles qui tendent le plus à sacraliser l'autodestruction » (p. 14), et pour les Franco-Ontariens, cet enlisement devient une source d'inspiration incontournable : « À la question : "Sur quoi l'écrivaine franco-ontarienne parlera-t-elle?", une seule réponse s'impose : sur la menace de mort communautaire par le silence » (p. 126).

Cette franchise s'exprime ailleurs de façon décapante. Ainsi, l'audience dont bénéficient Roch Carrier et Louis Caron au Canada anglais est expliquée en ces termes : « [...] Carrier et Caron décrivent une société étroite et mesquine, religieuse, folklorique, grégaire, irrévérente bien sûr, mais tout à fait impuissante, qui ne peut que renforcer l'image que veut se faire l'élite canadienne-anglaise de la société québécoise » (p. 138). Quant au succès remporté au Québec par « les contes du Nord franco-ontarien, rassemblés par Germain Lemieux, et les récits d'Antonine Maillet », François Paré l'explique par le fait qu'on a comblé, encore là, une attente de stéréotype dévalorisant : « [...] ces œuvres, en dépit de leur mérite littéraire, sont infantilisantes culturellement, d'où leur attrait auprès des sociétés dominantes » (p. 138-139). Il fallait aussi une certaine dose de courage pour étiqueter treize écrivains franco-ontariens tous vivants, répartis en deux clans bien distincts : ceux qui « se sont rangés du côté de l'oubli » et les « tenants de la conscience », la transition consistant en quelques vers d'un poète « de l'oubli » qualifiés d'« envol dérisoire » (p. 135).

Côté nord-américain, tous ne figurent pas au palmarès de la même façon, un peu comme si, emporté dans son élan pour ratisser la planète, l'analyste avait laissé pour compte les proches de son propre continent. Si les Ontarois, les Québécois et les Acadiens sont cités fréquemment, il en va autrement pour les francophones de l'Ouest canadien qui auraient été oubliés, n'eût été d'une mention à propos de Paul Savoie, qui vit d'ailleurs maintenant en

Ontario (p. 102). (Le Québec n'est pas l'unique refuge des artistes et écrivains issus de la diaspora française d'Amérique!) Ce n'est pourtant pas la production littéraire qui fait défaut là-bas[2]. François Paré a fait de la poésie la matière première des *Littératures de l'exiguïté*, et quitte à faire taire ses réticences à propos de l'«hypertrophie du discours anthologique» dont seraient affligées les «*petites* littératures» (p. 85), il a produit ailleurs un compte rendu à juste titre élogieux de l'*Anthologie de la poésie franco-ontarienne* préparée par René Dionne[3]. Or Roger Léveillée, un an plus tôt, a fait paraître une *Anthologie de la poésie franco-manitobaine*[4] très considérable, où sont recensés 35 poètes dont une bonne moitié sont en pleine période de production, un ouvrage extrêmement bien documenté, incluant pas moins de cent pages consacrées à l'histoire de cette poésie qui commença à s'exprimer au tout début du XIXe siècle. Ce n'était donc pas la matière qui manquait, et on peut affirmer sans grand risque de se tromper que cette anthologie constitue un inventaire peut-être «producteur», mais certes également «produit», une terminologie utilisée par François Ricard et reprise par François Paré (p. 85).

Par ailleurs, la seule mention qui soit faite à propos des Franco-Américains prend l'allure d'un coup de Jarnac asséné sans ménagement: «Il existe des cas absurdes: aux États-Unis, on organise bon an mal an des colloques sur la littérature franco-américaine, alors que les écrivains s'y comptent sur les doigts d'une seule main» (p. 94). Si ce sont les colloques de l'Institut français de Worcester au Massachusetts qui sont visés ici, depuis quinze ans qu'ils existent, les thèmes changent chaque fois et un seul d'entre eux a porté sur la littérature franco-américaine, en 1985[5]. La mèche fume encore dans les «Petits Canadas d'en-bas» et pour peu qu'on ne se précipite pas mouchettes en main, on y repère même des étincelles à l'occasion, telle cette suite au fameux roman de Louis Hémon imaginée par un Franco de Manchester, Henri Chapdelaine, qui n'a pas craint de faire immigrer Maria aux États-Unis dans *Au nouveau pays de Maria Chapdelaine*[6]. Et dire qu'on a salué comme une trouvaille ce tome II de *Maria Chapdelaine* écrit par Philippe Porée-Kurrer[7]!

Quant à la littérature cadienne de la Louisiane, François Paré n'y fait pas même allusion. On peut le déplorer, car si on est à la recherche d'écrits interpellants marqués par une forte tradition orale, c'est au cœur des bayous qu'on les trouve. Mais voilà, l'oralité, dans *Les Littératures de l'exiguïté*, est présentée dans un rapport antinomique avec la Littérature, puisque «les *petites* littératures optent pour l'oralité par dépit ou par mimétisme» (p. 25). C'est ainsi que le caractère oral du théâtre expliquerait la vogue du genre dramatique parmi les peuples linguistiquement minoritaires souvent affligés d'une indigence culturelle (p. 109). Or les Cadiens ont aboli cette dichotomie et leur production littéraire contemporaine est résolument marquée par l'oralité, sans obsession stylistique, dans le droit fil d'une tradition qui remonte... à l'*Iliade* et à l'*Odyssée*! Pour s'en convaincre, on consultera la toute nouvelle revue *Feux Follets*, fondée à Lafayette en 1991, remplie de cette poésie dont le caractère « parlé » constitue la spécificité. Le « Portrait d'auteur », dans le présent numéro de *Francophonies d'Amérique*, est d'ailleurs consacré à David Marcantel, un représentant de ces écrivains cadiens qui, non seulement font parler la poésie, mais encore la font ironiser, sourire, rigoler, pour le plus grand plaisir du lecteur qui a rangé ses catégories au vestiaire.

À l'instar de Roland Barthes dont il pratique la forme de récit discontinu, François Paré habille ses réflexions d'une prose travaillée, à telle enseigne que la forme séduit tout autant que le contenu, un heureux mariage pas très courant dans le genre essai, une richesse de style telle qu'on résiste mal à l'envie d'en démonter quelques rouages. Ainsi, un tableau statistique des occurrences permettrait des analyses topiques révélatrices. Sans recourir à un tel dépouillement systématique, de prime abord, on se rend compte que les thèmes principaux sont exposés sur un fond de variantes, aux effets incantatoires, constituées de vocables dont l'aire sémantique est délimitée par le leitmotiv de l'« exiguïté », tels ces mots repérés au cours d'une simple lecture : fragilité, déchirure, mutilation, rupture, indifférence, impuissance, marginalité, secondarité, stérilité, exil, absence, exclusion, folie, occultation, disparition, anéantissement, etc. Les mots incluant le préfixe privatif « dé- » méritent un traitement à part : dépossession, déréalisation, déspatialisation, déshistoire (emprunté à Ralph Heyndels), désautomotivation (emprunté à François Ricard), etc.

Cette litanie plutôt déprimante est accompagnée d'un antidote authentiquement canadien-français : une kyrielle de vocables tirés du domaine religieux. Si l'on admet comme postulat que « le sacerdoce du poète [...] apparaît dans toutes les œuvres de l'exiguïté » (p. 154, voir aussi p. 103), il ne faut pas s'étonner du recours à la terminologie *ad hoc*. Ainsi, « rédemption », « sacral » et leurs dérivés reviennent une douzaine de fois chacun. Plusieurs métaphores, appliquées à la littérature, font appel à des concepts théologiques : la transsubstantiation (p. 26), l'Être, la Révélation (p. 29), la vie éternelle (p. 44), le Christ, le « saint esprit » (p. 99), etc. Un champ d'analyse en or pour la psychocritique !

Nonobstant ces deux ou trois réserves qui portent, pour l'essentiel, sur un ton parfois excessivement défaitiste et sur quelques oubliés dans une liste d'auteurs au demeurant impressionnante — François Paré invite d'ailleurs implicitement les critiques à se faire moins complaisants pour les publications issues des « *petites* cultures », protégées par « un réseau privilégié de complicités et d'allégeances » (p. 92) —, l'essai *Les Littératures de l'exiguïté* constitue une œuvre majeure, riche et profonde, désormais essentielle pour quiconque s'intéresse aux littératures des milieux minoritaires. En utilisant la production franco-ontarienne comme étalon des « *petites* littératures » et en la hissant au niveau de ses homologues de l'extérieur, il aura contribué à lui faire franchir une étape importante de son évolution : l'accès à la scène internationale. Heureux paradoxe, cet essai provenant d'un des multiples Landerneau de l'exiguïté est digne des plus grandes Littératures et mérite sans conteste de faire le tour du monde.

NOTES

1. Lauréat du Prix du Gouverneur général du Canada pour l'année 1993, section « Essai ».

2. On pourra consulter à ce sujet, dans *Francophonies d'Amérique*, la liste des titres publiés en français chaque année dans l'Ouest.

3. Sudbury, Prise de Parole, 1991, 223 p. Voir recension de François Paré dans *Revue du Nouvel-Ontario*, nos 13-14, 1991-1992, p. 218 à 220.

4. Saint-Boniface, Éditions du Blé, 1990, 591 p.

5. Les actes de ce colloque, parus avec un certain retard, sont d'ailleurs recensés dans le présent numéro de *Francophonies d'Amérique*.

6. Manchester, 1988, 98 p.

7. *La Promise du lac*, Chicoutimi, Éditions JCL, 1992, 512 p.

LE CENTRE DE RECHERCHE EN CIVILISATION CANADIENNE-FRANÇAISE DE L'UNIVERSITÉ D'OTTAWA

145, rue Jean-Jacques-Lussier
Pavillon Lamoureux, pièce 271
C.P. 450, succ. A
Ottawa (Ontario)
K1N 6N5

téléphone : (613) 564-6847
télécopieur : (613) 564-7174

Le conseil d'administration

Le conseil du Centre est composé de sept professeurs de l'Université d'Ottawa, rattachés à cinq facultés où se poursuivent des études et des travaux sur le Canada français. Il s'agit de Yolande Grisé (directrice, Faculté des arts, Département des lettres françaises), Roger Bernard (Faculté d'éducation), Linda Cardinal (Faculté des sciences sociales, Département de sociologie), Anne Gilbert (Faculté des arts, Département de géographie), André Lapierre (Faculté des arts, Département de linguistique), Gilles Paquet (Faculté d'administration) et Daniel Proulx (Faculté de droit).

Les activités accomplies en 1992-1993

Pour son 35ᵉ anniversaire, le CRCCF a procédé le 5 février 1993 à son lancement annuel à l'Ambassade de France. Plus de 250 invités ont participé à la célébration qui soulignait la parution de plusieurs publications.

De plus, le Centre a inauguré, lors des Retrouvailles du Concours de français de l'Ontario en mai 1992, l'exposition « Écoles d'hier en Ontario français (1930-1950) ». L'exposition comprend 33 documents photographiques qui constituent en quelque sorte un album de famille. Les enfants, les écoliers et écolières de l'Ontario français ont la vedette plutôt que l'institution ou l'architecture.

Publications parrainées par le Centre

Mélanges de littérature canadienne-française et québécoise offerts à Réjean Robidoux (Yolande Grisé et Robert Major [dir.], Ottawa, Presses de l'Université d'Ottawa, «Cahiers du CRCCF», n° 29, 1992, 430 p.). En même temps qu'une marque de reconnaissance envers Réjean Robidoux, par 32 de ses collègues, anciens étudiants et amis, ces *Mélanges* comprennent une variété de textes (critique et création), tous liés aux lettres canadiennes-françaises et québécoises.

Le Roman contemporain au Québec (1960-1985) (François Gallays, Sylvain Simard et Robert Vigneault [dir.], Montréal, Fides, «Archives des lettres canadiennes», t. 8, 1992, 548 p.). Cet ouvrage traite de la production romanesque québécoise de 1960 à 1985. Des monographies sur 24 des plus grands romanciers québécois contemporains sont encadrées de trois études de fond qui contribuent à la mise en perspective de l'ensemble.

Répertoire numérique du fonds de la Fédération des caisses populaires de l'Ontario limitée (Johanne Beaumont, avec la collaboration de France Beauregard et Lucie Pagé, Ottawa, CRCCF, «Documents de travail du CRCCF», n° 35, 1992, 261 p.). Ce document, produit et distribué par le Centre, permettra, entre autres, une meilleure connaissance de ce fonds d'archives conservé au CRCCF.

Connaissance de Nelligan (Réjean Robidoux, Montréal, Fides, «Le Vaisseau d'Or», 1992, 183 p.). Réjean Robidoux a réuni les études qu'il avait faites depuis plus de 25 ans sur le poète Émile Nelligan en y joignant plusieurs nouveaux textes.

Les Textes poétiques du Canada français, vol. 6, *1856-1858* (Yolande Grisé et Jeanne d'Arc Lortie, s.c.o., [dir.], Montréal, Fides, «Les Textes poétiques du Canada français, 1606-1867. Édition intégrale», lxii, 789 p.). Le volume comprend 320 poèmes répartis sur trois années (1856-1858) et rassemble plus de 20 000 vers. La collection d'une douzaine de volumes vise à mettre en valeur une importante partie de notre patrimoine culturel, soit quelque 3 500 pièces poétiques composées de 220 000 vers environ.

Émile Nelligan (1879-1941): cinquante ans après sa mort (Yolande Grisé, Réjean Robidoux et Paul Wyczynski [dir.], Montréal, Fides, coll. «Le Vaisseau d'Or», 1993, 352 p.). Actes du colloque organisé par le CRCCF, les 18-19-20 novembre 1991.

Les projets en cours

Parmi les projets du CRCCF, il y a le *Guide des archives conservées au Centre de recherche en civilisation canadienne-française*, qui permettra de mettre à jour un instrument de recherche indispensable aux usagers.

Un colloque, *Les États généraux de la recherche sur la francophonie à l'extérieur du Québec*, aura lieu à Ottawa, les 24, 25 et 26 mars 1994, sous le patronage du Regroupement des universités de la francophonie hors Québec et avec la collaboration du Centre des études franco-canadiennes de l'Ouest, de la Chaire d'études acadiennes de l'Université de Moncton, de l'Institut franco-ontarien de l'Université Laurentienne de Sudbury, de l'Institut français du Collège de l'Assomption de Worcester et du Centre d'études francophones de l'Université Southwestern de Louisiane.

Après avoir dressé un bilan de la recherche sur la francophonie à l'extérieur du Québec depuis 1980, on définira les besoins des chercheurs et on mettra en place des mécanismes pour les aider dans leur tâche, notamment en instituant un comité du suivi de la rencontre et en créant un fonds de la recherche pour la francophonie à l'extérieur du Québec.

L'INSTITUT FRANCO-ONTARIEN

Pavillon Alphonse-Raymond
Université Laurentienne
Chemin du Lac Ramsey
Sudbury (Ontario)
P3E 2C6

téléphone : (705) 675-1151, poste 5026
télécopieur : (705) 675-4816

Les membres du directoire scientifique

Le directoire scientifique est composé de Donald Dennie (directeur), de Robert Dickson (secrétaire), de Richard Carrière (trésorier), de Simon Laflamme (responsable des publications), de Lionel Bonin (responsable de la documentation) et de Pascal Sabourin (responsable de la recherche).

Les activités accomplies en 1992-1993

L'Institut a profité de la dernière année pour amorcer ou continuer différents projets. On a notamment procédé à un examen en profondeur de ses publications, surtout de la *Revue du Nouvel-Ontario*. On a remis, en collaboration avec le Chapitre des caisses populaires de la région de Sudbury, la bourse Édouard-Adam à un membre de l'Institut pour lui permettre de terminer un projet de recherche. Cette bourse est décernée annuellement en octobre à un membre de l'Institut pour la réalisation d'un projet. L'Institut a aussi remis, en collaboration avec la Fédération des caisses populaires de l'Ontario, le prix Omer-Legault, au professeur Fernand Dorais, du Département de français de l'Université Laurentienne pour son livre *Témoin d'errances en Ontario français*. Un jury de trois membres remet tous les deux ans ce prix à l'auteur d'une publication de recherche sur l'Ontario français.

Publications parrainées par le Centre

Revue du Nouvel-Ontario (n°s 13-14, 1991-1992). Ce numéro double de la *revue* constitue un nouveau départ pour cette publication. Depuis 1976, la *revue* était thématique. À compter de ce numéro, le contenue de la *revue* s'élargit. Dorénavant, on y retrouvera des articles divers qui font état de recherches portant sur différents aspects de l'Ontario français.

Les Femmes francophones en milieu minoritaire : état de la recherche (Sudbury, Institut franco-ontarien, mai 1993, 145 p.). Ces actes de colloque contiennent les communications livrées lors d'un colloque national organisé par l'Institut en mai 1992.

Le Filon (n°s 17, 18 et 19). Le bulletin d'information de l'Institut renseigne ses membres et d'autres abonnés sur des publications, des projets de recherche, des colloques, des séminaires et des conférences d'intérêt ainsi que sur les activités de l'Institut.

Les projets en cours

En collaboration avec le centre SOREP du Québec, l'Institut a entrepris l'informatisation des registres des 220 paroisses de langue française et bilingues de l'Ontario dans le but de permettre des recherches démographiques, historiques et généalogiques sur la population franco-ontarienne. Ce projet, qui a débuté à l'automne 1992, a permis d'informatiser les registres de six paroisses de la région de Sudbury. On compte procéder par région. Les responsables du projet n'ont pas encore prévu de publications de ces données.

Un autre projet vise à recueillir toutes les données démographiques sur la population franco-ontarienne contenues dans les recensements publiés de Statistique Canada. Les données de 1871 à 1986 ont été informatisées. La date de publication n'a pas encore été fixée.

En outre, l'Institut prépare actuellement un projet de maîtrise interdisciplinaire en études franco-ontariennes. Ce projet a été soumis aux diverses instances de l'Université Laurentienne pour approbation. On entend profiter des nombreuses publications et recherches qui ont accru les connaissances au sujet de l'Ontario français depuis les vingt dernières années ainsi que de l'expertise de nombreux professeurs, autant à la Laurentienne que dans d'autres institutions d'enseignement supérieur en Ontario, pour former des étudiants qui auront à œuvrer dans diverses sphères de la vie ontarienne.

À venir

L'Institut prépare le numéro 15 de la *Revue du Nouvel-Ontario* dont la parution devrait coïncider avec la prochaine assemblée annuelle en mai 1994.

De plus, le directoire scientifique compte organiser un colloque sur la famille à l'automne 1994.

Enfin, l'Institut participera, en mars 1994, en collaboration avec plusieurs autres centres de recherche, aux États généraux de la recherche sur la francophonie à l'extérieur du Québec. Les États généraux doivent avoir lieu à Ottawa et sont parrainés par le Regroupement des universités francophones hors Québec.

LE CENTRE D'ÉTUDES ACADIENNES

Université de Moncton
Moncton (Nouveau-Brunswick)
E1A 3E9

téléphone : (506) 858-4085
télécopieur : (506) 858-4086

Le conseil d'administration

La première réunion du Conseil scientifique du centre d'études acadiennes s'est tenue le 31 mai 1993. Voici la liste des membres :

Léandre Desjardins (président), Gilles Chiasson (directeur intérimaire), Samuel Arseneault, Maurice Basque, Nicolas Landry, Phyllis LeBlanc, Muriel K. Roy, Bernard LeBlanc, Jean Daigle, Chrystophe Jankowski, Père Anselme Chiasson, Isabelle McKee-Allain, Michel Bastarache, Jacques-Paul Couturier, Jean-Guy Finn et Anna Rail.

Les activités accomplies en 1992-1993

En février 1993, le Centre d'études acadiennes organisait sa deuxième conférence annuelle dont le thème était les archives. M. Nicolas Landry, directeur des services pédagogiques au Centre universitaire de Shippagan, était le conférencier invité. M. Landry a situé le CEA dans l'ensemble des services archivistiques du Canada. Il a, entre autres, souligné à la soixantaine de personnes présentes que le CEA n'avait rien à envier aux autres centres d'archives du Canada en raison de la vaste documentation qu'il renferme, des aménagements dont il jouit et du service personnalisé qu'il offre aux usagers.

Les projets en cours

Le CEA met présentement la touche finale à la publication d'une édition critique du *Glossaire acadien* de Pascal Poirier. Cette nouvelle édition, dont la préparation est coordonnée par Ronald Labelle, renferme une introduction du professeur Pierre M. Gérin de l'Université de Moncton portant sur l'œuvre lexicographique de Pascal Poirier. L'ouvrage est produit par le CEA et les Éditions d'Acadie; sa parution est prévue pour la fin de l'année 1993.

Autres activités

Grâce à une subvention spéciale du gouvernement du Nouveau-Brunswick, le CEA effectuait en novembre 1992 un envoi important de 200 livres acadiens au Centre d'études acadiennes et québécoises de l'Université de Poitiers. La subvention ayant été renouvelée pour l'année en cours, le directeur intérimaire et bibliothécaire, Gilles Chiasson, responsable de ce dossier, désire obtenir toutes les nouveautés dans le domaine du livre acadien pour les envoyer à Poitiers.

Le CEA est aussi directement impliqué dans la préparation d'une exposition muséographique de grande envergure qui circulera à travers le Canada en 1994 et 1995. Ronald Labelle et Ronnie-Gilles LeBlanc représentent le CEA au sein du comité organisateur. Les autres organismes participants sont le Musée provincial du Nouveau-Brunswick, de Saint-Jean, le Village historique acadien de Caraquet et le Musée acadien de l'Université de Moncton.

De plus, ayant bénéficié d'un appui financier spécial de la part de l'Université, le Centre d'études acadiennes a fait l'acquisition en avril 1993 de l'équipement nécessaire à l'informatisation des données concernant la collection de monographies de sa bibliothèque spécialisée. Dorénavant, les nouvelles acquisitions d'ouvrages acadiens au CEA seront inscrites dans la base de données «Eloizes» de la Bibliothèque Champlain. À moyen terme, le Centre envisage de convertir le fichier manuel en catalogue informatisé. Nous prévoyons éventuellement pouvoir informatiser toutes les collections du Centre, afin de permettre aux usagers de consulter à distance nos banques de données pour connaître les ressources disponibles au CEA. La réalisation complète de ce projet dépendra évidemment de la disponibilité du personnel et des ressources financières.

LA CHAIRE D'ÉTUDES ACADIENNES

Université de Moncton
Moncton (Nouveau-Brunswick)
E1A 3E9

téléphone : (506) 858-4530
télécopieur : (506) 858-4086

Les membres du conseil consultatif

Le conseil est composé de Léandre Desjardins (vice-recteur à l'enseignement et à la recherche), de Christophe Jankowski (doyen de la Faculté des études supérieures et de la recherche), de Jean Daigle (titulaire de la Chaire d'études acadiennes), de Gilles Chiasson (directeur du Centre d'études acadiennes), de Judith Perron (représentante des étudiants diplômés) et de cinq professeurs de l'Université de Moncton dont au moins un par centre universitaire : Philippe Doucet, Louise Péronnet et Léon Thériault du Centre universitaire de Moncton, Marielle Cormier-Boudreau du Centre universitaire de Shippagan et Nicole Lang du Centre universitaire de Saint-Louis-Maillet.

À ces membres s'ajoutent Charles-Aimé Blouin (représentant de l'Université de l'Île-du-Prince-Édouard) et Neil Boucher (représentant de l'Université Sainte-Anne).

Les activités accomplies en 1992-1993

Dans le cadre de son dixième anniversaire de fondation, la Chaire organisait, en septembre 1992, un mini-colloque. Lors du lancement de deux publications, les professeurs René Dionne du Département des lettres françaises de l'Université d'Ottawa et le professeur Hugh Thorburn du Département d'études politiques de l'Université Queen's ont prononcé des allocutions.

Dans la première publication, *Le Parti acadien. De la fondation à la disparition, 1972-1982* (Moncton, Chaire d'études acadiennes, 1992, 119 p., 13 $), le politicologue Roger Ouellette se penche sur les événements de la vie sociopolitique du Nouveau-Brunswick qui ont favorisé la mise en place d'un tiers parti et présente une explication sur les causes de son échec.

La seconde publication, *Bibliographie des publications d'Acadie, 1609-1990. Sources premières et sources secondes* (Moncton, Chaire d'études acadiennes, 1992, 389 p., 13 $), de Marguerite Maillet, présente une bibliographie sur la réception des œuvres des auteurs acadiens, complétant ainsi le projet d'histoire littéraire amorcé par l'auteure.

La Chaire, en partenariat avec l'Université Laval, l'Université Sainte-Anne et la Société Saint-Thomas-d'Aquin (une association socioculturelle) a participé à l'organisation d'un important colloque Carrefour Acadie-Québec.

Sous le titre *Un voisinage à préciser... un partenariat à consolider*, le colloque s'est déroulé à l'Institut de Memramcook les 1ᵉʳ et 2 octobre 1993. Il a rassemblé plus d'une centaine de spécialistes acadiens et québécois reconnus dans les domaines de la recherche universitaire, de l'activité économique, du développement socioculturel et de l'administration gouvernementale.

Le colloque poursuivait deux objectifs. Dans un premier temps, les participants et les participantes, répartis en ateliers, ont discuté dans une perspective historique des acquis et des pratiques développés dans les relations Acadie-Québec. Par la suite, les conférences et les ateliers ont permis de déterminer des champs d'action prometteurs et de domaines d'échanges potentiels entre l'Acadie et le Québec.

Les textes des conférences (11 en tout) paraîtront sous peu, dans un prochain numéro de la revue *Égalité*.

Les projets en cours

La Chaire pilote, depuis janvier 1991, un important projet de publication intitulé *L'Acadie des Maritimes*. Le collectif, rédigé par plus de 30 auteurs, dresse le bilan des connaissances sur les Acadiens et les Acadiennes des Maritimes à l'intérieur de 20 textes érudits. Les 900 pages de cette septième publication de la Chaire d'études acadiennes témoignent de la vitalité et du dynamisme de la recherche scientifique du milieu universitaire acadien.

LE CENTRE D'ÉTUDES FRANCO-CANADIENNES DE L'OUEST

Collège universitaire de Saint-Boniface
200, avenue de la Cathédrale
Saint-Boniface (Manitoba)
R2H OH7

téléphone : (204) 233-0210
télécopieur : (204) 237-3240

Le conseil d'administration

On retrouve au conseil d'administration cinq professeurs du Collège universitaire de Saint-Boniface, soit Richard Benoît (président), Raymond Théberge (directeur), Lise Gaboury-Diallo, André Fauchon et Albert Lepage. De plus, il y a des représentants de trois autres universités, soit Alan MacDonel (Université du Manitoba), Carol J. Harvey (Université de Winnipeg) et Rachel Major (Université de Brandon). Au comité de rédaction des *Cahiers franco-canadiens de l'Ouest*, on retrouve André Fauchon (rédacteur en chef), Lise Gaboury-Diallo et François Lentz.

Les activités accomplies en 1992-1993

En 1992 se tenait à Regina le douzième colloque annuel du CEFCO sur «Les discours de l'altérité» (actes à paraître). En octobre 1993, le treizième colloque annuel se tenait cette fois à Saint-Boniface. Le thème retenu : «La production culturelle en milieu minoritaire» (actes à paraître en 1994).

Toujours en octobre 1993 se tenait le Salon du livre dans le cadre de la conférence annuelle des éducateurs et éducatrices francophones du Manitoba.

Finalement, grâce au Programme d'aide aux projets régionaux en études canadiennes, le Centre a publié un catalogue descriptif des livres, manuscrits et archives du CEFCO portant sur la francophonie.

Publications parrainées par le CEFCO

Trois numéros des *Cahiers franco-canadiens de l'Ouest* ont été publiés : en 1992, un numéro spécial : *Éducation et pédagogie* (vol. 4, n° 1); la même année, le numéro renfermant des articles sur les auteurs Simone Chaput, Henri Francq et Gabrielle Roy, en plus de deux articles, le premier portant sur les minorités et l'autre sur l'éducation en Alberta (vol. 4, n° 2); en

1993, six communications présentées au colloque du Conseil international d'études francophones à Strasbourg en juin 1992 (vol. 5, n° 1).

Finalement, le Centre a publié les actes du onzième colloque du CEFCO, *Après dix ans..., bilan et prospective (1992)* (Edmonton, Institut de recherche de la Faculté Saint-Jean).

Les projets en cours

Nous préparons actuellement, en collaboration avec la Faculté Saint-Jean, l'Université de Regina et l'Institut québécois de recherche sur la culture, une bibliographie sur les francophones de l'Ouest qui sera disponible sur disque compact en 1994.

Par ailleurs, l'indexation de l'hebdomadaire *La Liberté et le Patriote*, qui va bon train, est complétée jusqu'au mois de janvier 1942.

En outre, l'organisation du colloque international Gabrielle Roy (du 28 au 30 septembre 1995) a déjà reçu 72 demandes de communication. Les personnes intéressées ont jusqu'au 30 juin 1994 pour soumettre leur projet à André Fauchon du Collège universitaire de Saint-Boniface (voir l'adresse du CEFCO).

De plus, le quatorzième colloque du CEFCO aura lieu en octobre 1994 à Edmonton. Claude Couture en assure la responsabilité (Faculté Saint-Jean, Université de l'Alberta, Edmonton (Alberta), T6G 4G9; téléphone: 403 465-8700; télécopieur: 403 465-8760).

Finalement, les trois prochains numéros des *Cahiers franco-canadiens de l'Ouest* sont en préparation. On présentera deux numéros spéciaux, l'un portant sur l'histoire, l'autre sur la sociologie.

L'INSTITUT FRANÇAIS

Collège de l'Assomption
500 Salisbury Street — P.O. Box 15005
Worcester, Massachusetts 01615-0005
États-Unis

téléphone : (508) 752-5615, poste 414
télécopieur : (508) 799-4412

Le conseil d'administration

La directrice de l'Institut français est Mme Claire Quintal et le conseil d'administration est composé des personnes suivantes : Robert Graveline (président), William Aubuchon (vice-président), Jeannette Grenier Bonneau (vice-présidente), Gérald Pelletier (vice-président), Armand Chartier, Leslie Choquette, Helen Comeau, Louis Dion, Gérald D'Amour, Claude Dufault, Clarence Forand, André Gélinas, Claude Grenache, Henry LaJoie, Eugène Lemieux, Gloria Robidoux Marois, Jeanne Gagnon McCann, Marthe Biron Péloquin, Roger Proulx, Anne Goyette Rocheleau, Louise Champigny Soltys, Jacques Staelen, Bernard Théroux.

En outre, Émile Benoit, le Père Wilfrid Dufault, a.a., Edgar Martel et Gérald Robert sont membres d'honneur.

Les activités accomplies en 1992-1993

Un dépliant intitulé « Sur les traces de l'héritage français à Boston » a paru en septembre de cette année. Tiré à 100 000 exemplaires, ce dépliant, écrit par Mme Claire Quintal sous les auspices de l'*American and Canadian French Cultural Exchange Commission* dont elle est la présidente, est destiné aux touristes francophones et sera largement distribué au Canada français et en France.

En septembre 1993, l'ambassadeur de France à Washington, Jacques Andréani, honora l'Institut français d'une visite officielle afin de remettre au Père Wilfrid Dufault, chancelier du Collège et fondateur de l'Institut, les insignes de commandeur de l'Ordre national du mérite français.

De plus, depuis cinq ans, l'Institut met sur pied un séminaire sur les États-Unis, en français, destiné aux professeurs d'histoire et de géographie de divers pays de l'Afrique francophone et de Haïti.

Depuis quatre ans, un groupe de visiteurs, membres de *France-Louisiane Franco-Américanie*, se rend au siège de l'Institut à la fin de septembre afin de mieux connaître leur culture franco-américaine.

Les publications

L'Institut français vient de lancer son neuvième volume, intitulé *Religion catholique et appartenance franco-américaine* (ISBN 1-880 261-01-4). Ce livre s'insère dans la série sur les Franco-Américains, commencée par l'Institut en 1980. On trouve, dans ce livre, des chapitres sur les Franco-Américains et les évêques irlandais, sur les conflits culturels, sur la fondation de deux communautés de religieuses chez les Franco-Américains et sur des croyances et des pratiques religieuses populaires. On y retrouve aussi un article sur une stigmatisée, née au Québec, qui a émigré en Nouvelle-Angleterre où elle est décédée, dans les années trente, à Woonsocket (Rhode Island).

Les projets en cours

Pour marquer son 15e anniversaire de fondation, l'Institut français prépare son 11e colloque qui aura comme thème général « Les Franco-Américains ».

L'Institut français espère publier pendant son année anniversaire de 1994 son 10e volume intitulé *La Femme franco-américaine* ainsi qu'une anthologie des meilleurs textes parus dans les volumes publiés jusqu'à ce jour sous son égide.

L'Institut français collabore aussi avec le *Higgins Armory Museum* de Worcester à la mise sur pied d'une exposition sur Jeanne d'Arc, ainsi qu'à un symposium sur la guerre de Cent Ans parrainé par la *New England Medieval Studies Association*.

L'Institut français du Collège de l'Assomption à Worcester tiendra son 11e colloque les 17 et 18 juin 1994. Ce colloque aura pour thème « Les Franco-Américains ». Cette approche globale de la question vise à encourager les chercheurs de tous les domaines à se pencher sur la question franco-américaine.

Lorraine Albert
Université d'Ottawa

La section des livres comprend les titres publiés en 1993, ceux de 1992 qui n'avaient pas été répertoriés dans le numéro 3 de *Francophonies d'Amérique*, et quelques ouvrages de 1991 qui nous avaient échappé.

Notre liste inclut des thèses de maîtrise et de doctorat soutenues depuis 1991, car il est très difficile d'avoir accès aux thèses de l'année courante. Nous serions d'ailleurs très reconnaissants aux personnes qui voudraient bien nous faire parvenir les titres de thèses récentes soutenues à leur institution, ou ailleurs, dans les domaines qui intéressent cette revue.

Les titres précédés d'un astérisque font l'objet d'une recension dans les pages qui précèdent.

Nous tenons à remercier d'une façon toute particulière, cette année encore, M. Gilles Chiasson, du Centre d'études acadiennes de l'Université de Moncton, pour sa précieuse collaboration à la section de l'Acadie.

L'ACADIE

*ARSENAULT, Georges, *Par un dimanche au soir : Léah Maddix, chanteuse et conteuse acadienne*, Moncton, Éditions d'Acadie, 1993, 188 p.

ARSENAULT, Guy, *Un coup d'œil sur l'école*, [s.l., s.é., s.d.], [10] p.

ASSOCIATION ACADIENNE DES ARTISTES PROFESSIONNEL(LE)S DU NOUVEAU-BRUNSWICK, *Répertoire des artistes et des ressources artistiques et culturelles du Nouveau-Brunswick*, Moncton, L'Association, 1992, vol. 1.

ASSOCIATION TOURISTIQUE DE KENT, *Le Guide de la région de Kent, Nouveau-Brunswick : le cœur de la côte acadienne*, [Richibouctou], L'Association, 1993, 55 p.

BABINEAU, Jean, *Bloupe : roman*, Moncton, Éditions Perce-Neige, 1993, 198 p.

BEAUSOLEIL, Claude, *Fureur de Mexico*, Moncton, Éditions Perce-Neige; Trois-Rivières, Écrits des Forges, 1993, 198 p.

BÉCHARD, Henri, *Les Audacieuses Entreprises de Le Royer de la Dauversière*, traduit de l'américain par Bertille Beaulieu, Montréal, Méridien, 1992, 401 p.

BERTRAND, Gabriel, *La Solidarité culturelle*, Moncton, Département de sociologie, Université de Moncton, 1993, 82 p.

BOUCHARD, Gilles (dir.), *La Réforme administrative dans les pays francophones*, Moncton, Éditions de l'Acadie, 1991, 224 p.

BOUDREAU, Éphrem, *Autobiographie*, [s.l.], L'auteur, [1992], [22] p.

BOURGEOIS, Georges, *Bons baisers de Moncton : poésie*, Moncton, Éditions d'Acadie, 1993.

BOURQUE, Éva, *50 Ans (1941-1991) : la Caisse populaire de Haute-Aboujagane Ltée*, [s.l., s.é., s.d.], 41 p.

BRAULT, Pierre, *L'Église de L'Acadie (Haut-Richelieu) et ses dépendances*, L'Acadie (Québec), Fabrique Sainte-Marguerite-de-Blairfindie, 1992, 52 p.

BRUN, Régis, *Le Fort de Beauséjour / The Fort of Beausejour*, Moncton, Éditions d'Acadie, coll. « Odyssée acadienne / Acadian Odyssey », 1993, 29 p.

BURKE-LAFOND, Thérèse, *Joseph à Joseph à Michel Haché : Tharsille Arseneau, Marie Latendresse et leur descendance*, Saint-Laurent (Québec), L'auteur, 1993, 335 p.

La Caisse populaire de Saint-Ignace (1941-1991), [Saint-Ignace, La Caisse, s.d.], 30 p.

CASTONGUAY-LEBLANC, Yolande, *et al.*, *La Lecture chez les francophones de 6e, 9e et 12e années des Maritimes : attitudes, habitudes, réseaux et croyances (rapport de recherche)*, Moncton, Centre de recherche et de développement en éducation, Faculté des sciences de l'éducation, Centre universitaire de Moncton, 1991, 269 p.

Census of Cape Breton Island, Province of Nova Scotia (1838-1841), compiled by Mildred Howard, Sydney, Cape Breton Genealogical Society, 1991, 141 p.

1891 Census, Westmorland County New Brunswick, Moncton, Kenneth E. Kanner, 1993, 2 Vol.

CENTRE ACADIEN DU TOURISME, *Catalogue de produits acadiens authentiques*, Caraquet, C.A.T., 1993, 22 p.

CHIASSON, Herménégilde, *L'Exil d'Alexa : théâtre*, Moncton, Éditions Perce-Neige, 1993, 80 p.

CLUB DE L'ÂGE D'OR DE BARACHOIS, *Guide Grand Barachois*, [Barachois], Le Club, 1991, 38 p.

COLLETTE, Jean, *Descendants of Julien Collette*, Moncton, L'auteur, 1991, 920 p.

COLLOQUE ACADIE-AFRIQUE, *Le Management, les techniques administratives et le développement régional*, actes du Colloque Acadie-Afrique, du 28 octobre au 3 novembre 1990, Moncton, Chaire d'administration Assomption, Université de Moncton, 1993, 229 p.

COMEAU, Léger, *Miettes de pain pour l'âme*, Pointe-de-l'Église, L'auteur, 1992, 101 p.

CONFÉRENCE SUR LES ENFANTS PAUVRES EN MILIEU SCOLAIRE, *Les Enfants pauvres à l'école : oser s'engager*, actes de la Conférence sur les enfants pauvres en milieu scolaire, Newcastle (N.-B.), les 18 et 19 octobre 1991, Fredericton, l'A.E.E.F.N.B., 1992, 40 p.

CORMIER, Flora, *Cocagne : 225 ans d'histoire*, Cocagne, Comité historique des aînés de Cocagne, 1993, 342 p.

*CORMIER, Yves, *Grandir à Moncton*, Moncton, Éditions d'Acadie, 1993, 214 p.

COUILLARD, René-Gilles, *L'ADEFNB a 25 ans*, [Caraquet], Fédération des Caisses populaires acadiennes, 1993, 78 p.

Cuisine des dames d'Acadie, Saint-Basile, Éditions Lavigne, 1993, 450 p.

DAIGLE, France, *La Vraie Vie : roman*, Montréal, L'Hexagone; Moncton, Éditions d'Acadie, 1993, 71 p.

DAIGLE, Jean (dir.), *L'Acadie des Maritimes : études thématiques des débuts à nos jours*, Moncton, Université de Moncton, Chaire d'études acadiennes, 1993, 908 p.

DESJARDINS, Gérard, *Histoire et généalogie des Frenette d'Acadie*, Dieppe (N. B.), [s.é.], 1993, 372 p.

DESROCHES, John, *Reflections on a Parish : St. John the Baptist Church, Miscouche, Prince Edward Island (1892-1992)*, Miscouche, The 1992 Centennial Committee, 1992, 200 p.

DEVEAU, J.-Alphonse, *Joseph Dugas (1735-1823) : premier colon de Clare*, Clare (N.-É.), Municipalité de Clare, [1993], 76 p.

DOUCET, Jean-Jacques, *Apprendre à apprendre : l'éducation des adultes dans le milieu francophone du Nouveau-Brunswick*, Caraquet, Éditions du Franc-Jeu, 1992, 133 p.

DUBREUIL, Danielle, *Foire exposition de Poitiers du 18 au 23 mai 1993*, 50 p.

DUGAS, Bernard, Bertrand DUGAS et Rychard THÉRIAULT, *Ernest et Étienne ou les Bessons un peu plus loin*, Moncton, Éditions d'Acadie, 1993, 83 p.

DUGAY, Henri-Eugène, *Le Musée de la presse canadienne: le 125ᵉ (1867-1992)*, [s.l., s.é.], 1992, 16 p.

DUPONT, Jean-Claude, *Coutumes et superstitions*, Sainte-Foy (Québec), Éditions Dupont, 1993, 63 p.

Église Immaculée Conception (1892-1992), [Île-du-Prince-Édouard, s.é., s.d.], 141 p.

ENTREMONT, Clarence-Joseph d', *Histoire religieuse de Pubnico (Nouvelle-Écosse)*, Yarmouth, Éditions Lescarbot, 1992, 219 p.

ÉTIENNE, Gérard, *La Charte des crépuscules (1960-1980): œuvres poétiques*, Moncton, Éditions d'Acadie, 1993, 225 p.

GALLANT BERLO, Peter, *Le Grand Dérangement / The Great Disturbance: 150 years of Exterminating a Race of People: Documented Facts*, San Diego, Society of Acadian Descendants, [1992], 51 p.

GAUDET, Donatien, *La Caisse populaire de Memramcook (1941-1991)*, [Memramcook, La Caisse, 1991], 35 p.

GOODRUM, Don, *Lettres acadiennes: A Cajun ABC*, Gretna (La.), Pelican Publishing, 1992, [32] p.

Guide du visiteur du Sud-Est du Nouveau-Brunswick, Sackville, Hawk Publications, 1993, 14 p.

HAMEL, Judith, *En chair et en eau: poésie*, Moncton, Éditions Perce-Neige, 1993, 53 p.

HENRIE, Marcel, *La Caisse populaire de Saint-Paul-de-Kent (1941-1991)*, Saint-Paul-de-Kent, Caisse populaire de Saint-Paul-de-Kent, 1991, 31 p.

HICKEY, Daniel, *Le Dauphiné devant la monarchie absolue: le procès des tailles et la perte des libertés provinciales (1540-1640)*, Moncton, Éditions d'Acadie, 1993, 317 p.

Histoire de la Caisse populaire de Saint-Anselme (1941-1991), 50ᵉ anniversaire, Dieppe (N.-B.), Caisse populaire de Saint-Anselme, 1991, 52 p.

Histoire de l'Acadie, Moncton, École Champlain, 1992, 39 p.

IVES, Edward D., *The World of Maritime Folklore*, Halifax, The Helen Creighton Foundation, 1993, 15 p.

JEUX DE L'ACADIE, *Les Jeux de l'Acadie: 14ᵉ finale des jeux de l'Acadie*, [du 24 au 27 juin 1993], Dieppe (N.-B.), [s.é.], 31 p.

LABONTÉ, Robert, *Une tradition perdue dans les rigueurs de la vallée: nouvelle*, Saint-Basile, Éditions Lavigne, 1992, 88 p.

LABRECQUE, Pierre (dir.), *Composition sur la forêt : recueil des 25 meilleurs textes*, Edmundston, Centre universitaire Saint-Louis-Maillet, École des sciences forestières, [s.d.], 26 p.

LABRECQUE, Pierre, *Sentier de l'écureuil roux*, Edmundston, Centre universitaire Saint-Louis-Maillet, École des sciences forestières, 1992, 32 p.

LANDRY, Éveline, *Si tu savais mon vécu : recueil autobiographique*, Inkerman, Club de l'âge d'or, 1993, 311 p.

LANDRY, Ulysse, *L'Espoir de te retrouver : poèmes*, Moncton, Éditions Perce-Neige, 1992, 60 p.

LAURENTIE, Lucienne, *Ô terre de détresse : chant des prisonniers*, Wolfville, Édition du Grand Pré, 1992, 51 p.

LEBEL-SAINT-JACQUES, Pierrette, *Come see : comme si*, Sherbrooke, Éditions du IIIe millénaire, 1991, 89 p.

LEBLANC, Alonzo, *L'Église de Grand-Pré et le Père André Cormier le bâtisseur*, [s.l.], L'auteur, 1993, 10 p.

LEBLANC, Gérald, *Complaintes du continent (1988-1992) : poèmes*, Moncton, Éditions Perce-Neige; Trois-Rivières, Écrits des Forges, 1993, 84 p.

LEBLANC, Jean-Marie, *50 Ans de coopération : la Caisse populaire de Cocagne*, [Cocagne, La Caisse populaire, 1993], 93 p.

LEBLANC, Raymond-Guy, *La Mer en feu (1964-1992) : poèmes*, Moncton, Éditions Perce-Neige; Amy, Belgique, L'Orange bleue éditeur, 1993, 204 p.

LÉGER, Édith, *Du temps de la grise*, Caraquet, Éditions Franc-Jeu, 1993, 127 p.

MAILLET, Antonine, *La Sagouine*, 2e éd., Montréal, Fides, coll. du « Nénuphar », 1992, 174 p.

Marriage Register, Westmorland County, N.-B. (1857-1882) Part 2, Moncton, Gentree Association, 1993, 459 p.

MARTIN, Roger P., *Les Commerces de Rivière-Verte*, [Rivière-Verte], L'auteur, 1991.

MAZEROLLE, David, *Avant tu také off, please close the lights : Moncton Dictionary*, 10th concise edition, Fredericton, Non-entity Press, 1993, [48] p.

MOORE, Diana Ruth, *Les Écoles du Nouveau-Brunswick : guide des sources archivistiques / New Brunswick Schools : A Guide to Archival Sources*, Fredericton, Acadiensis Press, 1992, 148 p.

NADEAU, Gérard E., *Les Différents Climats d'une vie : poésie*, Saint-Basile, Éditions Lavigne, 1992, 134 p.

Le Naufrage de l'Auguste, Ottawa, Service des Parcs, Environnement Canada, 1992, 70 p.

PAQUETTE, Denise, *Souris Baline et son ami Georges-Henri*, Moncton, Éditions d'Acadie, 1993, 24 p.

PELLETIER, Charles, *Oasis: itinéraire de Delhi à Bombay*, Moncton, Éditions d'Acadie, 1993, 139 p.

PÉRONNET, Jean, *Pépère Goguen l'hiver*, Moncton, Éditions d'Acadie, 1993, 48 p.

PÎTRE, Martin, *La Morsure du désir: poésie*, Moncton, Éditions d'Acadie, 1993, 97 p.

POIRIER, Pascal, *Glossaire acadien*, édition critique établie par Pierre-M. Gérin, Moncton, Éditions d'Acadie; Moncton, Centre d'études acadiennes, Université de Moncton, 1993, 443 p.

Recensement 1861, comté de Kent, Nouveau-Brunswick, compilé par la Société généalogique du N.-B. et les Archives provinciales du N.-B., [s.l., s.é.], 1993, 420 p.

Reflets maritimes 2, Moncton, Éditions d'Acadie, 1993, 112 p.

Répertoire des gens d'affaires: Grand-Sault / Falls, Dummond, Saint-André, Grand-Sault (N.-B.), Chambre de commerce du district de Grand-Sault, [1992], 31 p.

RICHARD, Serge J., *Revivons l'histoire de notre Caisse populaire*, Shédiac, La Caisse populaire, 1991, 99 p.

ROBICHAUD, Donat, *Mgr Paquetville: pays de buttes et d'érables, Paquetville (N.-B.)*, L'auteur [Imprimé à Caraquet chez Acadie Presse], 1993, 624 p.

ROY, Albert, *La Mare d'Oursi: poésie*, Edmundston, Éditions Marévie, 1993, 104 p.

ROY, Réjean, *Les Ombres de minuit*, Wolfville, Éditions du Grand Pré, 1993, 70 p.

ROY-MICHAUD, Adrienne, *Aventures de vacances: contes*, Edmundston, Éditions Marévie, 1993, 97 p.

SAVOIE, Donald J., *L'APECA face à l'avenir*, [Nouveau-Brunswick, s.é.], 1991, 146 p.

Shakespeare, William, *La Nuit des rois*, texte français d'Antonine Maillet, Montréal, Leméac, 1993, 137 p.

SMITH, Rankine M., *Retour à l'égalité des chances*, traduit de l'anglais par Françoise Mackenzie, Petitcodiac, R. Smith, 1992, 195 p.

SOUCY, Camille, *Le Bœuf et l'Âne*, Saint-Basile, Éditions Lavigne, 1992, [16] p.

SOUCY, Camille, *Coco et son grand-père : conte*, Saint-Basile, Éditions Lavigne, 1992, [18] p.

SOUCY, Camille, *Le Flair de l'inspecteur Duroc : l'étrange héritière*, Saint-Basile, Éditions Lavigne, 1992, 64 p.

SOUCY, Camille, *Grison et Blanchard*, Saint-Basile, Éditions Lavigne, 1992, [19] p.

SOUCY, Camille, *Joie et tristesse : recueil*, Saint-Basile, Éditions Lavigne, 1992, 45 p.

SOUCY, Camille, *Macédoine : recueil*, Saint-Basile, Éditions Lavigne, 1993, 83 p.

SOUCY, Camille, *On est millionnaire!!! : on ne l'est plus?*, Saint-Basile, Éditions Lavigne, 1992, 33 p.

SOUCY, Camille, *Ti-Paul et son ami Flaireur*, Saint-Basile, Éditions Lavigne, 1992, [24] p.

THÉBEAU, Paul E., *Autrefois déjà : poésie*, Saint-Basile, Éditions Lavigne, 1992, 72 p.

THÉRIAULT, Mario, *Échographie du Nord : poèmes*, Moncton, Éditions Perce-Neige, 1992, 48 p.

THIBODEAU, Serge-Patrice, *L'Appel de mots : lecture de Saint-Denys Garneau : essai*, Montréal, L'Hexagone, coll. « Itinéraires », 1993, 238 p.

TURGEON, Simone G., *La maladie me poursuit*, Saint-Basile, Éditions Lavigne, 1993, 101 p.

TURGEON, Simone G., *Mon diabète*, Saint-Basile, Éditions Lavigne, 1992, 65 p.

UNIVERSITÉ DE MONCTON, LE RECTEUR, *Optimiser le potentiel humain de l'Université : mise à jour du projet institutionnel et plan stratégique 1992-1995*, [Moncton], Université de Moncton, 1992, 43 p.

VANIER, Denis, *L'Hôtel brûlé*, Trois-Rivières, Écrits des Forges; Moncton, Éditions Perce-Neige; Paris, Le Castor Astral, 1993, 89 p.

VIENNEAU, Jean-Guy, *Le Leadership au service des individus et des organisations*, Moncton, Éditions d'Acadie, 1993, 162 p.

Voyages au pays des étoiles : textes d'étudiantes et d'étudiants des écoles acadiennes et francophones de la Nouvelle-Écosse, Wolfville, Éditions du Grand-Pré, 1992, 89 p.

L'ONTARIO

*ALBERT, Pierre, *Le Dernier des Franco-Ontariens : poésie*, Sudbury, Prise de Parole, 1992, 96 p.

AMPRIMOZ, Alexandre L., *Nostalgies de l'ange : poèmes*, Ottawa, Éditions du Vermillon, coll. « Rameau de ciel », n° 11, 1993, 80 p.

ATELIER DE CRÉATION LITTÉRAIRE DE L'OUTAOUAIS, *Rendez-vous, place de l'Horloge : nouvelles*, Sudbury, Prise de Parole, 1993, 119 p.

BADO (Guy BADEAUX), *Les Années 90 : dessins éditoriaux*, Sudbury, Prise de Parole, 1993, 117 p.

BEAUMONT, Johanne, avec la collaboration de Lucie Pagé et France Beauregard, *Répertoire numérique du fonds de la Fédération des Caisses populaires de l'Ontario limitée*, Ottawa, Centre de recherche en civilisation canadienne-française, Université d'Ottawa, coll. « Documents de travail du CRCCF », n° 35, 1992, 261 p.

*BELLEFEUILLE, Robert, *et al.*, *Les Murs de nos villages ou une Journée dans la vie d'un village : théâtre*, 2e éd., Sudbury, Prise de Parole, « Création collective du Théâtre de la Vieille 17 », 1993, 211 p.

BRAISE, Béatrice, *Les Franco-Ontariens et les cure-dents : poésie pamphlétaire*, Hearst, Le Nordir, 1993, 54 p.

BRUNET, Lucie et Lyne MICHAUD, *L'Intervention économique des femmes : une affaire qui rapporte à tout le monde*, Ottawa, Fédération nationale des femmes canadiennes-françaises, 1993, 48 p.

CARDINAL, Linda (dir.), « *Une langue qui pense* » : *la recherche en milieu minoritaire francophone au Canada*, Ottawa, Presses de l'Université d'Ottawa, coll. « Actexpress », 1993, 150 p.

CHAMPEAU, Nicole V., *Tendre capture : poésie*, Ottawa, Éditions du Vermillon, coll. « Rameau de ciel », n° 12, 1993, 120 p.

CHRISTENSEN, Andrée, *Noces d'ailleurs : poèmes*, Ottawa, Éditions du Vermillon, coll. « Rameau de ciel », n° 13, 1993, 100 p.

CHRISTENSEN, Andrée, *Pavane pour la naissance d'une infante défunte : collage dramatique*, Hearst, Le Nordir, 1993, 152 p.

CLÉMENT, Michel, *Le Serpentaire noir : poésie*, Hearst, Le Nordir, 1993, 100 p.

CLOUTIER, Cécile, *Ancres d'encre*, Ottawa, Éditions du Vermillon, coll. « Rameau de ciel », n° 14, 1993, 94 p.

CORMIER, Pierre-Paul, *Infrarouge : récit*, Hearst, Le Nordir, 1993, 86 p.

*COULOMBE, Caroline-Anne, *Le Cycle des ronces*, Hearst, Le Nordir, 1992, 63 p.

DESJARLAIS, Lionel et Pierre MICHAUD, *Les Objectifs de l'école catholique de langue française de l'Ontario : rapport d'une enquête...*, [s.l., s.é.], 1992, 146 p.

DUMITRIU VAN SAANEN, Christine, *Poèmes pour l'univers*, Saint-Boniface, Éditions des Plaines, 1993, 73 p.

ÉTHIER-BLAIS, Jean, *Les Mères : poèmes*, Montréal, Leméac, 1993, 58 p.

ÉTHIER-BLAIS, Jean, *Le Siècle de l'abbé Groulx*, Montréal, Leméac, 1993, 261 p.

FLAMAND, Jacques, *Boire ta soif : poèmes*, Ottawa, Éditions du Vermillon, coll « Rameau du ciel », n° 10, 1993, 88 p.

FLAMAND, Jacques (dir.), *Perce-Neige*, Ottawa, Éditions du Vermillon, coll. « Les inédits de l'école flamande », Cahier n° 1, 1993, 37 p.

GAFFIELD, Chad, *Aux origines de l'identité franco-ontarienne : éducation, culture et économie*, Ottawa, Presses de l'Université d'Ottawa, 1993, 273 p.

GARCEAU, Marie-Luce (dir. pour le Collectif des femmes francophones du nord-est ontarien), *Relevons le défi!*, actes du Colloque sur l'intervention féministe dans le Nord-Est de l'Ontario, les 6, 7 et 8 février 1992 à Sudbury, Ottawa, Presses de l'Université d'Ottawa, coll. « Actexpress », 1992, 279 p.

GAUDREAU, Guy (dir.), *Du Centre des jeunes au Carrefour francophone, 1951-1990 : quarante ans de vie communautaire et culturelle à Sudbury*, Sudbury, Société historique du Nouvel-Ontario, coll. « Documents historiques », n° 90, 1992, 146 p.

GAUTHIER, Robert, *Questions de langue, questions de fierté*, textes de Robert Gauthier, annotés par Paul-François Sylvestre, Vanier, Éditions L'Interligne, 1993, 190 p.

GERMAIN, Doric, *Le Trappeur de Kabi : roman*, réédition, Sudbury, Prise de Parole, 1993, 213 p.

GOULET, Gabrielle et Maryvonne GRIAT, *La Belette : roman*, Hearst, Le Nordir, 1993, 168 p.

GUINDON, Roger, *Coexistence menacée : la dualité linguistique à l'Université d'Ottawa*, vol. 2 : *1898-1936*, Ottawa, Presses de l'Université d'Ottawa, 1993, 254 p.

JAENEN, Cornelius J. (dir), *Les Franco-Ontariens*, Ottawa, Presses de l'Université d'Ottawa, coll. « Ontario Historical Studies Series », 1993, 443 p.

LAMIRANDE, Émilien, *Élisabeth Bruyère, fondatrice des Sœurs de la Charité d'Ottawa*, Montréal, Bellarmin, 1993, 802 p.

LAVIGNE, J. Conrad, *Tours de force*, Vanier, Éditions L'Interligne, 1993, 223 p.

LÉGER, Lyse, *Menteuse, Manon Rousseau*, Ottawa, Centre franco-ontarien de ressources pédagogiques, 1993, 70 p.

LEVASSEUR, Gilles J.L., *Le Statut juridique du français en Ontario*, tome premier : *La Législation et la jurisprudence provinciales*, Ottawa, Presses de l'Université d'Ottawa, 1993, 272 p.

MOSIMANN-BARBIER, Marie-Claude, *Immersion et bilinguisme en Ontario*, Rouen, Université de Rouen, « Cahiers de l'IPEC », n° 5, 1992, 236 p.

MOUGEON, Raymond et Édouard BENIAK, *The Case of French in Ontario, Canada*, New York, Oxford University Press, Coll. « Oxford Studies in Language Contact », 1991, 256 p.

MUIR, Michel, *Mondes avec éternité : journal*, Hearst, Le Nordir, 1993, 88 p.

*O'NEILL-KARCH, Mariel, *Théâtre franco-ontarien : espaces ludiques*, Vanier, Éditions L'Interligne, 1992, 190 p.

PAQUETTE, Gilberte, s.c.o., *Dans le sillage d'Élisabeth Bruyère*, Vanier, Éditions L'Interligne, 1993, 288 p.

PARISIEN, Odette, *On entend toujours la mer : poésie*, Sudbury, Prise de Parole, 1993, 113 p.

PICHETTE, Jean-Pierre (dir.), *L'Œuvre de Germain Lemieux, s.j. : bilan de l'ethnologie en Ontario français*, actes du Colloque tenu à l'Université de Sudbury, 31 octobre, 1er et 2 novembre 1991, Sudbury, Prise de Parole et le Centre franco-ontarien de folklore, coll. « Ancrages », 1993, 529 p.

*PICHETTE, Jean-Pierre, *Répertoire ethnologique de l'Ontario français : guide bibliographique et inventaire archivistique du folklore franco-ontarien*, Ottawa, Presses de l'Université d'Ottawa, coll. « Histoire littéraire du Québec et du Canada français », n° 3, 1992, 230 p.

POULIN, Gabrielle, *Nocturnes de l'œil : poésie*, Sudbury, Prise de Parole, 1993, 125 p.

Pour s'y retrouver en français, Toronto, Ministère des Transports, 1993.

Répertoire des organismes et des personnes-ressources en patrimoine de l'Ontario français, Ottawa, Regroupement des organismes du patrimoine franco-ontarien, 1993, 175 p.

ROACH, Charles D., *L'Église Saint-Pierre, Chéticamp, N.-É. (1893-1993)*, Chéticamp, Société Saint-Pierre, 1993, 43 p.

ROULEAU, Danielle, *L'Exutoire : roman*, Sudbury, Prise de Parole, 1993.

THÉBERGE, Mariette, *Une dernière danse pour l'humanité: poésie*, Hearst, Le Nordir, 1993, 86 p.

TISSOT, Georges, *Le jour est seul ici: poésie*, Sudbury, Prise de Parole, 1993, 48 p.

VICKERS, Nancy, *La Montagne de verre: conte*, Ottawa, Éditions du Vermillon, 1993, 88 p.

WHITFIELD, Agnès, *Ô cher Émile je t'aime, ou l'Heureuse Mort d'une Gorgone anglaise racontée par sa fille*, Hearst, Le Nordir, 1993, 72 p.

L'OUEST CANADIEN

*AMMANN, René, *Des castors gros comme des bisons*, illustrations de Denis Savoie, Saint-Boniface, Éditions du Blé, 1993, 57 p.

*BÉRARD, Réal et Bernard BOCQUEL, *Les Caricatures de Cayouche*, Saint-Boniface, Éditions du Blé, 1992, 136 p.

BOUCHARD, Rémi, *Héritage: Six Folksongs for Piano / Six chants folkloriques pour piano*, Saint-Boniface, Éditions du Blé, 1993, 31 p.

BUGNET, Georges, *La Forêt*, nouvelle édition, Montréal, XYZ éditeur, 1993.

DUFRESNE, Sylvie, *Danger: bulles de savon*, Regina, Éditions Louis Riel, 1992.

FLANAGAN, Thomas, *Louis Riel*, traduction d'Yvon de Repentigny, Ottawa, La Société historique du Canada, « Brochure historique », n° 50, 1992, 29 p.

GENUIST, Monique, *C'était hier en Lorraine*, Regina, Éditions Louis Riel, 1993, 138 p.

GENUIST, Monique, *Le Cri du loon: roman*, Saint-Boniface, Éditions des Plaines, 1993, 163 p.

*HARVEY, Carol J., *Le Cycle manitobain de Gabrielle Roy*, Saint-Boniface, Éditions des Plaines, 1993, 273 p.

HATHORN, Ramon and Patrick HOLLAND (ed.), *Images of Louis Riel in Canadian Culture*, Lewiston (N.Y.), Edwin Mellen, 1992, 432 p.

LAFONTANT, Jean (dir.), *L'État et les Minorités*, Saint-Boniface, Éditions du Blé, 1993, 272 p.

LAGASSÉ, Roger et Yvonne LAGASSÉ, *Ti-Jean l'intrépide*, Saint-Boniface, Éditions des Plaines, 1993, 68 p.

LAROCHE, Renée et Cécile GIRARD, *Un jardin sur le toit: la petite histoire des francophones du Yukon*, suivi de *L'Album communautaire*, propos recueillis par

Geneviève Légaré, Whitehorse (Yukon), Association franco-yukonnaise, 1991, 406 p.

MACKENZIE, Nadine, *Une brève histoire du pétrole*, Saint-Boniface, Éditions du Blé, 1993, 97 p.

MACKENZIE, Nadine, *La Seringue rouge : roman*, Saint-Boniface, Éditions des Plaines, 1993, 133 p.

MARCHILDON, Michel, *Fransaskroix*, Regina, Éditions Louis Riel, 1992.

MORIN, Rosario, *Amour, médecine et vie*, Saint-Boniface, Éditions des Plaines, 1993, 408 p.

Nos réalités linguistiques, actes du Colloque, Gravelbourg, Service fransaskois d'éducation des adultes, 1992.

PARISEAU, Jean, *Les Oblats de Marie-Immaculée dans les paroisses canadiennes-françaises de Rivière-la-Paix (1912-1967)*, [s.l.], L'auteur, 1992.

ROCQUE, Marie, *Etuk et Piqati*, Saint-Boniface, Éditions des Plaines, 1993, 44 p.

ROY, Gabrielle, *Bonheur d'occasion : roman*, nouvelle édition, Montréal, Boréal, coll. « Boréal Compact », n° 50, 1993, 413 p.

ROY, Gabrielle, *Ces enfants de ma vie : roman*, nouvelle édition, Montréal, Boréal, coll. « Boréal Compact », n° 49, 1993, 190 p.

ROY, Gabrielle, *Cet été qui chantait : récits*, nouvelle édition, Montréal, Boréal, coll. « Boréal Compact », n° 45, 1993, 169 p.

ROY, Gabrielle, *La Petite Poule d'eau : roman*, nouvelle édition, Montréal, Boréal, coll. « Boréal Compact », n° 48, 1993, 268 p.

ROY, Gabrielle, *La Route d'Altamont : roman*, nouvelle édition, Montréal, Boréal, coll. « Boréal Compact », n° 47, 1993, 163 p.

ROY, Gabrielle, *Rue Deschambault : roman*, nouvelle édition, Montréal, Boréal, coll. « Boréal Compact », n° 46, 1993, 265 p.

SAINT-PIERRE, Christiane, *Cordial et serein*, Regina, Éditions Louis Riel, coll. « Bibliothèque de l'Ouest », série « Poèmes de chez nous », n° 6, 1993, 93 p.

SAVARD, Louise, *La Bête à sept têtes et les mille et un visages d'un conte*, Regina, Commission culturelle fransaskoise, 1992, 104 p.

SAVARIA, Danielle, *Recueil de comptines*, Regina, Commission culturelle fransaskoise, 1992, 51 p.

STANLEY, George F., *The Birth of Western Canada : A History of the Riel Rebellion, Introduction by Thomas Flanagan*, 2nd ed., Toronto, University of Toronto Press, « Reprints in Canadian History Series », 1992, 500 p.

TROTTIER, Alice, *Foi et ténacité: histoire de Morinville (1891-1991) / Faith and Tenacity: History of Morinville (1891-1991)*, Morinville, Paroisse Saint-Jean-Baptiste, 1991, 171 p. / 165 p.

*VIAU, Robert, *L'Ouest littéraire; vision d'ici et d'ailleurs*, Montréal, Éditions du Méridien, 1992, 163 p.

LES ÉTATS-UNIS

ANDREPONT, Carola Ann, *Opelousas: A Great Place To Be!*, Opelousas (La.), Andreport Printing, [1992], 212 p.

BERGERON, Lyle E., *A Little Cajun Humor*, 2nd ed., Alexandria (La.), L.E. Bergeron, 1993, 35 p.

BRASSEAUX, Carl A., *The Foreign French*, Vol. 2: *Nineteenth-Century French Immigration into Louisiana, 1840-1848*, Lafayette, University of Southwestern Louisiana, Center for Louisiana Studies, 1992, 363 p.

BRASSEAUX, Carl A. and Glenn R. CONRAD, *A Bibliography of Scholarly Literature on Colonial Louisiana and New France*, Lafayette, University of Southwestern Louisiana, Center for Louisiana Studies, 1992, 430 p.

CHAPDELAINE, Henri, *Le Saint-Laurent coule dans le Merrimack: essai*, Manchester (N.H.), L'auteur, 1993, 111 p.

CHARTIER, Armand, *French New Bedford: A Historical Overview of the Franco-Americans of New Bedford, Massachusetts*, Manchester (N.H.), Association canado-américaine; New Bedford (Mass.), La Ligue des Présidents, 1993, 40 p.

CONRAD, Glenn R., *Attakapas: St. Marin Estate (1804-1818)*, Lafayette, The Center for Louisiana Studies, University of Southwestern Louisiana, 1993, 269 p.

CONRAD, Glenn R., *Conveyance Records of Attakapas (1804-1818)*, Lafayette, The Center for Louisiana Studies, University of Southwestern Louisiana, 1992, 480 p.

FRY, Macon, *Cajun Country Guide*, Gretna (La.), Pelican Publishing, 1992, 272 p.

GALLANT BERLO, Peter, *Who's Who in Acadian Cajun Genealogical Research*, Vol. III, San Diego, Society of Acadian Descendants, 1993, 201 p.

GIRAUD, Marcel, *A History of French Louisiana*, Vol. II: *Years of Transition, 1715-1717*, translated by Brian Pearce, Baton Rouge, Louisiana State University Press, 1993, 248 p.

LAFOREST, Thomas J. and Gerard LEBEL, *Our French Canadian Ancestors*, Vol. 15, Palm Harbor (Fla.), LISI Press, 1992, 284 p.

LAFOREST, Thomas J. and Gerard LEBEL, *Our French Canadian Ancestors*, Vol. 16, Palm Harbor (Fla.), LISI Press, 1993, 280 p.

LAFOREST, Thomas J. and Jacques SAINT-ONGE, *Our French Canadian Ancestors*, Vol. 17, Palm Harbor (Fla.), LISI Press, 1993, 280 p.

LEBŒUF CAFFEE, Gabrielle, *La Canadienne: Memories of a Vanishing Culture*, Lanham (Md.), University Press of America, 1993, 233 p.

MILOT, Arthur, *Childhood Memories / Cahiers de souvenirs d'enfance*, [s.l., s.é.], 1992.

PARET, Joseph-Michel, *Mon journal d'Amérique, 1853: de Pélussin à la Louisiane: une étude historique de Marcel Boyer*, Pélussin (France), Association Visages de notre Pilat, coll. « Témoignage », 1993.

*QUINTAL, Claire (dir.), *La Littérature franco-américaine: écrivains et écritures*, Worcester (Mass.), Éditions de l'Institut français, Collège de l'Assomption, 1992, 185 p.

QUINTAL, Claire (dir.), *Religion catholique et appartenance franco-américaine / Franco-Americans and Religion: Impact and Influence*, Worcester (Mass.), Éditions de l'Institut français, Collège de l'Assomption, 1993, 202 p.

SANTERRE, Richard, *La Paroisse Saint-Jean-Baptiste et les Franco-Américains de Lowell, Massachussets (1868-1968)*, Manchester (N.H.), Éditions Lafayette, 1993, 311 p.

SIMON, J. Minos and David CHANDLER, *Law in the Cajun Nation*, Lafayette (La.), Prescott Press, 1993, 208 p.

SPEYRER, Rand, *Cajun Dancing*, Gretna (La.), Pelican Publishing, 1993, 192 p.

THERIOT, Jude W., *Cajun Quick*, Gretna (La.), Pelican Publishing, 1993, 288 p.

GÉNÉRAL

BOUCHARD, Gérard et Serge COURVILLE (dir.), *La Construction d'une culture: le Québec et l'Amérique française*, Sainte-Foy, Presses de l'Université Laval, coll. « Culture française d'Amérique », 1993, 445 p.

Dessein 2000: pour un espace francophone (rapport final), Ottawa, Fédération des communautés francophones et acadienne, 1992.

DIONNE, René et Pierre CANTIN, *Bibliographie de la critique de la littérature québécoise et canadienne-française dans les revues canadiennes (1760-1899)*, Ottawa, Presses de l'Université d'Ottawa, coll. « Histoire littéraire du Québec et du Canada français », n° 18, 1992, 308 p.

DIONNE, René, *La Littérature régionale aux confins de l'histoire et de la géographie*, Sudbury, Société historique du Nouvel-Ontario, coll. « Documents historiques », n° 91, 1993, 87 p.

Les Écoles françaises hors Québec : rétrospective et prospective, actes du Colloque sur les écoles françaises hors Québec et la survie des communautés francophones au Canada, 1989, Sainte-Foy, Université Laval, Laboratoire de recherche en administration et politique scolaires, coll. « Les cahiers du LABRAPS », série « Études et documents », vol. 8, 1991, 128 p.

ERMAN, Michel, *Littérature canadienne-française et québécoise*, Montréal, Beauchemin, 1992, 570 p.

État des communautés francophones et acadiennes du Canada, Ottawa, Fédération des communautés francophones et acadienne, 1993.

FALARDEAU, Philippe, *Dessein 2000 : pour un espace francophone. Hier, la francophonie*, Ottawa, Fédération des communautés francophones et acadienne, 1992.

La Francophonie canadienne : un espace à reconnaître, Ottawa, Fédération des communautés francophones et acadienne, 1993.

FÉDÉRATION DES COMMUNAUTÉS FRANCOPHONES ET ACADIENNE DU CANADA, *Les Enjeux de la francophonie canadienne*, Ottawa, La Fédération, 1993, 12, 11 p.

La Francophonie et le Canada, actes du Colloque organisé par le Centre d'études canadiennes des universités de Grenoble, les 2 et 3 mai 1990, Talence, Association française d'études canadiennes, 1992, 183 p.

Frontières et manipulations génériques dans la littérature canadienne francophone, actes du Colloque organisé par les étudiants du Département des lettres françaises de l'Université d'Ottawa, du 20 au 22 mai 1992, Hearst, Le Nordir, 1992, 136 p.

GAUDET, Charles A., *Gaudet Family in North America : A Lineage*, Decorah (Iowa), The Anundsen Publishing, [s.d.], 112 p.

GRISÉ, Yolande et Jeanne d'Arc LORTIE (dir.), *Les Textes poétiques du Canada français (1606-1867)*, vol. 5 : *1850-1855*, Montréal, Fides, 1992, 780 p.

GRISÉ, Yolande et Jeanne d'Arc LORTIE (dir.), *Les Textes poétiques du Canada français (1606-1867)*, vol. 6 : *1856-1858*, Montréal, Fides, 1993, 789 p.

GRISÉ, Yolande et Robert MAJOR (dir.), *Mélanges de littérature canadienne-française et québécoise offerts à Réjean Robidoux*, Ottawa, Presses de l'Université d'Ottawa, coll. « Cahiers du CRCCF », n° 29, 1993, 430 p.

KAREL, David, *Dictionnaire des artistes de langue française en Amérique du Nord : peintres, sculpteurs, dessinateurs, graveurs, photographes et orfèvres*, Québec, Musée du Québec, 1992, 962 p.

KONRAD, J., *French and French-Canadian Family Research*, Munroe Falls (Ohio), Summit Publications, 1993, 79 p.

LOUDER, Dean R. (ed.), *The Heart of French Canada : Quebec and Ontario*, New Brunswick (N.J.), Rutgers University Press, « Touring North America Series », 1992, 150 p.

*PARÉ, François, *Les Littératures de l'exiguïté*, Hearst, Le Nordir, 1992, 175 p.

Prenons la parole : des femmes francophones parlent d'elles, coordination du projet : Ginette Guilbault-Langanière, 2e éd. revue et augmentée, Ottawa, Réseau national d'action éducation femmes, 1992, 67 p.

Le Répertoire de la vie française en Amérique (1993-1994), 28e éd., Québec, Conseil de la vie française en Amérique, 1992, 521 p.

ROY, Jean-Louis, *La Francophonie : le projet communautaire*, Montréal, Hurtubise HMH, 1993, 200 p.

RUNTE, Roseann, Hand R. RUNTE et Nicole KEATING (dir.), *Lectures canadiennes*, Ottawa, Centre franco-ontarien de ressources pédagogiques, 1993.

SAINT-PIERRE, Suzanne (dir.), *Les Femmes francophones et les Commissions de mise en valeur de la main-d'œuvre : un outil d'information et de réflexion*, Ottawa, Le Réseau national d'action éducation femmes, 1992, 56 p.

TÉTU, Michel (dir.), *Année francophone internationale 1992*, Québec, L'Année francophone internationale, 1993.

*TÉTU, Michel, *La Francophonie : histoire, problématique, perspectives*, 3e éd., Montréal, Guérin, 1992, 426 p.

THÈSES

ALBERT, Marie-France, *Le Droit d'être compris directement par les tribunaux dans la langue officielle de son choix*, M.A. (Droit), Université d'Ottawa, 1993, 380 p.

ANDREW, Sheila M., *The Development of Elites in Acadian New Brunswick (1861-1881)*, Ph.D., University of New Brunswick, 1992, 379 p.

BEAUDREAU, Sylvie Marilyn, *Quebec and the Problem of French Canadian Emigration to the United States (1840-1896)*, Ph.D., York University, 1992, 380 p.

BÉRUBÉ, Adrien, *Concevoir un manuel de géographie du Nouveau-Brunswick... et rendre la géographie utilisable*, Ph.D., Université Laval, 304 p.

BINDSEIL, Gerhart André, *The Minority-Language Group in a University System: The Case of Francophones in Ontario: A Geographical Analysis*, Ph.D., University of Toronto, 1991, 341 p.

BOUCHER, Monique, *Éros contre Thanatos: l'émergence de l'imaginaire acadien dans le journal « L'Évangéline » (1887-1920)*, M.A., Université de Moncton, 1992, 132 p.

BOUCHER, Neil, *Acadian Nationalism and the Episcopacy of Msgr. Édouard-Alfred LeBlanc, Bishop of Saint-John, New Brunswick (1912-1935): A Maritime Chapter of Canadian Ethno-Religious History*, Ph.D., Dalhousie University, 1992, 385 p.

CORMIER, Roger E., *Analyse comparative des opinions des éducateurs en musique francophones et anglophones du secondaire au Nouveau-Brunswick*, Ph.D., Université de Montréal, 1991, 210 p.

DAUPHINAIS, Paul Raymond, *Structure and Strategy: French-Canadians in Central New England (1850-1900)*, Ph.D., University of Maine, 1991, 307 p.

DUGAS, Louis J., *L'Alphabétisation des Acadiens (1700-1850)*, M.A. (Histoire), Université d'Ottawa, 1992, 145 p.

GAGNÉ, Elsy, *The Social Role of Female Francophone Teachers in French Immersion Programmes: A Case Study in Calgary*, Ph.D., University of Calgary, 1992, 316 p.

HÉBERT, Raymond Marc, *The Manitoba French-Language Crisis, 1983-1984: Origins and Early Legislative Debates*, Ph.D., University of Manitoba, 1991.

LEBLANC, Marc, *Le Tourisme et les Loisirs des personnes âgées du Nouveau-Brunswick*, Ph.D., Université de droit, d'économie et de sciences d'Aix-Marseille, 1992, 556 p.

ROBICHAUD, André, *Effets des tempêtes et des fluctuations du niveau marin sur les bordures forestières du détroit de Northumberland au Nouveau-Brunswick*, M.A., Université Laval, 1993, 72 p.

ROUSSEAU, Michelle, *Étude différentielle des lexiques acadien et québécois: cuisine et alimentation; la vie affective, les traits du caractère et l'éducation*, M.A., Université Laval, 1991, 196 p.

RUANO, Carlos R., *Ontario's Regulation XVII and Its Immediate Implications for the Ontario School System (1912-1927)*, M.A., Georgia State University, 1992, 56 p.

SIMONEAU, Jean, *Une aventure canadienne-française: la Theresa Gold Mines (Québec-Ontario, 1935-1953)*, M.A., Université de Sherbrooke, 1991, 238 p.

VEILLETTE, Monique, *L'Association coopératives* [sic] *des pêcheurs de l'île de Lamèque et la modernisation*, Maîtrise en gestion et développement des coopératives, Université de Sherbrooke, 1992, 71 p.

WATINE, Thierry, *Pratiques journalistiques en milieu minoritaire : la sélection et la mise en valeur des nouvelles en Acadie*, Ph.D., Université de Lille III, 1993, 573 p.

Comment communiquer avec

FRANCOPHONIES
D'AMÉRIQUE

POUR TOUTE QUESTION TOUCHANT AU CONTENU DE LA REVUE
AINSI QUE POUR LES SUGGESTIONS D'ARTICLE :

FRANCOPHONIES D'AMÉRIQUE
DÉPARTEMENT DES LETTRES FRANÇAISES
UNIVERSITÉ D'OTTAWA
C.P. 450, Succ. A
OTTAWA (ONTARIO)
K1N 6N5
TÉLÉPHONE : (613) 564-9494
(613) 564-4210
TÉLÉCOPIEUR : 564-9894

POUR LES NOUVELLES PUBLICATIONS ET LES THÈSES SOUTENUES :

LORRAINE ALBERT
DÉPARTEMENT DES COLLECTIONS
BIBLIOTHÈQUE MORISSET
OTTAWA (ONTARIO)
K1N 6N5
TÉLÉPHONE : (613) 564-7024
TÉLÉCOPIEUR : 564-9886

POUR LES QUESTIONS DE DISTRIBUTION OU DE PROMOTION :

LES PRESSES DE L'UNIVERSITÉ D'OTTAWA
UNIVERSITÉ D'OTTAWA
542, RUE KING-EDWARD
OTTAWA (ONTARIO)
K1N 6N5
TÉLÉPHONE : (613) 564-2270